KERSTIN GULDEN

FAIR PLAY

SPIEL MIT, SONST VERLIERST DU ALLES!

Rowohlt Taschenbuch Verlag

Die Autorin dankt dem Förderkreis deutscher Schriftsteller
in Baden-Württemberg e.V. für die Unterstützung
mit einem Stipendium bei der Arbeit an diesem Buch.

Originalausgabe
Veröffentlicht im Rowohlt Taschenbuch Verlag, Hamburg, April 2021
Copyright © 2021 by Rowohlt Verlag GmbH, Hamburg
Lektorat Christiane Steen
Satz aus der Thesis Antiqua
Gesamtherstellung CPI books GmbH, Leck, Germany
ISBN 978-3-499-00628-9

Die Rowohlt Verlage haben sich zu einer nachhaltigen Buchproduktion verpflichtet. Gemeinsam mit unseren Partnern und Lieferanten setzen wir uns für eine klimaneutrale Buchproduktion ein, die den Erwerb von Klimazertifikaten zur Kompensation des CO_2-Ausstoßes einschließt.
www.klimaneutralerverlag.de

DIE VIER

Opfer. Will man nicht bringen, will man nicht sein. Sofort denken wir an Blut auf steinernen Altären, an Ermordete, an Ausgeraubte, an Schwache. Du Opfer! Das will keiner hören auf dem Schulhof. Vielleicht denken wir auch an Edelmut und Entsagung. An Helden, an Märtyrer. An Ironman in Avengers Endgame. Aber die haben eines mit den anderen gemeinsam. Am Ende sind sie – Spoiler-Alert! – oft tot.

Trotzdem haben wir nach den Sommerferien beschlossen, etwas zu opfern: unsere Freiheit. Zumindest für drei Monate. Wir kriegen etwas Besseres für das, was wir aufgeben, dachten wir. Da war das große Ziel, klar, das offizielle: die Welt retten, wenigstens ein bisschen. Vielleicht wäre das Experiment nicht außer Kontrolle geraten, wenn es dabei geblieben wäre. Aber jeder von uns hatte auch einen persönlichen Grund mitzumachen ... oder zu rebellieren: Status, Geld, Rache, Liebe. Und so verloren wir mehr, als wir einsetzen wollten. Einen von uns.

Heute ist der erste Januar. Wieder müssen wir eine Entscheidung treffen. Neujahr. Neuanfang? Wenn wir jetzt LAUNCH anklicken, dann musst du dir dieselbe Frage stellen wie wir: Was würdest du aufgeben und wofür? Wir stehen im Kreis und sehen uns in die Augen, drei der vier, die alles losgetreten haben. Würden wir es noch einmal tun, wenn wir wüssten, wie es ausgeht? Wirst du es tun? Einen Vorteil hast du. Während wir überlegen, ob wir unser Vermächtnis auf die Welt da draußen loslassen, kannst du dich fragen, was du anders machen würdest. Besser als wir damals. Denn wir haben ein Geschenk für dich. Unsere Geschichte. Das hier ist sie.

KERA

Was ich am wenigsten an der Schule mag, sind die Pausen. Längst hat es zur nächsten Stunde geklingelt, aber unsere Klassenlehrerin Frau Wenger ist wie üblich ein paar Minuten zu spät. Meine Mitschüler nutzen die Zeit, um sich von den Sommerferien zu erzählen. Neben meiner besten Freundin Cemine steht einer ihrer Verehrer und preist Fotos seiner Bali-Reise an.

«Das Himmelstor von Pura Lempuyang, dem ältesten buddhistischen Tempel der Insel.» Er zeigt Cemine ein Bild, auf dem er in einem nach oben offenen Torbogen steht, hinter dem sich spektakuläre Wolkenberge formen. Das Gemäuer und er spiegeln sich in etwas, das wie Wasser aussieht. «Dieser See davor! Unglaublich!»

Cemines Hände sind in ihren Ärmeln verschwunden. Sie ist angespannt, aber zu höflich, um den Typ vor den Kopf zu stoßen. Ich nicht:

«Pura Lempuyang ist ein Hindu-Tempel, kein buddhistischer. Und das ist kein See, sondern ein Spiegel, den der Fotograf unter deine Handykamera gehalten hat. Wahrscheinlich hat der das an Touristen vertickt.»

Mr. Lempuyang starrt auf sein Bild, als könne das nicht lügen, obwohl er es besser weiß. Ich sehe auch aufs Handy, aber auf die Uhr. Ungeduldig. Nicht nur, weil Politikwissenschaft mein Lieblingsfach ist. Heute geht es um eine Initiative, die der Bildungssenator Christoph Eichner höchstpersönlich ins Leben gerufen hat. Mehr hat Frau Wenger nicht verraten, und ich will wissen, was Eichner vorhat. Ich sehe es vor mir, sein gewinnendes Lächeln mit den großen Zähnen, das dir vorgaukelt, du seist ernst zu nehmen, vielleicht sogar von Bedeutung. Und plötzlich schlägt er dir die glattgeschmirgelten Veneers ins Fleisch, und du merkst, dass sie gar nicht für Freundlichkeiten gemacht waren, sondern zum Beißen und Reißen. Aber dann ist es zu spät. Mancher wird dabei verletzt, mancher schwer. Wie immer, wenn ich daran denke, wird mir übel.

Endlich taucht Frau Wenger auf, und alle gehen auf ihre Plätze.

«Wie angekündigt: Brainstorming!», ruft sie freudestrahlend. «Hier die Eckdaten. Förderwettbewerb des Berliner Senats für die gymnasiale Oberstufe. Thema: ‹Dürresommer und Mikroplastik – sind wir noch zu retten?!› Alles geht: Forschungsprojekte, Experimente, Aktionen, Kampagnen, solange sie über drei Monate laufen und einen Beitrag zur Lösung der Umweltkrise leisten.»

Nicht *das* Thema! Eichner nutzt es immer noch für sich, wieder und wieder. Frau Wenger sieht mich an, um mir zu zeigen, dass sie auf meine Mitarbeit zählt. Das macht sie oft, aber ich habe nichts zu geben dieses Mal. Ich wünschte, ich könnte ihr irgendwie mitteilen, dass sie mich in Ruhe lassen soll, wobei das Frau Wenger wahrscheinlich nur angestachelt hätte. Ihr Motto ist «Magic happens outside of your comfort zone». Jedenfalls verkündet das der Aufkleber auf ihrem Auto. Ich bin

8

froh, als Frau Wenger den Kopf von mir wegdreht, hin zu ihrem Computer. «Doch zuerst das», sagt sie noch freudestrahlender als zuvor und drückt die Return-Taste. «Zur Einstimmung.» Unser Klassenzimmer füllt sich mit Leben. Nein, mit Tod. Mit Szenen vom Tod, die an die Wand geworfen werden. Der Ton passt zum Bild. Frau Wenger hat keine Musik dahinter gelegt, obwohl es das Ganze noch dramatischer gemacht hätte. Aber so wirkt der Film echter, bedrohlicher, als könne er jeden Moment in unsere Richtung wabern und uns in seine grausame Welt ziehen. In schneller Abfolge sehen wir Bilder, bei denen man normalerweise sofort weiterschaltet, weil man ja weiß, was so abgeht in der Welt, es aber nicht sehen kann und will. Doch hier hat keiner Zugriff auf die Fernbedienung. Keiner außer Frau Wenger. Und die will es anders. Also quälen wir uns durch Plastikstrände und Plastikmeere, durch Abfall in den Mägen gestrandeter Wale, durch Orang-Utan-Waisen, die sich an einsamen Bäumen festklammern, durch Dürrewüsten und Hurrikanzerstörung und Posttsunamileid, durch kranke Kinder aus der Krebsstraße neben der Sondermüllkippe, durch verhungernde Eisbären in schneeloser Landschaft. Der Film endet mit Flammen. Ein brennender Wald am Rande einer Küste. Langsam zoomt die Kamera auf ein Stück Land, das noch nicht Feuer gefangen hat. Braune Punkte schnellen durch den Rauch. Sie folgen einander. Hirsche. Die nahende Flammenhölle macht sie irre. Panisch rennen sie ein immer kleiner werdendes Dreieck zwischen dem Abgrund und den beiden Feuerwänden ab, die auf sie zukommen. Einmal, zweimal, dreimal hetzen sie zum Kliff, nur um dort umzudrehen. Dann beginnt

das Flipperspiel auf Leben und Tod – eigentlich nur auf Tod –
von neuem. Schließlich siegt das Wasser über das Feuer. Ein
Tier nach dem anderen springt über die Steilküste. Das Kalb ist
so leicht, dass es einen Augenblick in der Luft stillsteht, bevor
es den Älteren nachstürzt.

Etwas in meinem Bauch macht das Gleiche wie der kleine
Hirsch, schwebt flau in der Mitte, bevor es gegen meine Ma-
genwand kracht. Mir wird noch schlechter. Und das, obwohl
ich das meiste Footage so oder so ähnlich schon gesehen habe.
Vor zwei Jahren hatte ich eine grüne Phase. Eine Zeitlang bin
ich auf Demos gegangen. Aber dann habe ich es gelassen. Es
ist einfach nichts passiert. Viele Politiker diskutieren mit uns,
vor allem *er*. Wie inspirierend wir sind, sagen sie. Unsere Fotos
und Zitate sind in der Presse, so wie alles heute nur noch Show
ist und Filter und Gesichter und Slogans. Und der Wald, der
brennt einfach weiter. Irgendwann wollte ich da raus. Trotzdem: Bambi eben ... das hat mich gepackt. Zurückgeholt. Das
Hirschkalb sah so ruhig aus, selbst ohne Boden unter den Beinen als könne nichts schiefgehen, wenn es den Erwachsenen
nur alles nachmacht.

Ich sehe in die Runde, will wissen, wie die anderen den Film
fanden. Zuerst geht mein Blick zu Max, weil immer alles zu
ihm will in letzter Zeit, auch wenn mir das nicht passt. Seine
Reaktionen spiegeln sich meistens eins zu eins auf seinem
Gesicht wider, aber er hat den Kopf weggedreht und sieht aus
dem Fenster. Max trägt das ziegelrote Leinen-T-Shirt, das ich
mag, weil sich seine schlanken Muskeln darunter abzeichnen,
ohne dass der Stoff an der Haut klebt. So ist das immer bei Max:
Alles gibt nach, während er durchs Leben schlendert, schmiegt

sich an ihn, ohne dass er sich anstrengen muss oder es auch nur merkt.

«Ihr seid dran!» Frau Wengers Aufforderung ist so laut, dass ich erschrecke. Max nicht, er starrt weiter nach draußen. «Vorschläge?», fragt Frau Wenger. Jeder Lehrer will, dass die Schüler mitmachen. Frau Wenger, seit den Sommerferien Co-Rektorin, toppt sie alle. «Go!»

Aber wir wollen nicht Go!-en. Nichts kommt zurück. Jemand gähnt. Mir ist es unangenehm, dass ich meine Lehrerin enttäuschen muss, aber wenn ich eine zündende Idee zu dem Thema in mir hätte, wäre die mir schon damals gekommen. Da habe ich mich mit nichts anderem beschäftigt. Frau Wenger sieht trotzdem gerade wieder zu mir, als ein dumpfes Geräusch ihre Aufmerksamkeit in eine andere Richtung lenkt. Eine Flasche ist umgefallen. Nagellack. Er gehört Elodie, Queen of Schokoladenseitenselfies.

Elodie ist seit vorletztem Jahr in meiner Klasse und eine Art Promi. Ich habe keine Ahnung, ab wie vielen Abonnenten man sich Influencer nennen darf, aber sie bekommt Werbeverträge. Elodie stellt die Flasche wieder hin. In der Pause hat sie ihre Nägel lackiert und mit Steinchen verziert. Sie ist eine dieser Hypergepflegten, die sich nie ungefärbt oder unmaniküurt blickenlassen würden. Manchmal frage ich mich, ob sie so etwas wie Haarwurzeln und Nagelhaut besitzt, ob überhaupt was aus ihr herauswachsen darf, das nicht schon getrimmt und aufgerüscht ist. Vielleicht ist einfach alles von außen auf Elodie draufgepappt – Haut, Haare, Zähne, Nägel, auf die dann in zweiter Reihe noch die Glitzersteinchen –, und sie kann das Zeug jeden Moment von sich werfen.

Ich verstehe das nicht, dieses Gesehen-werden-Wollen. Wenn ich könnte, würde ich hinter meinen Worten, Taten, Ideen verschwinden. Das Auffälligste an mir waren immer meine aschblonden Haare, taillenlang. Seit den Sommerferien sind sie raspelkurz, und je nachdem, wie ich drauf bin, bereue ich das oder auch nicht. Wie die meisten in der Klasse bin ich siebzehn, ich bin eins achtundsechzig, braunäugig, damit absoluter Durchschnitt, und mag das, weil ich mir so weniger allein vorkomme. Ich wette, gerade würde auch Elodie lieber in der Masse untergehen, denn Frau Wenger sagt erwartungsvoll:

«Ja? Elodie?»

Elodie sieht Frau Wenger nur mit großen Augen an. Sie macht bei jeder Gelegenheit klar, dass sie die Schule absitzt und längst auf ihr Millionen-Imperium hinarbeitet. Mit Millionen meine ich Euro und Abonnenten. Ist austauschbar in ihrem Job.

«Haben Sie eine Idee? Für den Wettbewerb?» Frau Wenger gibt nicht auf.

«Nein. Ich verstehe auch nicht, was das soll. Es ist die Aufgabe der Politiker, das Klimaproblem zu lösen. Und jetzt spielen die uns den Ball zu?»

«Es spricht doch nichts dagegen, die Regierung bei ihren Bemühungen zu unterstützen. Was würden Sie denn tun, wenn Sie bei sich selbst ansetzen müssten?»

«Na ja, wir könnten uns alle einschränken. Weniger kaufen, weniger verbrauchen.»

«Das sagst ausgerechnet du, Elodie? Du lebst doch davon, dass du ständig irgendwas Neues anschaffst und deine Abonnenten dazu bringst, das auch zu tun.» Karl war das. Er sitzt neben Max. Und der einzige Grund, warum er das gerade anzettelt, ist, dass Elodie ihn dann beachten muss.

«Ich kann ja schlecht Fotos von nicht gemachten Reisen posten und von Klamotten, die gar nicht da sind», antwortet sie.

«Also ich würde dich gerne in Klamotten sehen, die gar nicht da sind.»

«So gar nicht da wie deine Intelligenz?»

Karl erstarrt. Keiner weiß, wie er reagieren wird, nicht einmal er selbst. Er ist dafür bekannt, auszurasten, und alle sind gespannt, ob es gleich passiert.

Max rettet die Situation. Er reißt seinen Blick vom Fenster los, legt seinem Freund kurz den Arm um die Schulter und sagt:

«Sie hat gewonnen. Trag's mit Fassung.» Dann lacht er leise vor sich hin, und ich beobachte den Max-Effekt. Alle stimmen ein, selbst Frau Wenger, selbst Karl, bis Gelächter durch unser Klassenzimmer brandet. Alle außer mir. Ich lache nicht mit, weil in meinem Kopf «Ich kann nichts posten, was gar nicht da ist» in Dauerschleife dröhnt. Und dann passiert das, womit ich nicht mehr gerechnet habe. Während die anderen weiter diskutieren, drifte ich ab. Als wäre es mein persönliches Wiki, hüpft mein Gehirn von Wissenshappen zu Wissenshappen, verknüpft sie. Die Übelkeit, die die ganze Stunde über ein Wattebausch in meinem Bauch war, wird fester, bis sie reine Entschlossenheit ist. Das ist sie! Eine Idee, mit der ich Eichner in seinem eigenen Spiel schlagen kann, ein Gegenstück zu allem, für das er steht: Gemeinschaft statt Egoismus, Transparenz statt Show, Demokratie statt Machtspielchen, Gerechtigkeit statt Manipulation. Als ich mich schließlich melde, lege ich los, bevor Frau Wenger mich aufruft.

«Was, wenn man sie plötzlich sehen könnte, die nicht gemachten Reisen, die nicht gekauften Klamotten, von denen Elodie sprach?»

«Du, das war ironisch gemeint.» Ich ignoriere Elodies Einwurf.

«Das ist unser Experiment!», sage ich, und mein Herz schlägt immer schneller. «Wir machen sie sichtbar. Auf unseren Social-Media-Seiten. Wenn mit einem Blick zu erkennen ist, wie sehr jeder Einzelne von uns die Umwelt belastet ... reißen wir uns dann zusammen?»

Es wird ruhig in der Klasse. Selbst die Geräusche, die immer da sind, Stiftkratzen, Stuhlknarzen, heimliches Touchscreentapsen, werden von der Stille verschluckt. Ich bin überrascht, dass ausgerechnet Leonard sie bricht, Einserschreiber, aber im Unterricht eher schüchtern.

«Klingt nach Zündstoff», sagt er.

«Ist Zündstoff», antworte ich. «Aber alle wären gleich. Keiner könnte sich verstellen. Es wäre das ultimative Fair Play.»

In dem Moment klingelt es zur Pause.

LEONARD

Unsere Schule sieht aus, als würde sie keine Luft kriegen. In den 80ern hatte sie das Problem noch nicht. Da lagen die Gebäude clean in der Sonne. Die Fotos kann man im Netz sehen. Doch dann kamen die Kletterpflanzen, vor allem Efeu. Das Grünzeug rankt sich jetzt um den Betonkasten, als wolle es ihn und alle darin ersticken. Überall dorthin kriecht es, wo Säulen, Wände und Dächer genügend Licht übrig lassen, schafft dunkle Nischen, schafft Verstecke. Ich kenne sie alle. Bis vor zwei Jahren war das lebenswichtig für mich. Dann wurde es besser. Irgendwann hat selbst Karl verstanden, dass es kein Zeichen von Stärke ist, andere fertigzumachen. Seitdem passiert es nur noch, wenn keiner hinsieht. Ich brauche die Verstecke seltener. Aber: heute schon. Ich muss eine Entscheidung treffen, muss nachdenken. Das geht am besten, wenn ich mich sicher fühle. Hier an der Schule fühle ich mich am sichersten, wenn ich den Brunnen sehen kann, ohne selbst gesehen zu werden, so wie jetzt, zwischen Säule und Wand, Blätter im Bild.

Der Brunnen ist schon lange keiner mehr. Vor ein paar Jahren hat irgendwer eingesehen, dass Metallgitter leicht zu durchtrennen sind und es keine gute Idee ist, ein zwölf Meter tiefes Loch mit einem Bodensatz aus übelriechendem Wasser direkt neben einer Schule zu haben. Der alte Brunnen wurde mit Beton gefüllt. Für mich kam das zu spät. Denn Karl fand es schon in der fünften Klasse lustig, mich dort unten einzusperren. Er war in seiner Batman-Phase damals, wollte wissen, ob auch ich als superhero wieder rauskomme. Dass es meine erste Superheldentat gewesen wäre, mich an ihm zu rächen – so weit dachte Karl nicht. Aber da waren keine Fledermäuse, nur Ratten. Karl war so enttäuscht, als er mich wieder hochzog, dass er mir erst einmal eine reingehauen hat. Zwei Jahre später wurde der Brunnen zubetoniert. Seitdem habe ich immer den gleichen Albtraum. Karl hat mich dort unten vergessen, und ein Lastwagen kippt Beton auf mich, der mich langsam unter sich begräbt. Ich spüre das Brennen in der Lunge, wenn der Sauerstoff wegbleibt und die Panik so groß wird, dass ich nur noch aus dem Verlangen nach Luft bestehe. Meistens wache ich dann auf. Aber in den seltenen Fällen, in denen ich weiterschlafe, kommt Stille über mich. Frieden. Ich muss nichts mehr fühlen, nichts mehr entscheiden, gegen nichts mehr ankämpfen, nichts mehr tun, keiner mehr sein. Manchmal frage ich mich, ob diese Ruhe den Todeskampf nicht wert ist.

Ich schüttle den Kopf, als könnte ich damit die Bilder rauskatapultieren. Ich muss an meine Zukunft denken. Stanford. Dann Silicon Valley. Dort werden Typen wie ich nicht gemobbt, sondern gefeiert. Keras Idee hat Potenzial. Das war mir sofort klar. Auch wie man sie umsetzen könnte. In zwei bis drei Wochen müsste ich die App dazu programmiert haben. Zur Not bitte ich meine Schwester um Hilfe. Die macht ihren PhD am MIT. Wenn ich auch in den USA studieren will, wäre es nicht schlecht, so einen Wettbewerb der Bundesregierung zu gewinnen, erst recht mit gemeinnützigem Thema. Unis dort wollen Engagement außerhalb des Lehrplans sehen. Die berücksichtigen nicht nur den Notendurchschnitt, vor allem wenn man wie ich ein Stipendium braucht. Meine Eltern wollen für Kind Nummer zwei nicht auch noch die Studiengebühren übernehmen. So weit, so logisch, dass ich Frau Wenger im nächsten Teil der Doppelstunde ihren Wettbewerbsgewinner liefere. Aber dann wird es komplizierter. Wenn ich da mitmache, komme ich aus der Deckung. Dabei will ich am liebsten unsichtbar sein, so wie jetzt hinter dem Efeu. Ziele, die sie nicht sehen, treffen sie nicht. Plus: Ich will Kera nicht helfen. Dafür habe ich gute Gründe, auch wenn Kera sie längst vergessen hat. Nope. Ich werde mich da raushalten. Ich werde außerhalb der Schule etwas finden, das meinen Lebenslauf pimpt. Langsam krieche ich aus meinem Versteck. Ich richte mich auf.

«Spanner!» Bevor ich checke, was passiert, knallt meine Stirn gegen die Säule, eine eiserne Hand an meinem Hinterkopf. Als ich die Augen wieder öffne, sehe ich Karls Rücken weggehen, hinter dem er mir den Mittelfinger zeigt. Karl musste seinen Elodie-Frust wohl doch noch loswerden. Ich ziehe mich wieder ganz hinter die Säule zurück und lehne mich an die Wand, atme hart. Der kalte Beton fühlt sich gut an. Ich drehe mich um und drücke meine brennende Stirn dagegen. Der Schmerz lässt nach. Er macht Platz für eine Wut, die ich nicht kenne. Normalerweise prallen solche Angriffe an mir ab, immer das strahlende Leben im Kopf, das nur noch drei Jahre entfernt ist. Es hat mit der Hölle hier nichts zu tun. Mich lässt es im Chefsessel und Karl beim Arbeitsamt enden. Aber heute ist alles anders. Heute hält mich die Gegenwart davon ab, etwas für meine

Zukunft zu tun. Mache ich mir etwas vor? Vielleicht gibt es den Cut nach dem Abi gar nicht. Vielleicht hängt mir meine Schulzeit ewig nach wie Dreck, den nur die anderen sehen und der alles, was kommt, besudelt.

Auf dem Weg zurück zum Klassenzimmer verhalte ich mich wie immer. Ich gehe aus dem Weg. Lautlos setze ich mich hin. Niemand merkt, dass es in mir drin anders aussieht als sonst. Nur ich weiß, dass Karl eben einen Schalter umgelegt hat. Wenn ich ein neues Leben haben möchte, muss *ich* mich ändern. Am besten fange ich gleich damit an.

Als Frau Wenger reinkommt, ungewohnt pünktlich, weiß ich, was ich zu tun habe. Meine Hände zittern, aber ich verschränke sie, und es geht vorüber. Frau Wenger beißt sich wieder an Keras Einfall fest. Die Diskussion läuft in die Richtung, die ich vorhergesehen habe. Nach so vielen Jahren kenne ich Keras Denke. Sie ist obsessiv. Die Pause hat Kera damit verbracht, ihre Idee auszuarbeiten.

«Öffentliche Klimakonten», sagt sie, «verlinkt mit unseren sozialen Medien. Jeder hat dasselbe Limit, das die Klimakrise stoppen würde, wenn sich die Menschen daran hielten. Überziehst du, dann kriegen das alle mit.»

Toller Einfall, Kera, gewagt und außergewöhnlich, da sind sich die meisten einig. Nur Elodie hält weiterhin dagegen, unterstützt von ihren Anhängern:

«Weltfremd ist das. Nicht praktikabel.»

Aber die Idee ist doch so gut, kommt als Antwort aus vielen Ecken. Die meisten wollen nicht, dass Frau Wenger das Brainstorming von vorne beginnen lässt. Sie zermartern sich den Kopf, wie man solche elektronischen Konten umsetzen könnte, erfolglos – wie immer, wenn Leute, die von IT nichts verstehen, Probleme mit IT lösen wollen.

«Das kriegen wir doch nicht hin. Wer soll so etwas denn programmieren?» Absurd, dass ausgerechnet Karl mir mein Stichwort gibt. Ich stehe auf, ohne mich vorher zu melden. Meine Stimme erreicht die anderen klar und deutlich:

«Ich.»

ELODIE

700	**62.672**	**521**
Beiträge	Abonnenten	Abonniert

Hey, hey, hey, meine Lieben! Neuer Nachmittag, neue Nägel! DIY mit Nagellacken und Ziersteinchen von @lackaeffchen in #sternschnuppenstaub und #blumenbluetenblatt. Viel Spaß beim Nachmachen!

So, online gestellt. Ich mache das jetzt meistens in den Pausen. Posten passt zur Schule. Beides ein Muss. Außerdem spare ich mir so die Suche nach einer Alibi-Location für die Fotos. Zu Hause geht ja nicht ...

Ich lehne mich zurück und atme durch. Obwohl es nur ein paar Zeilen und ein Bild sind, bin ich ausgelaugt. Allein die Einleitung: *Hey, hey, hey, meine Lieben!* Jedes Mal, wenn ich das schreibe, zieht sich alles in mir zusammen. Das bin nicht mehr ich. Aber ich habe irgendwann damit angefangen, aus einer Laune heraus, und jetzt ist es mein Markenzeichen. Während die Likes eintrudeln, schaue ich immer wieder vom Bild auf die Real-Life-Version. Ich kann nicht anders, einfach, weil ich mich vergewissern muss, dass da wirklich meine Hand in der Gegend rumglitzert. Wer bitte klebt sich denn noch Steinchen auf die Nägel und dann auch noch in Rot? Aber Lackäffchen will den Absatz pushen, eben weil das keiner mehr kauft und sie noch Unmengen davon auf Lager haben. Sobald ich daheim bin, werde ich den Kram entfernen und Öl in meine Nägel massieren, damit sie das ständige Lack-rauf-Lack-runter weiterhin mitmachen. Mein Handy summt, wortwörtlich, denn mein Benachrichtigungsgeräusch ist das einer Biene im Flug. Erster Kommentar. Wenigstens reagieren meine Leute noch auf solche Beiträge.

@Cemine_Çiçek: In letzter Zeit postest du fast nur noch Werbung. Das nervt!

Nicht das, was ich und meine Sponsoren unter meinem Bild stehen haben wollen. Die Kommentarfunktion fand ich schon immer lästig. Am liebsten würde ich alles kontrollieren, was auf meiner Seite erscheint.

Ich sehe zu Cemine rüber, die mit Kera redet und ihr Handy auf dem Tisch dreht wie ein Kind, das mit einem Kreisel spielt. Das hier riecht nach Payback, weil ich gegen die Idee ihrer Freundin war. Eigentlich sollte ich Cemine antworten: *Du hättest die paar Meter auch zurücklegen und mir das persönlich sagen können. Dann hätte nicht die ganze Welt deine Kritik mitgekriegt.* Es verletzt mich, dass das von Cemine kam. Sie ist immer zu allen und jedem nett. Selbst zu Leonard. Wahrscheinlich hat er sich deswegen dieses Schuljahr an den Tisch neben ihr gesetzt. Er tippt auf seinem Handy rum. Bestimmt macht er etwas Sinnvolles damit, Apps programmieren beispielsweise. Alles an Leonard ist beige, Hemd, Hose, Haut,

Haar. Ich beneide ihn. Leonard muss nicht auffallen. Er hat ein Talent, ein offensichtliches, unbestreitbares Talent. Nie wird er sich selbst verkaufen, nur seine Fähigkeiten. Im Gegensatz zu mir.

Ich seufze und checke wieder meinen Post. Cemines *Das nervt!* hält einsam die Stellung. Keine Ahnung, warum sie sich gerade auf mich einschießt. Aber vielleicht ist es ganz gut so. Wake-up call, einer, den ich brauche. Seit einer Weile verliere ich Abonnenten. Nicht viele, noch nicht. Die Neuzugänge gleichen das mehr als aus. Aber so etwas kann sich schnell in die Höhe schrauben. Zu viel Konkurrenz, zu viel Auswahl im Netz. Cemines Kommentar hat jetzt schon 50 … 53 … Likes. Schnell schreibe ich zurück.

@elodies_melodie: Ich gelobe Besserung!

Das Handy ist schwer in meiner Hand. Ich lege es ab, schiebe es von mir weg und beobachte, wie sich das Display schwarz färbt. Ohne Follower keine Sponsoren. Ohne Sponsoren kein Geld. Und ohne Geld … ich kralle mich an der Tischplatte fest, als ich an die Katastrophe denke, die das in Gang setzen würde. Wieder summt mein Handy. *Bzzzzz!* Ich lasse den Tisch los und nehme es in die Hand. Cemine gefällt meine Antwort. Nach und nach kommen andere Likes dazu. Ich scrolle durch. Meine Nägel funkeln mit der Bewegung. Jetzt finde ich die Steinchen nicht mehr hässlich. Ihr Glanz beruhigt mich. Wenn ich meinen Leuten weiterhin die gesponserten Posts vorsetze, müssen die Sachen dazwischen einfach so gut sein, so originell, dass sie trotzdem dabeibleiben. Ehrgeiz blubbert in mir hoch, der

Ehrgeiz, der mir schon nach zwei Monaten fünfstellige Abonnentenzahlen einbrachte. Ich werde etwas finden, das meine Leute umhaut. Nur was?

MAX

FANGFRAGEN-ALARM!

«Was ist das?»

Als die Wenger meinte, sie will mich sprechen, war ich mir sicher, dass es um meine Noten geht. Meistens geht es um meine Noten. Sind nicht die besten. Okay, wenn ich ehrlich bin, sind sie miserabel. Obwohl das Schuljahr erst angefangen hat, habe ich schon zweimal vier Punkte und viermal zwei Punkte eingefahren. Einmal null. Ich habe keine Ahnung, wie ich mich zur Versetzung schleppen soll. Und sitzenbleiben ... daran will ich nicht einmal denken. Nicht weil ich mich dafür schämen würde oder so. Die Schule und wie sie mich bewertet, ist mir egal – das ist wahrscheinlich das Problem. Aber es wäre verlorene Zeit. Noch ein Jahr, das mich davon abhält zu tun, was ich eigentlich will. Zeichnen. Entwerfen. Kreativ sein. Ich will Graphikdesigner werden. An meiner Mappe arbeite ich schon seit einem halben Jahr. Sie ist gut, ziemlich gut sogar. Jede bekannte Design-Uni würde mich nehmen. Bei unserer Klassenfahrt nach London in eineinhalb Monaten will ich mich abseilen und mir das Royal College of Art ansehen. Neben London überlege ich mir noch Bozen. Aber ohne Abi – nix, nada, nüscht. Das Abitur ist wie ein fieser Türsteher, der mich nicht reinlässt, weil ich die falschen Turnschuhe anhabe, obwohl ich, erst mal drinnen im Club, die beste Party aller Zeiten anschieben würde.

Ich fixiere die Wenger, will das hier hinter mich bringen. Sie hat mein Klassenarbeitsheft vor sich auf dem Tisch liegen. Ihr Zeigefinger stochert drauf rum, als ob er es aufspießen wollte. Ich warte darauf, dass sie weiterspricht, aber sie sagt nur noch einmal:

«Was ist das?»

«Mein Aufsatz über die Frauenquote. War er nicht in Ordnung?»

«Doch, doch. Sechs Punkte. Wie üblich.» Ich bin erleichtert. Alles über fünf ist super. Der Zeigefinger hört auf zu piksen und zieht stattdessen Kreise auf der Ecke des Hefteinbands, rechts unten.

«Nicht da drin, da drauf! Was ist das?»

Sie steht auf und zeigt auf den Stuhl vor dem Lehrertisch. Ich setze mich – schlechtes Zeichen: **ich** $_{UNTEN}$, **sie** ^{OBEN}. Die Wenger wirft mein Heft in meinen Schoß. Ich betrachte den Einband aus der Nähe. Endlich verstehe ich, was sie meint. Es ist nichts. Nichts Besonderes. Nur was, das ich hingekritzelt habe, als alle letzte Woche ewig über Klimakonten geredet haben.

«Das Logo?»

«Logo? Wofür?»

«Während der Diskussion über die App für den Wettbewerb habe ich mir überlegt, wie sie heißen könnte. ‹Fair Play› fand ich passend, hat Kera ja aufgebracht. Und so könnte das Design dafür aussehen. Dachte ich.» Das ist gelogen. Ich habe mir überhaupt nichts dabei gedacht. Meine Hand hat einfach einen Stift genommen und losgelegt, weil mir langweilig war. Die Wenger sieht mich an. Kann ihren Ausdruck nicht deuten. Skeptisch? Ungeduldig? Plötzlich kriege ich es mit der Angst. Sie ist eine der wenigen Lehrerinnen, die mich nicht als völlig hoffnungslosen Fall abtut. Aber was diesen Wettbewerb angeht, ist sie sensibel. Vor allem, weil sich keiner meldet für das Experiment. Vorgestern wurde groß verkündet, dass unsere Schule teilnimmt und jeder mitmachen kann. Bislang wollen außer Kera und Leonard nur eine Handvoll Leute die App downloaden und die meisten davon, um sich darüber lustig zu machen. Hilft nicht wirklich, dass Leonard sie programmiert. Da könnte man genauso gut jedem, der sie runterlädt, einen Stempel auf die Stirn drücken, auf dem in dicken, fetten Buchstaben **UNCOOL** steht. Nur für Kera tut es mir leid. Obwohl wir seit sieben Jahren in die gleiche Klasse gehen, haben wir kaum ein paar Sätze gewechselt. Dabei respektiere ich Kera. Am Anfang habe ich sie beneidet um ihr Interesse an dem, was da vorne an der Tafel vor sich geht. War mir völlig fremd, und ich dachte: Poserin! Aber irgendwann wurde mir klar, dass nichts davon aufgesetzt ist. Seitdem bin ich froh, dass es Kera gibt, weil mich dann keiner aufruft. Über was ich mit ihr reden sollte, weiß ich trotzdem nicht. Ich glaube, unsere Welten liegen so weit auseinander, dass keiner von uns ein Visum für die andere bekommt. Egal. Jedenfalls hat die Wenger Schiss, dass sie sich vor dem Bildungssenator blamiert, wenn keiner mitmacht. Hoffentlich habe ich sie mit meiner Zeichnung nicht verärgert. Immerhin habe ich damit zugegeben, dass ich nicht aufgepasst habe, während die anderen sich das Experiment ausdachten. Ich starre auf mein Heft. Plötzlich fängt der Finger der Wenger wieder an zu kreisen, aber dieses Mal zeigt er auf mich.

«Ich mache Ihnen einen Vorschlag, Max.»

«Oooookaaaaayyyy.» Ich dehne das Wort, so weit es geht, weil ich wirklich nicht wissen will, was jetzt kommt. Wenn die mich überreden will, diese komische App runterzuladen, bin ich raus. Die Schule nimmt schon mehr Platz in meinem Leben ein, als mir lieb ist. Werde sicher nicht einen Teil davon mit nach Hause nehmen und auf meinem Handy spazieren tragen.

«Ich muss der Senatsverwaltung für Bildung vier Schüler nennen, die unser Projekt beim Wettbewerb vertreten», sagt die Wenger.

«Die Fair Play Four, hm?» Ich lache.

«Fair Play Four. Das gefällt mir», antwortet die Wenger. Weiß nicht, ob sie die Ironie nicht verstanden hat oder einfach ignoriert. «Sehen Sie, Max, deswegen brauchen wir Sie.»

Es ist das erste Mal, dass jemand so tut, als wäre ich wichtig für was Schulisches.

«Leonard ist dabei, natürlich Kera. Zwei Plätze sind noch frei. Wie würden Sie es finden, einer der» – die Wenger leckt sich die Lippen – «Fair Play Four zu sein?»

«Ich werde auf gar keinen Fall so ein blödes Konto führen.» Der Satz ist raus, bevor ich was dagegen tun kann, aber die Wenger bleibt erstaunlich ruhig.

«Das ist keine Voraussetzung. Im Gegenteil», sagt sie. «Die Hauptaufgabe besteht darin, dass Sie Ihre Erfahrungen mit dem Experiment dokumentieren. Sie könnten aus der Perspektive eines Kontoverweigerers berichten. Das macht das Ganze runder. Also, was sagen Sie?»

«Sollte ich mich nicht lieber darauf konzentrieren, meine Noten zu verbessern?»

«Max, lassen Sie mich ganz offen sein: Es sieht düster aus. Ich sehe nicht, wie Sie auf normalem Wege die Versetzung schaffen können. Aber wenn Sie sich beim Wettbewerb engagieren, könnte ich das in Ihre Politikwissenschaftsnote einfließen lassen, vielleicht sogar in Ihre Deutschnote. Sie produzieren ja immerhin einen Text. Zusammen mit Ihren fünfzehn Punkten in Kunst könnte Ihnen das – mit Verlaub – den Arsch retten.»

Ich weiß, dass die Wenger recht hat. Und dass sie mir gerade entgegenkommt. So einen läppischen Bericht schreiben und dafür am Jahresende versetzt werden – da würde ziemlich viel rumkommen für ziemlich wenig Arbeit. Warum also habe ich trotzdem ein ungutes Gefühl bei der Sache?

«Kann ich mir das überlegen?»

«Sicher. Erstes Treffen hier, nächsten Dienstag um zwei.» Sie wirft mir einen aufmunternden Blick zu, bevor sie den Raum verlässt. Ich folge ihr kurze Zeit später und setze mich im Gang auf die Fensterbank.

LIEBLINGSPLATZ! Von hier aus überblicke ich den ganzen Schulhof. Trotz Nieselregen laufen viele über das Pflaster. Ich stelle mir vor, wie sie plötzlich im Schnelldurchlauf durcheinanderwuseln, Tag, Nacht, Tag, Nacht, im Millisekundentakt durch Vogelgezwitscher, Sonnenschein, Laub und Schnee waten. Als die Kamera zurück auf mich schwenkt, bin ich zweieinhalb Jahre älter und habe das Abi in der Tasche. Endlich raus hier. Aber dann platzt meine Träumerei. Statt mir kommt die

Wenger aus der Schule. Sie trägt dasselbe Outfit wie eben. Ich bin wieder im Hier, im Jetzt. In gerader Linie geht sie zu ihrem Auto auf dem Parkplatz, feste Schritte, schnell. Die Schüler machen ihr Platz. Ich seufze. Vorspulen ist nicht. Die Wenger weiß, dass ich am Dienstag um zwei hier sein werde. Wir wissen es beide. Ich habe keine Wahl. Sie hat mich in der Hand.

KERA

Das hier ist der merkwürdigste Mix aller Zeiten an Leuten, die sich absolut nichts zu sagen haben. Und Frau Wenger mittendrin, so aufgeregt, als wäre ihr die Reunion von One Direction gelungen. Das erste Treffen der – wie sie verkündet – «Fair Play Four». Noch sind wir nur zu dritt.

«Vorläufig», sagt Frau Wenger. «Nummer vier muss noch kurz etwas erledigen – in unser aller Interesse. Gleich müssten Sie komplett sein.»

Bis es so weit ist, habe ich Zeit, die erste personelle Überraschung zu verdauen: Max. Als er reinkam, dachte ich, das sei ein Scherz. Oder dass er sich verlaufen hat. Aber, nein, er kommt zielstrebig auf uns zu, wirft seinen Rucksack auf den nächstbesten Tisch und einmal sein Lächeln in die Runde, komplett mit diesen Grübchen, die mich so faszinieren, dass ich am liebsten eine Abhandlung darüber verfassen würde, weil ich finde, dass das von großer Bedeutung für den Fortbestand der Menschheit ist. Mindestens. Frau Wenger reagiert mit einem unbekümmerten «Ah, Max, schön, da sind Sie ja». Leonards Gesicht dabei! Irgendwo zwischen Abscheu, Ungläubigkeit und Ärger, das komplette Gegenteil zu Max. Den scheint das nicht zu stören. Er zieht mehrere Ausdrucke und einen Stick aus seinem Rucksack und übergibt alles Frau Wenger.

«Danke, Max», sagt sie und legt die Sachen auf den Tisch. «Aber das hier» – sie macht eine ausholende Geste – «sind jetzt Ihre Ansprechpartner. Ich ziehe mich zurück.» Max sieht so aus, wie ich mich bei Frau Wengers Worten fühle: panisch. Leonard dagegen hat sich wieder gefangen. Seine Miene ist undurchdringlich.

«Ich wünsche Ihnen viel Erfolg. Sie schaffen das. Und ich bin ja nicht aus der Welt.» Frau Wenger zwinkert uns zu. «Vergessen Sie nie, warum Sie das hier machen! Vielleicht können Sie ein kleines bisschen die Welt verändern – zum Besseren.» Und damit lässt sie uns allein.

Leonard, Max und ich sehen uns an. Stumm. Keiner von uns ist der geborene Anführer. Ich bin zu verkopft, Leonard zu schüchtern. Und was Max tut, hat zwar Gewicht an der Schule, aber gerade deswegen, weil er es nicht darauf anlegt. Trotzdem ist er der Erste, der spricht.

«Okay, dann macht ihr mal», sagt er, schnappt sich seinen Rucksack und geht zur Tür.

«Hey, wo willst du hin?» Leonard stellt sich ihm in den Weg. Das ist eine so ungewohnte Szene – wo Max ist, ist Karl meistens nicht weit –, dass ich kurz die Luft anhalte. Es dauert einen Moment, bis es auch Leonard auffällt. Schnell macht er einen Schritt zur Seite. An Max ist das alles vorübergegangen.

«Nach Hause», sagt er. «Meinen Teil habe ich erfüllt.» Er deutet auf Frau Wengers Tisch. «Das, was ich kann. Ihr braucht mich doch sonst nicht.»

«Willst du gar nicht mitbestimmen, wie es weitergeht mit der App?», frage ich Max. «Immerhin musst du die nächsten Monate dein Leben danach richten.»

«Irrtum. Ich lade Fair Play nicht runter.»

«Du willst das Experiment dokumentieren und machst noch nicht mal mit? What the fuck?» Leonard stellt sich wieder vor Max. Wieder macht er gleich danach einen Schritt zurück. Es ist, als habe er seit dem Wettbewerb eine zweite, mutigere Persönlichkeit entwickelt, die sich zurückzieht, sobald sie merkt, dass sie da ist. Wenn das die nächsten Wochen so weitergeht ... puh!

«Ich bringe eine andere Perspektive rein. Von außen. Die Wenger meint, das ist okay», sagt Max, jetzt doch etwas irritiert.

«Frau Wenger mischt sich aber nicht mehr ein. Hat sie selbst gesagt.»

«Mann, Leonard, es ist doch egal, was ich tue. Ihr seid die Köpfe der Operation.» Max macht sich wieder Richtung Tür auf. Dann dreht er sich noch einmal um. «Auf dem Stick sind verschiedene Versionen des Logos. Falls ich die Farben ändern soll, ihr was für die Website braucht oder ein anderes Format, sagt einfach Bescheid.»

Ich sehe mir den Stapel Blätter an, den Max Frau Wenger gegeben hat. Darauf sind ein F und ein P, die sich aneinanderlehnen. Einfach, aber effektiv.

«Du bist auf den Namen gekommen, oder? Nicht Frau Wenger. Fair Play?» Ich erwarte nicht, dass Max reagiert, doch er bleibt stehen. Eines der Blätter in der Hand, gehe ich zu ihm.

«Ziemlich gut.»

«Findest du?» Max sieht aus, als würde ihn das freuen. Aber wahrscheinlich bilde ich mir das ein. Dennoch sage ich:

«Ja. Sicher, dass wir dich hier nicht gebrauchen können?»

«Ich weiß nicht. Was würdest du denn mit mir anstellen, wenn ich bleibe?» Da sind sie schon wieder, diese Grübchen. Dass Max einfach ins Flirten wechselt, bringt mich aus dem Konzept. Aber nur kurz.

«Wenn ich das jetzt schon verrate, macht es ja nur halb so viel Spaß.» Ich freue mich, dass mir das so schnell eingefallen ist, als ein stechender Schmerz alle Gedanken auf meine Wirbelsäule zieht. Jemand hat die Tür geöffnet und mir die Klinke in den Rücken gerammt. Ich krümme mich, fasse nach hinten.

«Huch!?! Sorry!» Samtige Stimme, trotzdem Fingernägel auf Tafel in meinen Ohren. Fingernägel mit Glitzersteinchen.

ELODIE

701	62.833	522
Beiträge	Abonnenten	Abonniert

Hey, hey, hey, meine Lieben! Große Neuigkeiten! Ich habe zugestimmt, an einem Experiment teilzunehmen. In zwei Wochen geht's los! Eine App – Fair Play – wird mir dabei helfen, drei Monate lang so zu leben, wie wir es müssten, um die Klimakrise zu stoppen. Hier und auf meinen anderen Kanälen werde ich berichten, wie es mir dabei ergeht ... schonungslos und offen. Gebaut wurde #fairplay vom genialen @derandereLeo nach einer Idee von @KeraSpiegler. Nähere Informationen zum Projekt sind in meiner Bio verlinkt. Und wir reichen es sogar bei einem Wettbewerb des Berliner Senats ein. Drückt uns die Daumen!

Ich lese den Text, den ich eben gepostet habe, noch mal durch. Als Beweis dafür, dass ich ein Recht habe, hier zu sein, und weil ich dann nicht in Max', Leonards und Keras Gesichter sehen muss. Deren Ausdruck reicht von ratlos bis angepisst. Nicht nur deswegen bin ich wahnsinnig nervös. Wird Fair Play gut bei meinen Leuten ankommen? Bislang nur ein paar Likes.

«Elodie?» Max berührt mich an der Schulter. Er sieht mich von allen am freundlichsten an, als ich aufblicke. «Ich frage jetzt dich, was wir uns alle fragen: Woher der Sinneswandel?» In seinen Augen lese ich ehrliches Interesse, aber ich weiß nicht, was ich ihm antworten soll. Dass das eine reine Business-Entscheidung war? Nach ihrem finsteren Blick zu urteilen, trägt Kera sowieso schon ein «I hate Elodie»-T-Shirt unter ihrem Pulli, eines, das sie gemeinsam mit Cemine drucken lässt. Wenn Kera wüsste, dass ich ihren hehren Einfall als schnöden Content-Lieferanten missbrauchen will ... sie würde explodieren.

Als Frau Wenger mich gefragt hat, ob ich mitmache, «weil du doch Kera den Anstoß gabst, Elodie», war mir klar, was der eigentliche Grund dafür war. Im Gegensatz zu den meisten Lehrern hat Frau Wenger ein Gespür dafür, wer welche Rolle einnimmt an der Schule. Max ist beliebt. Er bringt dem Experiment Aufmerksamkeit, wird aber niemanden dazu inspirieren, ein Konto zu führen, weil er es selbst nicht tut. Also will Frau Wenger sich meinen Einfluss zunutze machen. Trotzdem habe ich zugesagt. In Frau Wengers Worten schien das Experiment innovativ, nicht dröge. Wenn die Klimakonten schon kommen, dann kann ich sie auch dafür einsetzen, um spannende Inhalte für meine Leute zu kreieren und damit mein Problem zu lösen. Außerdem hat dieses vierköpfige Komitee was von VIP, das kommt immer gut. *Bzzzz!* Karl hat kommentiert.

@_KARL_DER_GROSSE_: Echt jetzt, Elodie?????????

«Kannst du das Handychecken bitte lassen, während wir uns unterhalten?» Kera rollt mit den Augen. Aber beim nächsten

Summen sehe ich wieder aufs Display. An den Reaktionen hängt so viel. Karls Kommentar war kein guter Anfang und die ersten Beiträge geben oft die Richtung für das vor, was danach kommt. Dieses Mal ist es Cemine, phantastisch, die nächste Kritikerin.

@Cemine_Çiçek: Freue mich, dass du auch dabei bist!

Mein Herz hüpft heftiger, als es sollte, wegen eines einzigen positiven Kommentars. Weil er von Cemine kommt, stelle ich fest, und kann das nicht ganz einordnen. Trotzdem gibt mir ihr unerwarteter Zuspruch Mut. Ich werde mich nicht verstecken. Mein Handy schalte ich stumm und lege es zur Seite, bevor ich Max seine Antwort gebe.

«Ganz einfach! Ich möchte die App ausprobieren, um auf meinen Kanälen darüber zu berichten.»

«Du stehst also nicht wirklich hinter dem Projekt. Fair Play soll deiner Selbstdarstellung dienen – wie alles. Und du willst, dass es Teil deiner Mammonmaschinerie wird.» Kera rollt erneut mit den Augen, aber dieses Mal macht es mich nicht unsicher. Es macht mich wütend. Keras Eltern sind Inhaber eines großen Architekturbüros. Nie wird sie Geldsorgen haben. Von so jemandem lasse ich mir nicht meinen Geschäftssinn vorwerfen, auch wenn ich am liebsten «So bin ich doch gar nicht!» rufen und ihr all das erzählen würde, was ich niemandem erzählen darf.

«Ist es nicht egal, warum ich mitmache?» Ich klinge patzig, und das gefällt mir. «Ihr braucht mich. Ich gebe eurem Projekt eine Bühne. Fair Play profitiert von mir. Ich profitiere von Fair Play. Win-win.»

Einen Moment lang befürchte ich, dass nichts von all dem die anderen überzeugt. Dass sie mich gleich rauswerfen. Kera guckt immer noch skeptisch. Aber dann sagt Leonard: «Finde ich gut, dass du das Experiment kommentierst, während es läuft. So kriegen möglichst viele Leute, die nicht an unserer Schule sind, mit, wie es sich mit der App lebt. Danke, dass du mitmachst.»

«Keine Ursache. Ich danke dir. Euch, meine ich.»

«Dein Post hat schon über tausend Likes.» Max, sonst selten mit seinem Handy beschäftigt, starrt es an. «Hast du das gesehen, Kera? Du bist getaggt.»

«Ich abonniere so was nicht», antwortet sie, späht aber über Max' Schulter.

Von da an bin ich drin. Selbst von Kera kommt irgendwann ein zerknirschtes:

«Wenigstens bist du ehrlich. Also willkommen dann!»

Als die anderen gehen, bleibe ich noch einen Moment allein im Zimmer. Ich halte an dem Gefühl fest, dass ich hier Teil von etwas Größerem wurde, etwas mit Substanz. Dann packe ich meine Sachen zusammen. Plötzlich verhaltenes Klopfen. Cemine steht im Türrahmen. Vor Schreck lasse ich beinahe mein Handy fallen.

«Oh, hey!», sage ich. «Falls du Kera suchst, die ist schon weg. Mit Max.»

«Max war hier? Interessant.» Cemine zieht ihre Ärmel über die Hände. Ihr Tick, denke ich, und kann nicht anders, als zu lächeln. «Dass Kera aber auch nie an ihr Handy geht. Ich wollte das neue Café in der Akazienstraße mit ihr ausprobieren, solange die Klimakonten noch nicht live sind. Keine Ahnung, wie umweltfreundlich so ein Brownie ist.» Cemine lacht schüchtern.

«Die haben Brownies?», frage ich.

«Ich hoffe schon», antwortet Cemine.

«Kann ich mitkommen?» Ich wundere mich über mich selbst. Normalerweise schiebe ich nicht so einfach Termine ein. Meine Tage sind durchgetaktet. Cemine betrachtet mich, als wäre ich ein Flohmarktfundstück, bei dem sie noch nicht entschieden hat: Trödel oder Schatz. Mein Mund fühlt sich trocken an. Endlich sagt sie:

«Gerne.»

«Nur einen Moment ...» Ich drehe Cemine den Rücken zu, damit sie das große Grinsen, das rauswill, nicht sieht, hole meine Jacke, checke mein Handy. 2346 Likes, das ist gut für die kurze Zeit. Immer noch die beiden Kommentare, nicht mehr.

Bevor ich mein Handy ausschalte, bekommt Cemines ein «Gefällt mir», und ich beantworte den anderen:

@elodies_melodie: Echt jetzt, Karl!!!!!!!!!!!!!

MAX

RUSHHOUR-U-BAHN-ATMO! Die ganze Aula ist voll. Seit Elodies Post haben sich mehr und mehr Leute für Fair Play angemeldet. Etwa die Hälfte der Schüler, hat Leonard bei unserem letzten Treffen gesagt. Elodie eben! Jetzt sitzt sie mit mir und den anderen Fair Play Four in einer Reihe auf der Bühne. Wir sehen zu, wie die Wenger ans Rednerpult tritt, um das Publikum zu begrüßen. Hinter ihr leuchtet mein Logo, schwarz auf mintgrün. Ist mir peinlich, gleichzeitig bin ich stolz. So geht es mir mit allem, was mit Fair Play zu tun hat.

Immer noch finde ich das Projekt bescheuert. Ich will mein Leben genießen, solange ich kann. Um ein Uhr nachts einen Kater-Burger essen, spontan den Billigflieger nach Barcelona oder, noch besser, Thailand nehmen und am Strand in den Morgen tanzen. Zu Beats aus Boxen, die wahrscheinlich den Stromverbrauch einer Kleinstadt haben, aber alles in mir zum Vibrieren bringen. Wenn die Welt schon den Bach runtergeht, will ich sie vorher wenigstens erlebt haben. Aber das Projekt hat auch seine guten Seiten. Die Versetzung. Habe alles durchgerechnet. Mit der Hilfe der Wenger kann ich es schaffen. Und dann ist da noch Kera. Beim ersten Fair-Play-Four-Treffen war ich wegen der Wenger, bei den folgenden wegen ihr. Je besser ich Kera kennenlerne, desto bezaubernder finde ich sie. Und sie denkt doch nicht, dass ich langweilig bin oder dumm, glaube ich. Einmal hat sie zu mir gesagt: «Weißt du, Max, es gibt viele Arten von Intelligenz. Nicht alle werden an der Schule gemessen. Aber das heißt nicht, dass sie nicht wichtig sind.» Daraufhin hat sie mir zehn Artikel über kreatives Denken geschickt. So typisch! Ich grinse bei dem Gedanken, dass ich Superkräfte habe, die unter dem Radar der Obrigkeiten bleiben, und höre ein bisschen in die Rede der Wenger rein.

«Bei jedem Einzelnen von Ihnen bedanke ich mich, dass Sie bereit sind, Fair Play zu testen», sagt sie. «Es wird nicht einfach. Aber Sie haben die einmalige Chance, der Welt zu zeigen, dass Sie die eigenen Bedürfnisse zurückstecken, um ein gemeinsames Ziel zu erreichen. Ein wichtiges Ziel. *Das* wichtigste Ziel unserer Zeit. Ich wünsche Ihnen viel Erfolg dabei.»

Das war's. Zum Ablauf sagt die Wenger nichts. Sie hält sich an ihre Ansage, dass das *unser* Experiment ist. Alle klatschen. Die Wenger überlässt Leonard das Mikro. Der sieht überrascht aus, dass die Leute nicht aufhören zu applaudieren, als er nach vorne tritt. Dann lächelt er, und mir fällt auf, dass ich ihn noch nie hab lächeln sehen. Kann mich jedenfalls nicht daran erinnern. Doch, an eine Situation schon, als Karl sich im Sportunterricht den Arm gebrochen hat. Fand ich total daneben damals.

Karl ist heute nicht unter den Leuten in der Aula. Ob das okay ist, hat er mich vorher gefragt.

«Weil du doch da mitmischst.» Karl ist loyal. Deswegen mag ich ihn.

«Total okay», habe ich geantwortet. «Wenn ich könnte, würde ich auch wegbleiben.» Karl war erleichtert und ist jetzt mit seinem großen Bruder und dessen Gang unterwegs. Da wäre ich gern dabei. Obwohl ... dann würde ich nicht neben Kera sitzen. Unauffällig sehe ich zu ihr rüber. Als sie mit Millie-Bobby-Brown-Schnitt aus den Sommerferien zurückkam, dachte ich: Wow! Die langen Haare waren schön, aber sie haben abgelenkt von ihrem feinen Gesicht. Kera muss spüren, dass ich sie beobachte. Sie dreht den Kopf zu mir, und ich tue so, als ob ich an ihr vorbei Leonards Präsentation folge. Gerade geht er eine dieser ewig langen AGB-Listen durch, die eh niemand liest. Die meisten werden einfach zustimmen. Außerdem hat die Schule das sicher vorher gecheckt. Und wenn wir der nicht mehr trauen können ...

«Sobald ihr die Nutzungsbedingungen akzeptiert, installiert sich die App auf eurem Handy. Jeder User hat ein persönliches Klimakonto. Es steht auf Grün, wenn ihr euch an euer Limit haltet, auf Rot, wenn ihr überzieht. Eure persönlichen Kontostände fließen in ein gemeinsames Klimakonto ein, das ebenfalls grün oder rot ist. Die Guthaben werden in Echtzeit upgedatet. Das Gemeinschaftskonto nicht zu überziehen, ist das große Ziel. Dann würdet ihr die Umweltbelastung so eindämmen, dass wir – hochgerechnet auf die Weltbevölkerung – nie die unumkehrbare Kettenreaktion auslösen, die unseren Planeten unbewohnbar macht. Drei Monate könnt ihr euch daran versuchen. So lange läuft das Experiment. Wichtig: Der Kontostand an der Deadline zählt als Endergebnis. Schafft ihr es oder schafft ihr es nicht, mit einem grünen Gemeinschaftskonto abzuschließen?»

Leonard lässt die Frage ein paar Sekunden wirken, bevor er weitermacht.

«Für Leute ohne Fair Play gibt es eine Website, auf der sie das gemeinsame Konto verfolgen können. Die Welt sieht uns zu. Und der Bildungssenator.»

Lacher. Leonard zeigt die Website auf der Leinwand. Sieht gut aus. Professionell. Man merkt, dass ich mich reingehängt habe. Vielleicht sogar was für meine Mappe.

«Übrigens: Die Schüler, die Fair Play boykottieren, sind trotzdem Teil des Experiments – ob sie wollen oder nicht.» Leonard hat ein Funkeln in den Augen, als er das sagt. «Jeder von euch Nutzern hat das gleiche Limit, ab dem ihr euer persönliches Konto überzieht. Doch während ihr versucht, euren Konsum runterzuschrauben, werden Schüler ohne App in das Gemeinschaftskonto als deutsche Durchschnittsverbraucher reingerechnet. Ihr müsst euch für sie miteinschränken, um das große Ziel zu erreichen. Das heißt: Je mehr Leute Fair Play runterladen, desto größer ist euer persönliches Guthaben. Es lohnt sich also, wenn ihr eure Freunde davon überzeugt, mitzumachen.»

Ich wusste das. Trotzdem regt sich bei Leonards Worten – «ob sie wollen oder nicht» – Widerwille in mir. Ein Mädchen, vielleicht vierzehn, hebt die Hand. Leonard will keine Unterbrechung, aber sie sitzt in der ersten Reihe, für alle gut zu sehen. Anscheinend kennt Leonard sie.

«Ja, Isobel?»

«Ich verstehe das nicht», sagt das Mädchen. «Kannst du das vielleicht noch mal erklären? Einfacher?»

Mehr als «ähm» bringt Leonard nicht raus. Klassiker! Der, dem's leichtfällt, kann's anderen nicht verständlich machen. So geht es mir mit den meisten Lehrern.

Ich kann das nicht mit ansehen. Schnell gehe ich zu Leonard und nehme ihm das Mikro aus der Hand. Ich muss daran ziehen, so fest hält er es. Vor dem Mädchen setze ich mich auf den Rand der Bühne und lasse die Beine baumeln.

«Hallo, Isobel. Ich bin Max. Und ich habe auch ganz schön lange gebraucht, bis ich das kapiert habe. Soll ich dir erzählen, wie?»

Isobel nickt.

«Stell dir vor, ich richte für dich und neun deiner Freunde ein Bankkonto ein.»

«So viele Freunde habe ich gar nicht.»

«Ich finde wenige und dafür gute Freunde auch besser.»

Isobels unbedarfte Offenheit gefällt mir. «Machst du vielleicht einen Mannschaftssport?»

«Fußball.»

«Dann stell dir vor, ich zahle hundert Euro auf dieses Konto ein, das dir und neun Mannschaftskollegen gehört. Wenn ihr das Geld gerecht unter euch aufteilt, könnte jeder von euch zehn Euro ausgeben, richtig? Aber wenn fünf von euch statt zehn Euro einfach fünfzehn Euro ausgeben – das wären dann die Durchschnittsverbraucher, die sich nicht an ein Limit halten –, bleibt für den Rest weniger übrig. Nur noch fünf Euro pro Person.»

«Wir könnten das Konto ja überziehen.»

«Das könntet ihr. Aber bei Fair Play geht es genau darum, das nicht zu tun. Denn die hundert Euro stehen für das LIMIT, mit dem ihr die Klimakrise stoppen würdet. Das einzuhalten, ist euer großes Ziel. Deswegen verschiebt sich dein Anteil, je nachdem, wie viele sich verpflichten, nur ihren zu verbrauchen. Wenn die ganze Schule mitziehen würde, wären in unserem Beispiel alle zehn Mannschaftskollegen dabei. Dann

43

dürfte jeder den Höchstbetrag von zehn Euro ausgeben und das gemeinsame Konto wäre trotzdem im grünen Bereich. Alles klar?» Ich beuge mich zu Isobel runter und halte ihr meine Hand zum High Five hin. Sie schlägt ein.

«Alles klar!»

Auf dem Weg zu meinem Platz werfe ich Leonard das Mikro zu. Er lässt es beinahe fallen.

«Max kann das natürlich besonders gut erklären», sagt Leonard. «Denn er ist der Einzige von uns vieren, der Einzige in diesem Raum, der kein Konto führen wird. Nicht wahr, Max? Mal sehen, wie lange du es durchhältst, auf Kosten der anderen zu leben. Wir werden dich bearbeiten, bis du dir Fair Play holst.»

Stille. Leonard genießt sie. Die anderen können ruhig wissen, dass ich Fair Play nicht runterlade. Auch wenn es kaum jemand gemerkt hätte; ich bin nur anonym auf den Social-Media-Plattformen unterwegs. Doch wie Leonard es jetzt und hier betont, ärgert mich.

Ich sehe zu Isobel. Im Dunkel des Zuschauerraums kann ich ihr Gesicht kaum ausmachen, aber ich meine, dass sie enttäuscht dreinschaut. Als Leonard endlich weitermacht, stoße ich mit dem Ellenbogen sanft an Keras Arm.

«Wirst du das?» Ich flüstere. «Mich bearbeiten?»

«Nein, natürlich nicht», antwortet Kera. «Aber ich denke schon, dass Fair Play einige Beziehungen auf die Probe stellen wird, also wenn einer drin ist und einer draußen.» Sie lächelt. «Den Guten wird es nichts anhaben können.»

«Dann lass es uns ausprobieren!» Ich lächle zurück, herausfordernd. «Ob das geht: Daten, wenn einer drin ist und einer draußen. Aus rein wissenschaftlichem Interesse, natürlich.»

KERA

Hat Max mich gerade gefragt, ob ich mit ihm ausgehe? Einfach so, mitten in Leonards Präsentation? «Dienstag, so um fünf? Ich hole dich ab.» Ja, hat er. Der hat Nerven. Ich fühle mich sowieso schon unwohl, wie ausgesetzt auf dieser Bühne. Wenigstens muss ich nicht sprechen. Aber jetzt guckt die halbe Schule zu, wie Max sich zu mir lehnt.

«Können wir vielleicht später darüber sprechen?»

«Habe ich dann schlechtere oder bessere Chancen, dass du ja sagst?»

«Später!», sage ich mit Nachdruck, lege dabei meine Hand auf Max' Arm. Weich, sehr weich, die Haut. Schnell ziehe ich meine Hand zurück. Ich hoffe, dass man im Bühnenlicht meine roten Wangen nicht sieht. Max' Direktheit überfordert mich manchmal. Trotzdem ist es genau das, was ich an ihm mag. Grübchen allein bringen es ja auch nicht … Aber Leonard kommt jetzt zum spannendsten Teil des Experiments, zu dem, auf den es mir ankommt. Das will ich nicht verpassen.

Auf der Leinwand hinter Leonard erscheint sein Profil. Ganz gutes Handle, @derandereLeo. Das Bild hätte aber besser zu einer Bewerbung gepasst. Fehlt nur noch die Krawatte.

«Sobald ich Fair Play installiere, passiert das hier auf meinen Social-Media-Seiten …», sagt Leonard.

Rechts oben an seinem Profilbild ist plötzlich ein kleines Quadrat in Form des Fair-Play-Logos zu sehen. Es ist grün. Leonard umkreist es mit einem Laserpointer.

«Das Icon steht für mein persönliches Klimakonto. Wenn ich meinen Anteil am Gesamtguthaben aufgebraucht habe, springt es auf Rot.» Leonard drückt eine Taste seines Laptops, und sein Icon wechselt die Farbe. «Dann sollte ich mich einschränken. Sonst wäre ich unfair den anderen Usern gegenüber. In meinem persönlichen Fair-Play-Account kann ich nachprüfen, mit was ich mein Konto überzogen habe. Alle anderen können nur das profile pic mit dem Icon sehen.»

Ein Junge ziemlich weit hinten meldet sich. Leonard ignoriert ihn.

«Viel mehr will ich nicht dazu sagen.» Der Junge schnippt mit den Fingern, aber Leonard fährt ungerührt fort: «Fair Play muss man erleben, nicht erklären.»

«Entschuldigung!» Die Akustik der Aula ist gut genug, um die Stimme des Jungen bis zur Bühne zu tragen. Leonard hat keine Wahl.

«Ja, bitte?», sagt er.

«Was, wenn wir Fragen haben zur App? Also zu den Funktionen und so? Können wir dich anschreiben?»

«Könnt ihr. Wird aber nicht nötig sein.»

«Wie meinst du das?»

«Fair Play ist … etwas anders als die Apps, die ihr sonst so auf dem Handy habt.»

«Selbsterklärend?»

«Sagen wir es so: Sie erklärt sich selbst.»

«Ist das nicht dasselbe?»

«Werdet ihr dann sehen. Das war es von mir. Danke.»
Leonard schaltet seinen Laptop aus. Die Leinwand hinter
ihm wird schwarz. Meine Augen brauchen einen Moment, bis
sie sich an die neuen Lichtverhältnisse gewöhnen. Nur Leonard
ist noch gut zu erkennen, einsam im Scheinwerfer. Dann macht
irgendwer die Lampen im Saal an. Ein letztes Mal Applaus, etwas verhaltener als zuvor. Mit Leonards rätselhaften Worten
können die Zuhörer nicht viel anfangen. Aber neugierig haben
sie sie gemacht. Viele kleben beim Rausgehen an ihren Handys, und ich wette, dass sie Fair Play installieren, meine kleine
Schwester Isobel genauso wie alle anderen. Ich kann es auch
kaum erwarten. In all den Fair-Play-Four-Sitzungen hat Leonard uns nie die App ausprobieren lassen. Wir haben darüber
diskutiert, Screenshots gesehen, Regeln festgelegt, aber der
praktische Teil, hat er gesagt, soll für uns genauso neu sein wie
für die anderen. Ganz wohl habe ich mich nicht dabei gefühlt,
dass Leonard die alleinige Kontrolle hatte, aber er ist nun einmal der Herr über Bits und Bytes. In seiner Welt haben Elodie
und Max und ich nichts zu melden.

Bevor Iso die Aula verlässt, winkt sie mir zu. Ich winke zurück. Dass sie sich nach dem Skandal vor zwei Jahren getraut
hat, vor einem so großen Publikum eine Frage zu stellen, gibt
mir Hoffnung. Vielleicht hat sie das Ganze besser verarbeitet
als gedacht. Und wie Max mit der Situation umgegangen ist
... ich will auf jeden Fall mit ihm ausgehen. Und zwar definitiv
nicht rein wissenschaftlich.

Doch als ich ihm sagen will, dass unser Date steht, kann ich
ihn nirgendwo entdecken. Um mich abzulenken, gehe ich zu
Leonard. Ich bin ihm dankbar. Ohne ihn wäre alles ein Gedan-

kenspiel geblieben. Meine Idee ist zu seiner App geworden. Sie ist jetzt in der Welt, losgelöst von uns. Das ist das Beste daran: Fair Play steht allein. Alle Aufmerksamkeit richtet sich auf den Inhalt, nicht auf mich, nicht auf ihn. So wie es sein soll.

Leonard werkelt an seinem Laptop rum. Nur zögerlich hat er ihn für die Veranstaltung hergegeben und die ganze Zeit nicht aus den Augen gelassen. Bei den Fair-Play-Four-Treffen gingen Leonard und ich so miteinander um wie im Unterricht: respektvoll und distanziert. Aber die Arbeit am Projekt tut ihm gut. Je mehr er auftaut, desto öfter muss ich an früher denken. An den lustigen, frechen Leonard der Grundschule, nie um eine Antwort verlegen, für jeden Spaß zu haben, bevor er ... anders wurde. Fair Play, finde ich, ist ein guter Anlass, sich wieder freundschaftlicher zu begegnen.

«Tolle Präsentation!»

«Danke.» Leonard zieht an den Kabeln, als sei ich nicht da. Meine Gespräche mit dem männlichen Geschlecht laufen heute nicht so. Aber ich versuche es weiter.

«Wer ist denn der erste Leo?»

«Der erste Leo?»

«Wenn du der andere Leo bist, muss es ja noch einen geben. DiCaprio?»

«Nein.» Leonard stoppt und kneift die Augen zusammen. Mit dem Vergleich habe ich ihn bestimmt beleidigt – viel zu wenig intellektuell, Leonardo DiCaprio.

«Da Vinci?»

«Nein.» Leonard steht auf. «Der erste Leo steht vor dir. Der andere Leo findet im Netz statt.»

«Clever. Warst du ja schon immer.»

Für einen Moment sieht mich Leonard an, als würde es die Welt für ihn bedeuten, dass ich das sage. Als würde auch er sich daran erinnern, wie es früher war. Aber dann zieht ein Schatten über sein Gesicht. Leonard schiebt seinen Computer unter den Arm und murmelt:

«Wir sehen uns.»

«Tschüs, ihr zwei», antworte ich. Er lässt mich in der leeren Aula zurück.

LEONARD

Ich sitze daheim vor meinem Laptop. Sein Licht kriecht kaum bis zum Ende des Keyboards, bevor die Dunkelheit es verschluckt. Obwohl es kurz vor Mitternacht ist, habe ich die Deckenlampe ausgeschaltet. Ich sollte sparen. Meine Technik frisst viel Strom. Vor ein paar Stunden bin ich wieder ins Rote gerutscht. Doch ich bin in guter Gesellschaft.

Ich scrolle durch meine Kontakte. Seit Elodies Post zu Fair Play haben sie sich verdreifacht. Ich bin immer noch meilenweit von Elodies Zahlen entfernt. Aber: Ein guter Teil ihrer neuen und alten followers and friends sind jetzt auch meine. Viele haben ein rotes Icon an ihren profile pics. Wir Fair Player – so nennen wir uns jetzt – müssen uns erst an unser neues Leben gewöhnen.

Als Elodies Gesicht mit den großen grünen Augen, den dunklen Locken und der lässigen Lücke zwischen den Schneidezähnen auftaucht, halte ich inne. Ihr Icon ist grün. Schon wieder. Immer noch. Ich habe Elodie kein einziges Mal im Roten erwischt. Zu gerne würde ich wissen, wie sie das macht. Es gäbe eine einfache Möglichkeit, das herauszufinden. Ein paar Befehle von mir, und Fair Play gibt seine Geheimnisse preis. Aber ich reiße mich zusammen. Meine Finger fliegen über die Tasten, ohne sie zu drücken. Fair Play ist nicht mehr meins. Ich bin ein normaler Proband wie alle anderen auch. So habe ich es mit Elodie, Kera und Max besprochen. Unser Job ist erst einmal getan. Seit der Präsentation in der Aula vor drei Tagen habe ich mich nur noch brav als User eingeloggt. Fair Play ist jetzt sein eigener Kosmos, in dem ich nicht mehr rumzupfuschen habe. Ich schließe meine Kontakte und betrachte meine timeline. Der letzte Post ist zwei Jahre alt. Maja, meine Schwester, hat mich beim Wandern im Yosemite National Park getaggt. Drei Leute haben den Beitrag gelikt, darunter Maja und ihr boyfriend. Kommentiert hat ihn nur einer meiner Nachhilfeschüler. Wahrscheinlich im Suff. Seine Emoji-Parade macht jedenfalls keinen Sinn (KükeninEierhälfte-ReißverschlussmundlilaHerz???). Nach der ersten Euphorie habe ich meine social media profiles schnell verwahrlosen lassen. Mir war schon immer klar, dass die die Netzwerke nur aufbauen, um unsere Daten zu verschachern. Da wollte ich nicht mitmachen. Das rede ich mir ein. Aber tief in mir drin weiß ich, dass es einen anderen Grund hatte. Noch mal online das Abbild meines nicht vorhandenen Soziallebens vorgeführt zu bekommen, das braucht einer wie ich nicht. Meine Anfragen und Posts wurden ignoriert. Der erhoffte Strom an Leuten, die mich zwar auf dem Schulhof nicht grüßen oder gar nicht kennen, aber meine Anekdoten witzig finden, meine Bilder cool, blieb aus. Kein digitaler Neuanfang. Ich war kein anderer Leo im Netz. Gelöscht habe ich die Accounts trotzdem nicht. All die Jahre haben sie im Dornröschenschlaf verbracht, als hätten sie auf diesen Moment gewartet. Ab jetzt werde ich mich besser um sie kümmern.

Ich streiche mit dem Daumen über das Bild meiner sis. Verschwitzt sehen wir aus und glücklich. Dann rufe ich Elodies profile auf und schiebe es auf den zweiten Screen, sodass es neben meinem steht. Elodies Fotos sind schön, nicht nur weil *sie* schön ist. Die Farben und Formen sind perfekt aufeinander abgestimmt. Trotzdem sieht das Ganze nicht fake aus. Im Vergleich zu ihren Selfies ist mein profile pic spießig. Elodie fotografiert sich meistens schräg von oben. Ihr Gesicht scheint dann definierter.

Ich stelle eines ihrer Bilder nach, aber in meinem Fall ist der Winkel von Nachteil. Ich bin schlaksig, und die Perspektive zieht mein Gesicht unvorteilhaft in die Länge. Den Look mit den leicht geöffneten Lippen probiere ich gar nicht erst aus. Dass ich dabei wie ein Fisch am Aquariumsglas aussehe, weiß ich auch so.

Vielleicht liegt es am Licht. Ich schalte es ein, spiele mit der Beleuchtung. Meinen personal account gleiche ich morgen aus. Das ist jetzt wichtig hier. Doch was mir das Display zeigt, pendelt zwischen Reh im Scheinwerferlicht und diesen grauen Wesen aus *Harry Potter,* die den Leuten die Seele aussaugen. Blitzlicht war besser. Ich schalte die Deckenlampe wieder aus. Anderes Outfit vielleicht? Kurze Zeit später sieht mein Zimmer aus wie H&M beim Schlussverkauf. Ein brauchbares Bild kam nicht dabei raus. Ich seufze und gebe auf. Fotogenität kann man nicht lernen, zumindest nicht in einer halben Stunde.

Sehnsüchtig betrachte ich Elodies Posts mit den Tausenden an Likes. Die Kommentare dazu haben sich verändert. Bis vor ein paar Wochen bekam Elodie die üblichen Komplimente für Make-up, Klamotten und food porn. Aber jetzt geht es nur noch um ihr grünes Icon. «Inspiration!», lese ich da, «Bewundernswert!!» und «Green Goddess!!!». Der Weg führt nicht mehr über Selfies und lässige Sprüche, nicht an unserer Schule, nicht seit Fair Play. Das unscheinbare kleine Viereck am profile pic diktiert jetzt, wessen Beliebtheit steigt oder sinkt. Das ist meine Eintrittskarte, meine Chance. Jetzt kann ich nicht mehr anders: Ich muss Elodies Geheimnis lüften.

Den zweiten Screen schalte ich aus, konzentriere mich auf das, was ich vorhabe. Wieder fliegen meine Finger übers Keyboard. Doch dieses Mal drücken sie die Tasten, bis sie auf Widerstand stoßen. Fair Play begrüßt mich wie einen alten Freund, als ich zu Funktionen vorstoße, zu denen niemand außer mir Zugang hat. Ich muss mich zusammenreißen, um mich nicht in den Möglichkeiten zu verlieren, die mir meine App bietet. Nur zum Gucken bin ich hier, also eigentlich gar nicht. Elodies Account. Rein. Raus. Mich informieren. Das war's.

Um mein schlechtes Gewissen zu beruhigen, sage ich mir, dass Elodie sicher nichts dagegen hätte. Schließlich breitet sie ihr Leben freiwillig in der Öffentlichkeit aus. Trotzdem: Ich habe das Gefühl, dass ich eine Grenze überschritten habe, die nicht nur Elodie schützt. Auch mich.

Als Elodies Kontobewegungen vor mir liegen, weiß ich, dass ich das nicht nachmachen will und kann. Sie lässt Fair Play ihr Leben bestimmen. Meine App kann viel. Elodie hat sich offenbar die Zeit genommen, sich in die Hilfsfunktionen reinzuarbeiten. Ihre Kontobelastungen für die nächsten Tage sind durchgeplant. In ihren Einstellungen hat Elodie festgelegt, dass die App einen großzügigen Puffer reinrechnet, falls ein unvorhersehbarer Posten dazukommt. Ich würde Fair Play nie so viel Raum in meinem Leben geben, obwohl oder gerade weil ich jeden Kniff kenne. Denn ich weiß, dass das keine Einbahnstraße ist. Die App will etwas für ihre Dienste: Informationen. Ich starre auf den Screen, von dem mir Elodies Account unschuldig entgegenblinkt. Nein, denke ich grimmig, hier bin immer noch ich der Chef. Außerdem wäre da der Punkt mit der Umsetzung. Selbst wenn ich Fair Play gestatten würde, meinen Verbrauch zu optimieren: Ich müsste mich auch daran halten. Und so wichtig ist mir die Umweltsache nun auch wieder nicht. Elodie dagegen scheint sie ziemlich ernst zu nehmen. Wieder und wieder gehe ich die einzelnen Posten durch. Aber es gibt keinen Trick. Wahrscheinlich ist Elodie es einfach gewohnt, ihr Leben einem Lifestyle unterzuordnen. Die Frau verbraucht kaum etwas und wenn, dann ist es vegan und regional und bio und CO_2-neutral und was weiß ich nicht noch alles. Sie hat sogar ihre Eltern davon überzeugt, auf Ökostrom umzustellen, und das bei Fair Play hinterlegt. Meine Mutter würde durchdrehen, wenn ich ihr damit kommen würde.

Hilft alles nichts. Ich muss selbst einen Weg finden, mein Icon grün zu kriegen. Ausloggen also. *Log out!*, sagt mein Kopf noch einmal, aber meine Finger bewegen sich nicht. *Hier bin immer noch ich der Chef.* Fair Play bleibt offen, wartet darauf, was ich als Nächstes verlange. Einfach so, ohne mich zu verurteilen, ein treues Haustier, das alles gut findet, was sein Herrchen macht. Ich starre auf den Screen. Plötzlich sehe ich vor mir, was ich tun müsste, um mein Problem ein für alle Mal zu lösen, eine Folge an möglichen Screenshots, die über den Bildschirm blitzen und mir den Weg zu einem immergrünen Icon weisen. Wie Leuchttürme. Oder Irrlichter? Wahrscheinlich beides. *Nein, das darfst du nicht!* Ich weiß nicht, ob ich das gedacht oder vor mich hin gemurmelt habe, beschwörend, in der Hoffnung, ausgesprochen hätten die Worte mehr Macht. «Das kannst du nicht bringen!» Definitiv laut gesagt dieses Mal. *Das würde das Experiment unterlaufen, die App, die du selbst programmiert hast. Und du bist doch ein Fair Player! Teil der Gemeinschaft!* Doch dann ist da plötzlich eine zweite Stimme, die auch wie meine klingt, nur schärfer. Sie ist in meinem Kopf, ganz leise. Mehr braucht es nicht. Denn was sie sagt, hallt in mir nach: *Du bist aber nicht wie die anderen. Du wirst es nie sein. Deswegen musst du deinen eigenen Weg gehen, wenn du dazugehören willst. Jetzt hättest du die Macht dazu ...*

«Shut up!» Mit mehr Schwung als nötig klappe ich den Laptop zu. Ich sitze im Dunkeln.

KERA

Heute macht mir die Pause nichts aus. Auch nicht, dass Frau Wenger zu spät dran ist. Ich könnte meinen Klassenkameraden ewig zusehen, wie sie dasitzen und -stehen und miteinander reden, richtig reden, und das nicht in den üblichen Grüppchen. Cemine berät Lina, die sich unschlüssig ist, ob sie die App herunterladen soll, und um Leonard steht eine Schar von Fair Playern, die sich Tipps und Tricks zu den Funktionen vom Meister persönlich erhoffen. Dass Leonard sonst in der Pause immer alleine dasaß, interessiert keinen mehr. Plötzlich haben sie ein Thema: Fair Play. Wer was trägt, wer welche Musik hört, wer die meisten Freunde hat und die besten Partys schmeißt, wer Sportass ist und wer Streber, das ist jetzt Nebensache. Die App ist alles, was ich mir erhofft habe, und mehr. Sie hat uns auf unsere Gemeinsamkeiten reduziert. Und heute kann man das sogar sehen. Alle tragen dicke Stricksachen, manche Schals, Steppwesten und wahrscheinlich – so wie ich – Thermo-Unterwäsche.

Nur Max nicht. Als er eben zur Türe reinkam, hat er seinen Parka ausgezogen. Darunter hatte er wieder mein rotes Lieblings-T-Shirt an. Von März bis November ist das Max' Uniform: T-Shirt und Stoffhose. Jeans mag er nicht und nur im tiefsten Winter trägt er ein Hoodie. Normalerweise sind die Klassenzimmer gut beheizt, sobald es draußen kühler wird. Aber heute muss Max seinen Parka wieder anziehen. Denn heute ist alles anders. Es ist frisch hier. Die App ist gerade mal eine Woche live, und die Fair Player haben bereits eine Initiative gestartet. Auf ihr Betreiben hat der Hausmeister die Heizung um einige Grad runtergedreht – zunächst als Test. Unsere Konten werden so weniger belastet. Fair Play kriegt das nämlich mit. Handys haben einen eingebauten Sensor, müssen sie, falls sie sich überhitzen. Und der kann zumindest bei den neueren Geräten auch die Außentemperatur messen. Leonard hat sich mit der App selbst übertroffen, ein Meisterwerk geschaffen, mehr Tony Stark als Hinterhofhacker. Selbst wenn deine Hardware veraltet ist, wird die neue Temperatur verzeichnet. Fair Play weiß, wo du bist, und zieht sich die Informationen von den Handys, die sich mit dir im Raum befinden. Wir Fair Player sind vernetzt, ein Rudel mit dem gleichen Ziel: Klimakrise stoppen. Das ist das, was Eichner nicht kapiert. Gemeinsam sind wir stärker, als wenn jeder seinen Ego-Trip fährt.

Die App hört nicht auf, mich zu faszinieren. Leonard hat das life cycle assessment in ihr Guthabensystem miteinbezogen. Fair Play misst genauso die Umweltbelastung, die bei der Produktion deiner neuen Jeans entsteht, wie den Strom, den dein Handy verbraucht. Alles, was du tust, alles, mit dem du in Berührung kommst, hat einen Gegenwert, der von deinem Konto abgezogen wird. Und ich gewöhne mich daran. Der heutige wird als erster Tag in die Geschichte eingehen, an dem Kera Spiegler durchgehend ein grünes Icon hatte. Über Nacht wird das Konto oft grün, wenn man sie nicht gerade in einem Club durchmacht oder am Tag davor extrem in die Miesen kam.

Und heute bin ich entschlossen, das bis zum Abend zu halten. Mein Handy muss ich erst morgen wieder laden, die Busfahrt nach Hause habe ich einkalkuliert, und meine Mutter hat die letzten Schätze der Saison für einen Gemüseeintopf geerntet (regionaler als Garten geht wirklich nicht), zu dem ich Wasser aus der Leitung trinke. Für meinen Heimweg-Kaffee habe ich einen Mehrwegbecher dabei, dessen Produktion schon beim Kauf von meinem Konto abging, den Nachmittag will ich mit Lesen verbringen – Bibliotheksbuch –, und bevor ich Schokolade esse, in die Badewanne gehe oder die Heizung hochdrehe, werde ich mit Fair Play checken, inwieweit das drin ist. Die Schule könnte zu keinem besseren Zeitpunkt ein paar Grad kälter sein.

Ich frage mich, warum Max nichts von der Aktion mitbekommen hat. Alle Schüler haben eine Mail erhalten, auch unsere Eltern, damit sie informiert sind und weiterhin hinter dem Experiment stehen. Oder hat Max nur seine Kälteempfindlichkeit unterschätzt? Jedenfalls sitzt er die ganze Schulstunde über in seiner Jacke da und fühlt sich sichtlich unwohl. Aber vielleicht ist das kein Problem, sondern eine Chance.

Seit der Einführung von Fair Play habe ich Max nicht mehr gesprochen. Der Dienstag danach verstrich, ohne dass er bei mir aufkreuzte. Die Fair-Play-Four-Treffen finden erst wieder statt, wenn das Experiment dem Ende zugeht und wir uns an den Abschlussbericht machen. Max und ich sehen uns nur im Unterricht. Und beim Sehen bleibt es. Es ist, als wären wir in die Ära vor Fair Play zurückgerutscht. Immer wenn ich mir vornehme, Max anzusprechen, ist jemand bei ihm, und ich traue mich nicht. Er macht auch nicht den ersten Schritt. Nicht noch einmal. Wie ich mich ärgere, dass ich das Date nicht fix gemacht habe, als Max gefragt hat! Vielleicht ist er deshalb sauer auf mich. Es gibt nur einen Weg, das zu überprüfen.

Ich habe einen Pulli dabei, den ich nicht brauche, ein unförmiges Norwegerteil. Verstohlen rieche ich an der Wolle – kein Schweiß, kein Essen, nur fast verflogenes Parfüm. Ideal, so als Unterpfand für … was immer das zwischen mir und Max ist oder wird oder auch nicht. Als es zur großen Pause klingelt und Karl von seiner Seite weicht, gehe ich zu Max.

«Kalt?»

«Wie kommst du darauf?» Max zieht die Kapuze über den Kopf, wickelt den Parka fester um sich und klappert mit den Zähnen. Ich lache.

«Du hast das mit der Heizung nicht mitgekriegt, oder?»

«Es hat Nachteile, offiziell keine Social-Media-Profile zu haben und die E-Mails der Schülervertretung ungelesen zu löschen.»

Er sieht mich und das wollene Ungetüm in meiner Hand erwartungsvoll an. Auf einmal komme ich mir komisch vor, Max einfach so ein fremdes Kleidungsstück zu geben. Vielleicht will er das gar nicht oder findet den Pulli hässlich und ist zu nett, um abzulehnen. Bevor ich meinen Plan zu Tode denken kann und meine Courage gleich mit, drücke ich ihm den Pulli in die Hand.

«Hier», sage ich brüsk. «Ich habe mehrere dabei.» Er hält den Norweger von sich weg und betrachtet ihn.

«Erinnere mich daran, dass ich in deinem Bunker Zuflucht suche, falls der dritte Weltkrieg ausbricht. Du bist offensichtlich auf alles vorbereitet. Selbst auf Idioten, die das Memo mit der Heizung nicht kriegen.» Wieder muss ich lachen, dieses Mal, weil seine Annahme nicht weiter von der Wirklichkeit entfernt sein könnte. «Verstrahlt» nennt mich Iso immer. Deswegen hat sie mir den Pulli mitgebracht, den ich an Max weiterreiche. Dass ich auch selbst etwas Warmes eingepackt habe, ist Cemine zu verdanken. Sie hat mir so lange Erinnerungstexte gesendet, bis ein Bild von der Mohair-Strickjacke, die ich trage, zurückkam.

Max zieht den Norwegerpulli über. Als er die Arme nach oben streckt, erscheint ein schmaler Streifen Bauch dort, wo das T-Shirt hochrutscht. Ich bekomme Gänsehaut, obwohl Max der ist, der friert.

«Der Pulli steht dir besser als mir», sage ich.

«Tut mir leid», antwortet Max. Ich bin erleichtert, dass er nicht irgendetwas Kitschiges wie «Das kann doch gar nicht sein» erwidert hat.

«Kein Problem. Das ist mir lieber so. An mir könnte ich das Schöne ja nicht sehen.»

«Kommt drauf an, wie oft du in den Spiegel siehst. Oder ins Handy.» Max deutet mit dem Kopf zu Elodie. Sie nimmt ein Bild von sich und den mehreren Lagen Kaschmir auf, die sie um sich herum drapiert hat. Max und ich grinsen uns an. Dann sagt er schlicht: «Danke.»

«Gerne.» Das ist er, der Zeitpunkt, an dem einer von uns das Date anspricht. Ich, er, nach den letzten Minuten ist eigentlich egal, wer. *Na, komm schon, Kera, den Pulli hat er doch auch angezogen.* Ich nehme meinen Mut zusammen und beginne mit «Was ich noch sagen wollte ...». Da taucht plötzlich Karl aus dem Nichts auf und haut Max seine Pranke auf die Schulter.

«Pommes spezial?», fragt er. Verdammt. Vor Karl werde ich mich sicher nicht mit Max verabreden.

«Also dann», sage ich, winke vage, drehe mich um und gehe zu meinem Platz. Cemine ist schon weg, aber das ist mir ganz recht. Ich verziehe mich in den Computerraum. Seit jeder ein Handy hat, ist er meistens leer. Ich hole meines aus der Hosentasche, setze mich in meiner Lieblingsecke auf den Samtsessel, den irgendwer gestiftet hat, kuschle mich in meine Strickweste und rufe Netflix auf. *Das Schicksal ist ein mieser Verräter* wird mir angeboten. Perfekt! Romantik passt zu meiner Stimmung. Auch wenn ich das Date nicht mehr aufbringen konnte, war das Gespräch mit Max schön. Heute ist ein guter Tag. Und das grüne Konto wird ein würdiger Abschluss werden.

Einige Film-Minuten später, als sich die Liebenden gerade zum ersten Mal begegnen, friert plötzlich das Bild ein. Ein rotes Fenster erscheint.

Liebe Kera, leider hast du dein Fair-Play-Konto überzogen. Dein Icon ist jetzt rot. Weitere Infos und Tipps, wie du dein Konto ausgleichen kannst, findest du <u>hier</u>.

Was? Das kann nicht sein. Der Handystrom wird gleich beim Laden von meinem Konto abgezogen, nicht wenn ich ihn verbrauche. Das habe ich in den Einstellungen so festgelegt. Nein, die App muss einen Fehler gemacht haben. Selbst Leonard ist nicht perfekt. Ich klicke auf *Weitere Infos*. Na also! Der Strom, den das Handy frisst, ist kein Problem, steht da. Aber der, den der Netflix-Server verbraucht und die Mobilfunkmasten und … da ist eine ganze Menge, die dazukommt. Daran habe ich nicht gedacht. An was noch habe ich nicht gedacht? Als der Film weiterläuft, kriecht Kälte in meine Knochen, Mohair hin oder her.

MAX

BLAUE-FLECKEN-ZÄRTLICHKEIT!

Karl drückt noch mal kräftig meine Schulter, dann nimmt er die Hand weg. «Erde an Max! Pommes spezial?» Er will wissen, ob ich zu Dragomirs Imbissbude mitkomme. Seit wir in der Oberstufe sind, dürfen wir das Schulgelände in den Pausen verlassen. Karl und ich machen das fast immer.

«Bin dabei», sage ich. Meine Gedanken sind noch bei Kera, aber Karl dringt zu mir durch, weil mein Magen knurrt. Wir gehen los. Meinen Parka lasse ich im Klassenzimmer. Will Keras Pulli nicht ausziehen, und beides wäre zu warm.

Dragomirs Spezialität sind Pommes frites, unter hauchdünnen Zwiebelringen und Gurkenscheiben begraben, die dann in Mayo, Ketchup, Senf und einer braunen Soße nach dem Geheimrezept seiner Mutter ertränkt werden. In der Theorie furchtbar, in der Praxis ziemlich gut. Bisschen wie Fair Play. Mittlerweile frage ich mich, ob es voreilig war, nicht mitzumachen. So nervig das kalte Klassenzimmer ist – es ist beeindruckend, was die zusammen auf die Beine stellen. *Kera* ist beeindruckend. Wie jemand auf so eine Idee kommen kann, ist mir ein Rätsel. Ich bewundere sie immer mehr. Müsste ich als Zeichen dafür nicht eigentlich die App runterladen? Erwartet sie das vielleicht sogar? Unauffällig streiche ich über ihren

Pulli, sodass Karl es nicht sieht. Er geht neben mir, ohne mich vollzulabern. Das ist die zweite Eigenschaft nach seiner Loyalität, die ich an ihm schätze: Karl ist schweigsam. Noch einmal lasse ich meine Finger über die weiche Wolle gleiten. Seit Kera mich in der Aula ausgebremst hat, habe ich mich nicht mehr getraut, unser Date klarzumachen. Keine Ahnung, warum. Ich habe schon Tausende Mädchen gefragt, ob sie mit mir ausgehen, auch mehrmals. Okay, nicht Tausende, aber zehn waren es bestimmt. Unsicher war ich nie. Das muss ich hinter mir lassen. Die Sache mit dem Pulli war doch ein gutes Zeichen. Wenn Kera nichts an mir liegen würde, wäre es ihr egal, ob ich friere. Vielleicht bin ich bei Kera nervöser als bei den anderen, weil das Ergebnis wichtiger ist. Ein «Nein» von ihr ... das würde mich ganz schön beuteln.

Karl setzt meinen Gedanken in der Wirklichkeit um und rempelt mich an. «Sorry.» Dann schweigt er wieder. Wir sind dabei, das Schulgelände zu verlassen, da kommen zwei Mädchen auf uns zu. Sie haben sich beieinander eingehängt. Obwohl die eine blond ist und die andere brünett, sehen sie gleich aus. Ich kenne sie, weiß aber nicht woher. Parallelklasse? Als sie vor uns stehen, sagen sie wie aus einem Mund:

«Foul Player!»

«Was?», fragt Karl.

«Foul Player», werfen sie uns noch einmal entgegen und kichern, bevor sie weitergehen.

«Sehr originell!», rufe ich ihnen nach. Ihre Stimmen haben mich dunkel daran erinnert, dass ich mit beiden auf einer Party geknutscht habe. Hintereinander. Vielleicht war das gerade die Revanche dafür. Karl bleibt stehen und sieht mich fragend an.

«Die haben sich jetzt wohl einen Namen für Leute ohne Konto ausgedacht: Foul Player. Wie lahm.» Ich zucke mit den Schultern und will weitergehen.

Aber Karl findet das nicht lahm, ihn hat es getroffen. Sein Gesicht bekommt die roten Flecken, die ankündigen, dass er gleich austickt. Ich halte ihn am Arm fest, halbherzig nur. Auf Mädchen geht er nicht los. Er schüttelt mich ab.

«Hey, wir wollten doch zu Dragomir», sage ich.

Karl antwortet nur: «Mir ist der Appetit vergangen.» Dann lässt er mich stehen und stürmt zurück zum Schulgebäude. Ich seufze. Karl ist sensibler, als man denkt, besonders wenn es um Mädchen geht.

Nachdem er weggerannt ist, mache ich mich alleine zu Dragomir auf. Ätzend, dass Karl mein Gespräch mit Kera unterbrochen und sich dann einfach verpisst hat. Damit nicht alles umsonst war, will ich mir wenigstens meine Pommes holen. Mein Magen stimmt mir zu.

Wie immer um diese Zeit steht eine Schlange vor dem kleinen Kiosk, den Dragomir zu seiner unordentlichen, aber sauberen Imbissbude umgebaut hat. Ich stelle mich an. Nach fünf Minuten komme ich dran. Dragomir reicht mir den Ellenbogen durch das Verkaufsfenster, damit er die Gummihandschuhe nicht ausziehen muss. Ich schüttle ihn.

«Heute ganz allein? Wo hast du deinen Schatten gelassen?» Dragomir macht sich gerne darüber lustig, dass Karl mir immer an den Fersen klebt.

«Der ist mir unterwegs abhandengekommen.» Dragomir kichert, fast wie die Mädchen eben, was überhaupt nicht zu diesem riesigen, behaarten Mann passt. «Foul Player» echot durch meinen Kopf. Ich hoffe, Karl hat sich mittlerweile beruhigt.

«Das Übliche?», fragt Dragomir.

«Ja, bitte.» Meine Pommes sind noch spezieller als spezial: kein Senf, keine Zwiebeln, dafür doppelt Gurken und Chili.

«Kommt sofort. Hast du deinen eigenen Teller dabei?»

«Sind sie dir ausgegangen?»

«Nein, nein, hier gibt es immer noch die gute alte Papp-Pommesschale. Aber ein paar von deinen Kollegen bringen neuerdings ihr eigenes Geschirr mit. Wegen irgendeinem Umweltprojekt?»

Diese verdammte App verfolgt mich auf Schritt und Tritt. Noch ein Grund, sie einfach runterzuladen. Werde sie so oder so nicht los. Aber mein Magen grummelt wieder, dieses Mal nicht aus Hunger, sondern aus Abneigung gegen meinen Gedanken.

«Keine Sorge, ich mache da nicht mit», sage ich zu Dragomir.

«Ich finde es ja gut, wenn ihr euch engagiert. Das macht es nur schwerer für mich, die Portionen abzuschätzen.» Mir wäre es lieber gewesen, wenn Dragomir Fair Play niedergemacht hätte. Er merkt das und reicht mir ein Tablett mit Gebäck, das in Zucker gewälzt wurde.

«Hier. Nachtisch. Hat mein Schwager eben mitgebracht, als er mein neues Sicherheitssystem installiert hat. Meine Schwester meint, ich bin zu dünn.» Dragomir lacht und streichelt seinen Bauch.

«Danke.» Ich nehme mir eine der süßen Kugeln. «Warum brauchst du ein neues Sicherheitssystem?»

«Ich hatte in letzter Zeit Probleme mit Randalierern. Hinter meiner Bude treffen sich manchmal komische Leute. Die dealen dort, meint meine Schwester. Sie ist Polizistin. Vor ein paar Wochen ging das Fenster zu Bruch. Aber das wird nicht mehr passieren. Wenn die meine Scheibe das nächste Mal auch nur anhusten, geht der Alarm los. Und ich wohne direkt gegenüber. Dann können die Typen sich auf was gefasst machen.»

«Aber so was von!» Ich zahle und stelle mich an einen Stehtisch in der Sonne, um auf mein Essen zu warten. Mittlerweile bin ich so hungrig, dass ich mir überlege, das Dessert vor dem Hauptgang zu essen. Zimtgeruch steigt von dem lauwarmen Gebäck auf. Plötzlich sehe ich meine Mutter am Backofen vor mir, Mehl auf der Stirn. Denke daran, wie sie meinem Vater Weihnachtsplätzchen vorbeibrachte, als er das Fest schon mit seiner neuen Freundin feierte, der, mit der er uns betrogen hat. *Meine Zimtsterne mag er doch so gerne.* Fuck die fucking Zimtsterne! Und fuck fucking Fair Play!

Die Wolke, die die Sonne geblockt hat, verzieht sich langsam. Wärmer hier als in unserem Klassenzimmer. Keras Pulli ist zu viel. Ihr Geruch, keiner der Vanille-Düfte, mit denen sich die meisten Mädchen einsprühen, herber, sexy, vertreibt den Zimt und die Erinnerungen, als ich den Pulli über den Kopf ziehe. Ich halte inne, bleibe kurz in dem wollenen Kokon und atme tief ein. Aber dann ziehe ich den Pulli aus und binde ihn um meine Hüfte. Mein Ding werde ich machen, wie immer. Ich verbiege mich für nichts und niemanden. Auch nicht für Kera. Unabhängigkeit ist mir wichtig. Ich respektiere Keras Entscheidung für Fair Play. Wenn sie mich wirklich mag, dann akzeptiert sie im Gegenzug, dass ich kein Fair Player bin, nie sein werde, egal wie das Experiment weitergeht.

Als Dragomirs Bass aus der Imbissbude tönt, straffe ich die Schultern, bevor ich mein Essen hole. «Einmal **MAX SPEZIAL**!» Hört sich gut an.

ELODIE

705	70.313	535
Beiträge	Abonnenten	Abonniert

Woche eins geschafft! Und? Wie kommen die Fair Player
unter euch mit der App zurecht? Ich hatte Angst davor, dass
Rot bei mir vorprogrammiert ist. Aber dann war es einfach
nur nice: Seit ich mich nach den Vorgaben der App richte,
ist alles ... simpler. Der zweitausendste rote Lippenstift
interessiert mich nicht mehr. Dafür schätze ich es jeden Tag,
dass meine Lieblinge im Make-up-Täschchen noch halbvoll
sind. Die Dinge haben auf einmal einen anderen Wert. Ich
will nur noch Einsame-Insel-Stücke um mich haben. Welche
sind eure? #minimalismus

Ich habe erwartet, dass ich sie vermisse, die Jagd nach den
neuesten Trends. Stattdessen bin ich erleichtert. Die App gibt
mir eine Entschuldigung, da nicht mehr mitzumachen. Seit
Fair Play ist alles besser. Mein Medien-Lifestyle-Ding flattert
nicht mehr in der Bedeutungslosigkeit rum. Es hat eine Richtung bekommen, eine gute. Meine Erfahrung, mein Organi-
sationstalent, die zählen jetzt. Mich einzuschränken, ist auch
nicht schwerer, als Multimedia-Inhalte für vier Kanäle zu

produzieren. Und im Gegensatz dazu macht es mir Spaß, weil ich mit jedem eingesparten Kilowatt, mit jedem Deo und jeder Zahnpastatube, die ich gegen eine umweltfreundlichere Version austausche, das Gefühl habe, etwas Sinnvolles zu tun. Das grüne Icon an meinem Profilbild steht für Anerkennung. Und von Cemine bekomme ich die auch.

Zweimal die Woche gehen wir einen Kaffee in der Akazienstraße trinken. Brownies, stellte sich heraus, sind dort nicht nur lecker, sondern auch mit Fair Play drin, wenn man sonst nicht über die Stränge schlägt. Zumindest für mich. Cemine rutscht manchmal ins Rote deswegen und muss das danach wieder ausgleichen, aber das ist es ihr wert.

Kera weiß nichts von unseren Treffen. Ständig ist ihr Konto rot, und Cemine will nicht, dass ihre Freundin sich schlecht fühlt, weil sie sich einen Café-Besuch nicht leisten kann. Sagt sie. Ich glaube, Cemine hat Angst vor Keras Reaktion darauf, dass sie nicht mehr Mitglied in deren «I hate Elodie»-Club ist. Kera hat meine Abo-Anfrage für ihren Privat-Account nicht angenommen und folgt Elodies Melodie weiterhin nicht. Sie hat etwas gegen mich, Fair Play Four hin oder her. Trotzdem hoffe ich, dass Cemine auch einfach gerne Zeit mit mir allein verbringt. Gleich beim ersten Treffen nach der Fair-Play-Four-Sitzung hat sie erklärt, warum sie wegen der Werbeposts so streng war.

«Tough love. Nicht dass es verkehrt ist, Geld zu verdienen, aber ich finde, es ist pure Verschwendung, wenn du dein Talent für Nagellack einsetzt.» Cemine pulte an der himmelblauen Raufasertapete «unseres» Cafés, und ich fragte mich, wie sie es schafft, dass das gut bei ihr aussieht ... anmutig irgendwie. Und dann habe ich mich einfach nur gefreut, dass es Fair Play gibt und ich ihr deswegen dabei zusehen kann.

Dennoch macht mir mein grünes Konto Sorgen. Es ist nicht gut für die Berichterstattung. Fair Play hat den Zulauf an Abonnenten vervielfacht. Aber die Neuzugänge sind erst einmal Eintagsfliegen. Neugierde treibt sie zu mir. Wenn denen ein, zwei Posts nicht zusagen, sind sie wieder weg. Und den Strom derjenigen, die mir den Rücken zukehren, hat es nicht gestoppt. Auch die Verluste sind mehr geworden. Das darf nicht sein, ich brauche sie doch, meine Leute, möglichst viele davon. Drei Monate habe ich Zeit, sie so anzufixen, dass sie auch nach Ablauf des Experiments nicht mehr ohne Elodies Melodie sein können. Die App wird mir helfen, da bin ich mir immer noch sicher. Nur wie genau? Im Moment bringt mir mein grünes Icon zwar positive Kommentare ein. Doch das Neue wird sich bald abnutzen. Dann wird es langweilig werden für mein Publikum. Jede Geschichte, die es wert ist zu erzählen, braucht einen Konflikt. Meine Leute wollen miterleben, wie ich mit mir und der App ringe, nicht Tag für Tag ein grünes Icon sehen und lesen, wie leicht ich das schaffe. Ich könnte natürlich absichtlich ins Rote gehen, Probleme erfinden, aber das ist ausgeschlossen. Endlich bin ich gut in etwas, das wichtig ist. Das lasse ich mir nicht nehmen. Außerdem trage ich Verantwortung. Rot zu werden, ohne dass ich es muss, wäre nicht das Gleiche, wie die Dachterrasse meiner Patentante im Netz als meine auszugeben. Bei Fair Play kann ich nicht unehrlich sein. Hier geht es um etwas. Meine Leute haben ein Recht auf die Wahrheit. Ich muss es nur richtig anpacken, dann kann ich alles haben: Geld, Fair Play und ein dickes Plus an Abonnenten.

Bzzzzz! Der erste Kommentar kommt von jemandem, den ich nicht kenne. Um Dinge, die man auf einsame Inseln mitnimmt, dreht er sich nicht.

@I_am_Green_Fairy: Ich bin nicht an eurer Schule, aber wir machen auch bei dem Wettbewerb mit. Nette Idee mit der App ... ein bisschen selbstbezogen vielleicht.

Ich klicke Green Fairys Seite an. Sie ist privat, etwa hundert Abonnenten, aber über fünfhundert abonniert. Kein richtiger Name, keine Hinweise, auf welche Schule sie geht. Nur das Profilbild lässt erkennen, dass ein Mensch dahintersteckt, wenn sie denn das weizenblonde Mädchen neben dem älteren Mann ist, der das gleiche Mondgesicht hat wie sie. Vater und Tochter? Die beiden stehen hinter dem berühmten Schild am Kap der Guten Hoffnung. Wie immer, wenn ich jemanden in meinem Alter mit ihrem Vater sehe, glücklich auch noch, versetzt es mir einen Stich. Alles an Green Fairy ärgert mich. *Selbstbezogen?* Pah! Wir Fair Player ordnen unsere eigenen Bedürfnisse etwas Größerem unter. Weniger Egoismus geht wohl kaum. Aber ich sollte es dabei belassen und Green Fairy nicht antworten. Sonst bekommt sie etwas, das ich ihr nicht geben will: eine Plattform. Zugang zu meinen Leuten. Wenn ich nur nicht so neugierig wäre. Außerdem ist da noch mein Storytelling-Problem. *Jede Geschichte braucht einen Konflikt.* Und hier zeichnet sich einer ab.

@elodies_melodie: Wieso selbstbezogen? Was macht ihr denn?

Sofort nachdem ich das gepostet habe, bereue ich es. Was, wenn sie nicht antwortet? Dann habe ich mich umsonst auf ihr Spielchen eingelassen. Ich warte. Mehrere Minuten passiert nichts, dann das:

> **@I_am_Green_Fairy:** Ihr ändert nichts am System – nur euch. Wir dagegen gehen mit unserer Kampagne raus zu denen, die wirklich etwas bewegen können: Vorstände (!) der Top-Unternehmen in Berlin. Deine Sponsoren sind übrigens auch auf unserer Liste.

Ich will antworten, dass die Firmen nachziehen werden, wenn die Konsumenten Druck auf sie ausüben – und nur dann. Aber etwas an Green Fairys Antwort macht mich stutzig, ihre herablassende Art, der Verweis auf meine Sponsoren. Ich rufe noch mal ihre Seite auf und sehe mir das Foto mit ihrem Vater genauer an. Sonnenbrillen verdecken ihre Gesichter. Das Mädchen kommt mir nicht bekannt vor, aber ich werde das Gefühl nicht los, dass ich den Mann schon einmal gesehen habe. Ich gehe zurück zu meinen Kommentaren. Wer Green Fairy ist, kann ich später noch herausfinden. Erst einmal kommt sie mir gelegen, weil sie mich und das Netz daran erinnert hat, dass die Seiten schon gewählt sind. Wir befinden uns im Wettbewerb. Und ich werde alles dafür tun, ihn zu gewinnen.

> **@elodies_melodie:** Wir werden ja sehen, was besser beim Senat ankommt. Möge das Glück stets mit euch sein.

Es ist okay, wenn ich nicht mit mir kämpfe, nicht mit der App. Unsere Gegner sind draußen. Damit kann ich meine Leute unterhalten. Meine Story war die ganze Zeit da, ich habe nur an der falschen Stelle gesucht.

KERA

Der Platz neben mir ist leer. Ich schicke Cemine noch einen Text:

Alles gut? Wo steckst du? Kxx

Cemine ist das Gegenteil von Frau Wenger. Sie ist nie zu spät, dafür ist sie zu rücksichtsvoll. Ich bin drauf und dran, Cemines Mutter anzuschreiben, um zu fragen, ob ihre Tochter krank ist, so krank, dass sie nicht einmal auf meine Nachrichten antworten kann, als die Tür zum Klassenzimmer aufgeht. Frau Wenger kommt rein, meine beste Freundin im Schlepptau. Cemine ist Klassensprecherin. Manchmal hat sie vor dem Unterricht ein Treffen mit Frau Wenger, aber das weiß ich normalerweise. Heute habe ich keine Ahnung, um was es geht. Cemine ist einen Kopf größer als Frau Wenger und sieht trotzdem zerbrechlich aus, als sie sich vorne neben sie stellt.

«Morgen!» Frau Wenger wirkt gestresst. «Bevor wir mit dem Unterricht beginnen, will Cemine noch etwas mit Ihnen besprechen, das gestern bei der Sitzung der Schülervertretung aufkam.»

«Ooooooch …», sagt Karl.

«Schon klar, Karl, Sie können es kaum erwarten, mehr über

die Weimarer Republik zu erfahren. Aber einen Moment müssen Sie sich noch gedulden. Cemine, bitte.»

Cemine zupft an ihren Ärmeln und zieht sie über die Hände. Ihr wäre es lieber gewesen, wenn Frau Wenger das Reden übernommen hätte. Cemine spricht nicht gern vor großen Gruppen. Ihr Amt hat sie nur angenommen, weil sie immer für andere einsteht. Deswegen wurde sie einstimmig gewählt. Ich warte darauf, dass Cemine zu mir sieht, damit ich ihr ein aufmunterndes Zeichen geben kann. Aber sie guckt in eine andere Richtung, in Richtung ... Elodie? Nein, das kann nicht sein. Cemine mag Elodie genauso wenig wie ich. Vor ein paar Wochen hat sie sich öffentlich über die Werbeflut auf Elodies Kanal beschwert. Erst als Elodie sich zu Fair Play bekannte, war sie freundlicher zu ihr – schließlich ist es mein Projekt. Wahrscheinlich ist Cemine so aufgeregt, dass sie ins Leere starrt, und Elodie sitzt zufällig in ihrem Blickfeld.

«Es geht um die Studienfahrt unserer Stufe nach London», sagt Cemine. Endlich sieht sie zu mir, und ich schiebe unauffällig mit dem Zeigefinger mein Kinn nach oben. Cemine richtet sich auf. Ihre Stimme ist fester, als sie fortfährt. «Mehrere Fair Player sind auf mich und die Sprecher der Parallelklassen zugekommen. Insgesamt führen in den vier Elferklassen zweiundachtzig Schüler ein Konto. Und wenn die alle nach London fliegen, haben wir ein Problem. Leonard hat das am Computer simuliert. Wir würden das Gemeinschaftskonto so stark überziehen, dass es schwierig wäre, es bis zur Deadline grün zu bekommen. Deswegen ...» – Cemine schluckt – «... kam der Vorschlag auf, die Reise ausfallen zu lassen.»

«Was? Jede elfte Klasse reist jedes Jahr im Herbst in eine europäische Stadt!», ruft Mr. Lempuyang, der sich wahrscheinlich seit Bali überlegt, ob sich auch ein gespiegelter Big Ben oder Buckingham Palace gut machen würde. «Ihr könnt nicht einfach die Studienfahrt absagen. Dazu habt ihr weder das Recht noch die Befugnis!»

«Doch, das können wir. Wenn die Fair Player geschlossen einen Rückzieher machen, würde die Schule die Fahrt ohnehin nicht durchführen. Wegen mangelnder Teilnahme.»

«Aber die Reise steht uns zu!» Karl hat rote Flecken im Gesicht und erntet zustimmendes Gemurmel von allen Seiten.

«Unsere Eltern haben schon die Anzahlung gemacht», sagt Lina.

«Die Schule hat eine Reiserücktrittsversicherung geschlossen. Die Erstattung wäre kein Problem», antwortet Frau Wenger.

«Ich verstehe ja, dass das bitter ist.» Cemine zuckt mit den Schultern. «Aber wir befinden uns nun einmal in einer Ausnahmesituation. Mitten im Experiment.»

«Genau. Experiment! Das bedeutet, dass das Ergebnis vorher nicht feststeht. Dass die Konten an der Praxis scheitern, ist auch ein möglicher Ausgang.» Max spricht mehr zu Frau Wenger als zu Cemine. Frau Wenger sieht auf den Boden, und Max schüttelt den Kopf. «Kann doch nicht sein, dass ein Teil der Klasse vorgibt, wie der Rest sein Leben leben muss.»

«Du hast recht, Max. Bei Fair Play geht es um Gemeinschaft. Um Demokratie. Deswegen habe ich mit den anderen Klassensprechern vereinbart, dass wir abstimmen. Wenn die Mehrheit für den London-Trip ist, zieht die jeweilige Klasse das durch.»

«Ich will aber nicht wegen so einem blöden Schulausflug ins Rote rutschen.» Sanne, Tochter eines Bundestagsabgeordneten, verschränkt die Arme und schmollt. Das macht sie öfter. «Wer unbedingt nach London will, kann das privat nachholen. Nach Ablauf der drei Monate.»

«Du vielleicht! Nicht jedem zahlen Mama und Papa ohne Schuldruck ein Spaß-Wochenende in einer der teuersten Städte der Welt», antwortet Mr. Lempuyang.

«Dann wisst ihr zwei ja, wie ihr gleich abzustimmen habt.» Cemine holt tief Luft. «Also: Wer ist dafür, dass wir London absagen?» Wieder sieht sie zu Elodie, und dieses Mal ist es kein Zufall. Denn die beiden heben zeitgleich die Hand, Leonard nur einen Tick später. Haben die sich abgesprochen? Ohne groß zu überlegen, schließe ich mich an, habe trotzdem das Gefühl, außen vor zu sein. Hand oben, zweifle ich plötzlich daran, ob ich wirklich gegen die Klassenfahrt stimmen will. Ich habe mich auf London gefreut. Aber ich muss für Fair Play sein.

Dann geht alles ganz schnell. Sechzehn von dreiunddreißig Schülern haben die Hand gehoben. Cemine notiert es an der Tafel.

«Dagegen?»

Vierzehn.

«Enthaltungen?»

Drei. Wir gehen nicht nach London. Einfach so. Ich bin gleichzeitig geschockt, fasziniert, verwirrt. Geschockt, weil ich nicht damit gerechnet habe, dass Fair Play so früh solche Konsequenzen nach sich zieht. Fasziniert, weil ich gerade erlebt habe, welche Macht wir Fair Player haben, wenn wir an einem Strang ziehen. Verwirrt, weil ich nicht mehr weiß, ob ich das gut finden soll oder nicht. Das ist das Problem, wenn man Ideen auf die Welt loslässt und sich dann zurückzieht: Sie entwickeln ein Eigenleben, andere nutzen sie für sich. Dass ein Teil der Klasse in eine Richtung gedrängt wird, in die er nicht will, war nie meine Absicht. Sich freiwillig zusammenschließen, um etwas zu bewegen, und zeigen, dass das Eichners manipulative Masche trumpft – das war die Idee. Aber sie hat das Potenzial, sich ins Gegenteil zu verkehren. Mir ist nicht wohl dabei, vor allem, wenn ich Max ansehe. Er kauert auf seinem Stuhl, als wolle er sich in sich selbst zurückziehen.

«Wir überlegen uns natürlich einen Ersatz – je nachdem, wie die anderen Klassen abstimmen. Ein Ausflugsziel in der Region. Wir machen es uns schon schön.» Cemine klingt selbst nicht überzeugt von dem, was sie sagt. Aber ihre Hände kommen wieder unter den Ärmeln zum Vorschein. Erst jetzt sehe ich, dass sie die ganze Zeit über geballt waren. «Ich halte euch auf dem Laufenden. Danke.»

Cemine geht zu ihrem Platz, ihr Gang so betont langsam, dass jeder wissen muss, sie wäre am liebsten gerannt.

«Na super, wir können ja zum zwanzigsten Mal zur Mecklenburgischen Seenplatte pilgern. Fast wie London. Nur ohne London», gibt Mr. Lempuyang ihr mit, als sie an ihm vorbeiläuft.

Cemine ignoriert ihn und setzt sich neben mich. Wir starren beide geradeaus. Frau Wenger beginnt mit dem Unterricht. Nach einer Weile beugt sich Cemine zu mir und flüstert:

«Sorry, ich wollte dir vorher Bescheid sagen. Das ging alles so schnell gestern.»

Aber um mit Leonard und Elodie ... Elodie!!! ... zu reden, hat die Zeit gereicht, denke ich, sage jedoch:

«Kein Problem.»

ELODIE

713	75.001	555
Beiträge	Abonnenten	Abonniert

Ich habe mitbekommen, dass an unserer Schule Leute ohne Fair-Play-Konto als Foul Player bezeichnet werden. Das ist nicht okay. Seid nett zueinander! #lovetrumpshate

Nicht, dass ich das unbedingt loswerden musste ... Ich habe es Cemine zuliebe gepostet. Sie war schockiert, als sie das mit den Foul Playern von Karl gehört hat. Gestern kam sie direkt aus der Schülervertretung in unser Café:

«Meinst du, ich soll mich bei der Abstimmung enthalten?», fragt sie, nachdem sie mir die Sache mit der London-Reise erklärt hat, und zerbröselt ihren Brownie. «Ich vertrete schließlich die ganze Klasse, nicht nur die Fair Player.»

«Trotzdem darfst du eine eigene Meinung haben», antworte ich. «Und für die stehst du ein. Ganz einfach.»

«Für dich vielleicht. Ich glaube, du weißt gar nicht, wie schwer das anderen fällt. Du siehst alles so klar, triffst eine Entscheidung und ziehst sie dann durch. Deswegen bist du auch eine der wenigen mit dauergrünem Icon. Ich glaube, wenn du es dir nur in den Kopf setzt, dann kriegst du alles hin.»

Der Respekt in Cemines Augen fühlt sich gut an. In dem Moment weiß ich, dass ich ihr mein Geheimnis verraten werde. Cemines Vertrauen löst etwas in mir. Nach zwei Jahren an der neuen Schule will ich endlich jemandem die ganze Wahrheit über mich erzählen. Nein, nicht jemandem. Ihr! Der Impuls ist so überwältigend, dass die Worte aus mir herauspurzeln:

«Ich mache das mit der Werbung nicht, weil ich es will. Ich muss. Wir brauchen das Geld.»

Und dann erzähle ich einfach, ohne Filter, ohne Pause, wie nach dem Tod meines Vaters vor dreieinhalb Jahren seine Lebensversicherung zunächst noch einiges auffangen konnte. Wie ich, um mich abzulenken, immer mehr Zeit in den sozialen Netzwerken verbrachte, einer Welt ohne Traueranzeigen und Särge und Tränen und Schwarz. Wie ziemlich schnell der erste Sponsor auf mich zukam und wie sein Geld auch meine echte Welt ein bisschen bunter machte. Wie die Ersparnisse meiner Eltern zur Neige gingen und wir von dem, was meine Mama als Altenpflegerin nach Hause bringt, immer schlechter leben konnten. Wie wir umziehen mussten an den Stadtrand, ich die Schule wechselte und in Cemines Klasse kam. Wie das Geld, das ich verdiente, mehr wurde, aber auch die Sportkurse meiner Brüder und der Aufwand und die Ausstattung für meine Produktionen. Wie das Kartenhaus aus Ausgaben und Verpflichtungen und Versicherungen und laufenden Kosten immer höher wurde, immer verwinkelter, und wie alles zusammenbrechen würde, wenn ich aussteige. Wie ich da nicht mehr rauskomme.

«Du darfst das niemandem verraten», sage ich abschließend. «Auch nicht Kera.»

«Warum? Es ist doch toll, dass du deine Familie unterstützt. Dafür musst du dich nicht schämen.»

«Ich schäme mich nicht. Aber im Netz präsentiere ich ein anderes Bild von mir. Ein glamouröses. Meine Leute folgen mir, um das Leben zu sehen, das sie gerne hätten, nicht eine runtergekommene Plattenbauwohnung.»

Cemine nickt und nimmt meine Hand. Ihre Haut ist rau vom kühlen Wetter. Ich mag das.

«Ich dachte immer, keiner weiß, wo du wohnst, weil du lieber mit deinen coolen Freunden von der alten Schule abhängst. Und dass du dein ganzes Geld für diese unglaublichen Klamotten ausgibst, die du trägst», sagt sie.

«Sale, secondhand oder geliehen. Gekauftes verkaufe ich über Vestiaire Collective weiter, oft sogar mit Gewinn. Ich bin gut darin, ein Image aufzubauen. Ist ja mein Job. Mein Internet-Leben bildet eine fiktive Wirklichkeit ab.»

«Mit Fair Play ist es endlich wieder die Richtige.» Cemine lacht, und ich lache mit ihr, bis jegliche Anspannung von mir abgefallen ist.

Aber nachdem aus unseren üblichen zwei Stunden im Café vier geworden waren und Cemine – viel zu spät – aufbrach, um nicht das Abendessen bei ihr zu Hause zu verpassen, wurde mir doch ein bisschen mulmig. War es ein Fehler, mein Doppelleben preiszugeben? Nein, Cemine hat ein gutes Herz. Deswegen sorgt sie sich auch um die Foul Player. Aber in dem Fall hat sie überreagiert, glaube ich.

Ich schiebe alle Gedanken an himmelblaue Wände, saftige Brownies und weiche Haut beiseite. Mal sehen, was die Kommentare sagen. Jemand schreibt. Sanne aus meiner Klasse.

@therealSanneWeber: Foul Play ist nun mal das Gegenteil von Fair Play. Irgendwie müssen wir die ja nennen. Ist doch nur ein harmloser Spitzname.

Ich kann Sanne nicht sonderlich leiden, typisches Berliner Politprinzesschen, stimme ihr aber insgeheim zu. Karl klinkt sich ein. Das könnte spannend werden.

@_KARL_DER_GROSSE_: Harmlos? Auf leo.org wird foul als widerlich, schmutzig, stinkend, unrein, verdorben übersetzt.

Ich weiß nicht, was mich mehr überrascht: dass Karl ein Online-Wörterbuch kennt oder dass er sich die Mühe gemacht hat, es zu benutzen. Jetzt geht es Schlag auf Schlag.

@therealSanneWeber: Passt doch zu euch.

@_KARL_DER_GROSSE_: Geht's noch?

Ich sehe, wie Sanne an einer Antwort schreibt. Mein Herz klopft schneller, als ich den Button nicht gleich finde, den ich suche. Ich will auf keinen Fall, dass Sanne noch einmal hetzt. Endlich finde ich ihn.

Von @elodies_melodie für Kommentare gesperrt.

Es ist das erste Mal, dass ich das mache. Obwohl es für meine Follower Unterhaltungswert hat, wenn zwei aufeinander losgehen, will ich das nicht auf meiner Seite haben, auch, aber nicht nur wegen Cemine. Das hier ist anders als die üblichen Sticheleien. Das ist nicht wie bei Green Fairy, das sind nicht Leute, die sich nicht kennen oder selten über den Weg laufen. Sanne und Karl sitzen Tag für Tag im selben Raum. Der Streit wird nicht unter einem neuen begraben werden und in den Tiefen des Internets verschwinden. Er wird in unser Klassenzimmer ziehen, durch die Gänge, über den Pausenhof. Cemine hat recht. Es brodelt an unserer Schule, und wenn ich nicht aufpasse, bin ich bald mittendrin.

LEONARD

Der big account ist rot. Dunkelrot. Nach der ersten Begeisterung haben die Fair Player schnell gemerkt, dass es nicht so leicht ist, sich an sein Limit zu halten. Die App läuft erst zwei Wochen. Aber je länger wir im roten Bereich bleiben, desto schwieriger wird es, davon wieder wegzukommen. Noch sind die Fair Player motiviert. Noch sind sie davon überzeugt, dass es nur eine Frage der Zeit ist, bis sie ihre Konten grün bekommen, vor allem das gemeinsame. Auf keinen Fall dürfen sie entmutigt werden. Die Stimmung kann schnell umschlagen. Ich weiß das. Jeden Tag fluche ich, wenn mein personal account auf Rot steht. So wie die meisten.

Ich mache mir nichts vor: Die werden das Projekt zum Sieger küren, das sie als Erfolgsstory verkaufen können. Wie das so ist in Politik und Presse. Wenn wir den Wettbewerb gewinnen wollen, müssen wir den big account bis zur Deadline in zweieinhalb Monaten auf Grün bekommen. Und dazu müssen noch viel mehr mitmachen, am besten die ganze Schule.

Wie wir das schaffen sollen, was ich dafür tun kann, darüber zerbreche ich mir schon die gesamte große Pause den Kopf. Ich sitze dabei auf dem Brunnen. Nur meine Jacke ist zwischen mir und dem Beton. Zum ersten Mal traue ich mich hierher. Fair Play hat etwas mit mir gemacht. Angefangen hat es mit den Fair Play

Four meetings. Auf einmal war ich auf Augenhöhe mit Kera, mit Elodie, sogar mit Max. Dann die Präsentation vor der Schule: Als ich auf dieser Bühne stand, hatte ich Angst. Buhrufe, Gelächter, selbst faulige Tomaten, die gegen den Screen klatschen, habe ich erwartet. Stattdessen waren da freundliche Gesichter, interessierte Fragen und Applaus. Es ist, als würden mich die anderen das erste Mal als den sehen, der ich bin. Ich habe so oft davon geträumt, morgens das Klassenzimmer zu betreten und von vorne anzufangen. Manchmal war ich ein Austauschschüler, Jack aus Kalifornien, woher sonst, der so lässig ist, dass er auch im Winter Sonnenbrillen tragen kann. Ein anderes Mal hatten Aliens die Erinnerungen meiner Klassenkameraden gelöscht (Karl haben sie bei der Gelegenheit mit auf ihren Heimatplaneten genommen, wo er im Zoo ausgestellt wurde). Jetzt ist es ganz ohne neue Identität und Aliens so gekommen. Alles, was es brauchte, war ein bisschen Programmiererei.

Ich atme die kühle Luft ein. Die Sonne beamt ein Muster aus Schatten und Licht durch die Baumkronen auf den Boden. Lässig lasse ich die Beine über den Brunnenrand baumeln, so wie Max auf der Bühne. Dass ich Angst vor diesem Ort und seinen Dämonen hatte, kann ich kaum mehr glauben. Aber schön ist er trotzdem nicht. Nachdem ich seinen Bann gebrochen habe, werde ich mich nicht mehr oft am Brunnen aufhalten. Er zieht kaputte Gestalten an. Die Kiffer aus der Zwölften sind da, die Neo-Goths aus der Zehnten und die Depressiven, die es in jeder Klassenstufe gibt. Man findet Kondome, meist benutzt, ab und an eine Spritze, auch benutzt, Stift und Papier. Die immer unbenutzt. Liebesbriefe und Lebenspläne bleiben hier ungeschrieben.

Schon biegen die nächsten Sonderlinge um die Ecke, eine Gruppe Grunks, Kippen in den Händen. Die Grunks machen aus Grunge und Punk ihr eigenes Ding, habe ich Elodie mal sagen hören. Sie lieben beide Bands, Nirvana und Sex Pistols. Bei den Klamotten gibt es genügend Überschneidungen: Karohemden, Lederjacken, Doc Martens, zerrissene Jeans. Bei den Frisuren ist es nicht so einfach. Manche tragen bunte Irokesenschnitte, andere Haare wie Kurt Cobain. Erst spät sehe ich, wer sich hinter den Grunks verbirgt. Zu spät. Karl. Er löst sich aus der Gruppe und kommt auf mich zu.

«Weißt du, wie die mich nennen? Foul Player! Foul!», ruft er mir entgegen.

Einen Moment lang frage ich mich, warum Karl was gegen seinen neuen Namen hat. Der passt doch perfekt. Aber dann wird mir der Ernst der Lage bewusst. Die anderen am Brunnen verziehen sich schon. Ich sollte auch wegrennen. Mein Kopf weiß das, meine Beine nicht. Das Einzige, was ich auf die Reihe kriege, ist aufzustehen, vielleicht, weil ich viel zu oft geflohen bin und das einfach nicht mehr will. Dann erreicht mich Karl. Mein Rücken schlägt hart auf, als er mich auf den Brunnen presst. Seine Finger hat er um meinen Hals gelegt.

«Foul Player! Und alles nur, weil ich deine Drecks-App nicht runterlade», keucht er und setzt sich auf mich. Verzweifelt wünsche ich mir, dass der Beton unter mir nachgibt, sich auflöst, ich wieder hineinfalle in das dunkle, feuchte Loch, einfach nur verschwinde, damit das hier aufhört. Der Druck auf meinen Bauch und meinen Hals wird stärker. Ich bekomme immer schlechter Luft.

«Das war's mit Fair Play. Du wirst diesen Scheiß einstampfen, verstanden?» Ich würde gerne antworten, ihm alles versprechen, wenn er mich nur gehen lässt, aber solange er meinen Hals zudrückt, geht das nicht. In Karls Augen bin ich immer noch das Opfer. Im Moment ist seine Perspektive die einzige, die zählt. Warum nur musste ich mich einmischen?

Doch plötzlich ist alles weg: der Druck, die Atemnot und die Schmerzen. Karl. Ich blinzle ins Sonnenlicht, schiebe mich mit den Ellenbogen nach oben. Karl steht noch da, aber nicht mehr allein. Matt hat sich vor ihm aufgebaut, flankiert von zweien ihrer Freunde. Matt heißt eigentlich Mathilda, hat neonpinke Haare und ist die Anführerin der Grunks. Ihr gutmütiges Gesicht ist eine Mogelpackung. Wenn sie will, ist sie ein Meter sechzig sommersprossige Aggressivität. Sie schubst Karl, und als er zum Gegenangriff ausholt, wehrt sie ihn mühelos ab.

«Du hast genau drei Sekunden Zeit, dich zu verpissen», sagt Matt.

«Eins ...» Sie schubst ihn wieder.

«Zwei ...» Noch ein Stoß, dieses Mal heftiger. Der geht nicht, denke ich, der überlegt sich, wie er es mit den dreien aufnehmen kann. Respekt für Karls Unbeugsamkeit kriecht in mir hoch. Ich hasse mich dafür.

Bei «Drei ...» trollt Karl sich jedoch, wenn auch betont langsam und Flüche vor sich hin murmelnd.

Matt dreht sich zu mir.

«Alles klar?»

Ich bin zu fertig, um zu antworten, nicke nur. Matts Kumpels helfen mir auf. Ich kann stehen, wacklig zwar, aber immerhin.

«Keine Angst.» Matt wischt die Hände an ihrer Jeans ab. «Der wird dich nicht mehr anmachen. Die, die selber austeilen, sprechen gut an auf körperliche Gewalt.» Sie sagt das, als wäre sie eine Psychologieprofessorin, die über die neuesten Therapieansätze referiert, und nicht, als wäre das eben noch unsere Realität gewesen. Matt klopft mir auf die Schulter, und je mehr der Schock über Karls Angriff verblasst, desto seltsamer kommt mir das vor. Warum? Warum hat Matt mir geholfen? Nie hat mir jemand geholfen, zu groß die Angst, dass sie dann selber dran sind. Die Grunks fürchten sich zwar vor nichts und niemandem, aber sie mischen sich nicht in fremde Angelegenheiten ein. Wir kennen uns kaum, und doch stehen sie vor mir und tun so, als wäre ich einer von ihnen.

«Fair?», fragt Matt auf einmal.

«Ähm ... ja. Fair», sage ich, ohne zu verstehen, was sie meint.

«Nein, nein. Du musst Play sagen. Das ist unser neuer Gruß. Also noch mal: Fair?»

Ich grinse über beide Ohren, als ich antworte:

«Play!»

KERA

«Hey, Kera! Sicher, dass du dir das gönnen solltest?» Ein Neuntklässler, den ich aus meiner Zeit in der Schülerzeitungsredak-
tion kenne, zeigt auf mich. Er schüttelt missbilligend den Kopf.
Ich weiß sofort, was er meint. Schnell verstecke ich meinen
Kaffee (Einwegbecher! Plastikdeckel!! Eingeflogene Bohnen!!!)
hinter meiner Einkaufstüte (Lackpapier!!!!), die zu sperrig ist,
um sie verschwinden zu lassen, und laufe etwas schneller zur
Bushaltestelle. Ich war schon im Coffee-Shop, als mir auffiel,
dass ich meinen wiederverwendbaren Becher nicht dabeihabe.
Gestern Abend wollte ich ihn aus der Spülmaschine holen.
Aber auf dem Küchentisch lag eine Zeitung. Der Leitartikel
war interessant, hat Fragen aufgeworfen, die ich nachsehen
musste, und drei Stunden später bin ich eingeschlafen, Laptop
im Arm. Erst wollte ich – becherlos, wie ich war – den Coffee-
Shop wieder verlassen, aber dann hat jemand Bohnen gerös-
tet, und der Duft schlich zu mir, hat mich gelockt, und mein
Körper wollte Koffein, dringend, und ich auch und ich dachte,
jetzt ist es sowieso egal, jetzt kann ich auch Kuhmilch nehmen
und die größte Größe und einen Blueberry-Muffin, obwohl die
Beerensaison schon zu Ende geht und er in Plastik verpackt ist.
Danach war mir schlecht und ich habe das Top gekauft, das ich
schon seit Wochen haben will, damit ich mich besser fühle. Be-

vor ich mir auch noch ein Taxi nach Hause geleistet habe, kam das schlechte Gewissen. Schade. Sonst wäre mir der Neuntklässler erspart geblieben.

Ich bemühe mich, bemühe mich wirklich, mein Limit einzuhalten, aber dann werde ich von einem versteckten Kontoposten überrollt, weil ich nicht gut genug vorbereitet bin oder einfach nie so weit gedacht habe. Mein Leben ist umweltfeindlicher, als ich ahnte. So habe ich erst vor kurzem rausgefunden, dass der Speicherplatz meiner E-Mails Guthaben verbraucht. Stunde für Stunde, Byte für Byte wurde mein Konto belastet, ohne dass ich das realisierte, weil ich Fair Plays Nachrichten dazu immer weggeklickt habe. Ich weiß doch schon, dass jede versendete Mail die Klimabilanz einer Plastiktüte hat, dachte ich. Aber das Archiv hatte ich nicht auf dem Schirm. Etwa dreitausend Mails sind in meiner Inbox, vor allem alte Newsletter und Artikel, ungeordnet, und doch kann ich mich an jeden davon erinnern. Erst war ich bestürzt. Dann habe ich ein paar Mails gelöscht. Es war, als würde ich gezwungen, eine externe Festplatte meines Gehirns auszuradieren. Irgendwann habe ich es gelassen. Aus Trotz.

Mein Account jedenfalls ist seit einiger Zeit rot, und der Neuntklässler weiß das. Das ist eigentlich nicht schlimm. Obwohl jeden Tag mehr Schüler zu uns stoßen, geht es immer noch vielen Fair Playern so. Ich wette, der Neuntklässler schlägt sich auch nicht besser, aber er ist nicht bei den Fair Play Four. Und ich bin die Einzige der Fair Play Four, die nicht mit der App zurechtkommt. Max ist fein raus ohne Konto. Außer Konkurrenz. Leonard hat seit ein paar Tagen einen Weg gefunden, sein Icon grün zu halten. Was mich aber viel mehr aufregt: Elodie ist kein einziges Mal ins Rote gerutscht, seit sie die App runtergeladen hat. Elodie! Miss «Kauft diesen Nagellack, am besten drei davon, und euer Leben wird so glamourös wie meines!». Als ich die Idee zu Fair Play hatte, habe ich damit gerechnet, dass Leute wie sie am härtesten getroffen werden. Dass die App die Person hinter dem Hochglanz enthüllt. Dass unsere Seiten und Profile zu etwas gut sind, das ihnen keiner mehr zutraut: die Wirklichkeit abzubilden. Und jetzt das! Elodie segelt einfach so durch das Experiment, und ich bin diejenige, die bloßgestellt wird. Na ja, immerhin kann ich sagen, dass mein Plan funktioniert hat, das wahre Ich der Leute zu entlarven. Nur dass ausgerechnet *mein* wahres Ich rot ist, damit habe ich nicht gerechnet. Ich weiß jetzt, was noch schlimmer ist, als im Mittelpunkt zu stehen: im Mittelpunkt zu stehen wegen etwas, für das ich mich schäme.

Der Neuntklässler nimmt denselben Bus wie ich. Na super! Er rempelt mich an, als ich trinken will. «Oups.» Heißer Kaffee schwappt auf meine Hose. Normalerweise hätte ich «Pass doch auf!» oder «Idiot!» gerufen. Aber seit ich den Makel des roten Icons mit mir herumtrage, bin ich unsicher geworden, selbst gegenüber denen zwei Klassen unter mir. Dabei sollte ich die Frotzelei gewohnt sein. Online halten sich meine Kritiker, meistens anonym, erst recht nicht zurück: «Walk the talk, Kera!», «Kleines Theorie-Praxis-Defizit bei dir, oder?» und – das hat mich am schwersten getroffen – «Heuchlerin!». Viele kommen mir zu Hilfe, allen voran Cemine, Iso und (ich sage es ungern) Elodie, deren Fans daraufhin wie ein Heuschreckenschwarm über die Trolle hergefallen sind. Trotzdem wird der Kaffee kalt in meiner Hand.

Zu Hause kippe ich ihn weg. Iso, die am Küchentisch sitzt, wirft mir einen fragenden Blick zu. Ich weiche ihm aus, als mein Handy summt. Fair Play informiert mich, dass der Strom für die Beleuchtung wie üblich durch vier geteilt wird. Bestätigen muss ich das nicht, hat Iso wahrscheinlich schon gemacht. Mein Vater hat gekocht, Rindersteak, mein Lieblingsessen. Aber ich habe bei jedem Bissen ein schlechtes Gewissen. Erst als ich die Infofunktion laut stelle, mit der Fair Play mich vor Posten warnt, die mich ins Rote bringen, werde ich ruhiger.

Den Nachmittag verbringe ich auf meinem Bett und überlege, wie ich dieses blöde rote Icon auf meinem Profilbild dazu kriege, die Farbe zu wechseln. Dabei schleicht sich eine Möglichkeit in meinen Kopf, die ich da nicht haben will. Was, wenn ich heute Mittag in der App angegeben hätte, dass sechs statt vier Leute am Tisch sitzen? Das könnte ich nur machen, wenn Iso nicht da wäre, sonst würde Fair Play bei ihr nachfragen. Aber dann wäre der Strom durch sechs geteilt worden. Wäre das wirklich so schlimm? *Ja, Kera, verdammt, das wäre schlimm, weil es nicht um dich geht.* Es geht um mehr. Wenn ich meine Befindlichkeiten über meine Prinzipien stelle, hätten sie recht mit der «Heuchlerin!». Und dann wäre ich keinen Deut besser als Eichner, dem es nur um sein Image geht. Trotzdem, ein paar kleine Anpassungen, nur ab und an, hier und da, wenn keine Fair Player in der Nähe sind, die mich verraten können ... Ich zucke zusammen, als jemand an meine Zimmertür klopft.

Iso steckt den Kopf herein.

«Besuch für dich, Kera.»

«Ich habe die Klingel gar nicht gehört.»

«Draußen am Gartentor.»

«Wer denn?»

Habe ich eine Verabredung mit Cemine vergessen? Das wäre blöd, in letzter Zeit bekomme ich sie kaum noch zu Gesicht.

«Wirst du schon sehen», sagt Iso. Dabei wird sie rot – im Gesicht. Ich sehne mich nach der Zeit zurück, als ich das nicht dazusagen musste.

In meinen Oma-Filzpantoffeln und ausgeleierten Lieblingsleggins gehe ich in den Garten. Als ich sehe, wer dort auf mich wartet, wünschte ich, ich hätte die Schuhe gewechselt oder wenigstens eine Hose angezogen. Max lehnt an unserem Gartenzaun. Seine Schwalbe hat er in unserer Einfahrt geparkt, auf den Gepäckträger einen Weidenkorb geschnallt.

«Bereit?», ruft er mir von weitem zu.

«Für?», frage ich.

«Unser Date!»

«Kann mich nicht erinnern, zugesagt zu haben.» Ich lege den Kopf schief.

«Nein. Aber abgelehnt hast du auch nicht. Und jetzt ist es Dienstag, fünf Uhr.»

«Aber nicht der erste Dienstag nach der Präsentation in der Aula. Der war vor zwei Wochen.»

«Ich habe nicht ‹nächster Dienstag› gesagt, nur ‹Dienstag›. Außerdem: Probieren kann ich's ja mal. Picknick?»

Trübweiße Farbe blättert vom Zaun auf Max' Pulli. Meinen Pulli. Er hat mir den Norweger nie zurückgegeben und trägt ihn heute, dazu eine neonpinke Mütze, die nicht dazu passt, aber trotzdem gut aussieht. Ich wische das Weiß weg, damit ich einen Vorwand habe, ihm einen Schritt näher zu kommen.

«Ein bisschen crazy bist du schon, oder?», sage ich.

«Wäre das ein Problem?» Er macht auch einen Schritt auf mich zu. Max braucht keinen Vorwand.

«Das kommt darauf an.» Außer dem Zaun ist nicht mehr viel zwischen uns. «Äußert sich deine Craziness darin, dass du deine Dates meuchelst und irgendwo im Wald verscharrst?»

«Nur montags.»

«Na dann! Lass mich kurz die Schuhe wechseln.»

Als ich zurückkomme, gehen wir zum Grunewald. Die Schwalbe lassen wir stehen. Max' Idee. Ich glaube, er will mir zeigen, dass er meine Fair-Play-Auflagen berücksichtigt, auch wenn er selbst keine hat.

Die Sache mit London hatte sich wie eine schwere Wolke zwischen uns gelegt. Wir hätten jeden Moment hindurchlaufen können, aber das Grau sah so bedrohlich aus, dass keiner es wagte. Ich bin froh, dass Max heute auf mich zugegangen ist. Der Tag ist für unseren Ausflug gemacht. Sonnig genug, um gute Laune zu haben, herbstlich genug, um unauffällig die Nähe des anderen zu suchen. Als ich meine Hände gegen die Ohren presse, um den Wind abzuhalten, gibt Max mir seine Mütze.

«Entgegen der allgemeinen Meinung liegt auch mir Fairness am Herzen», sagt er. «Mütze gegen Norwegerpulli.»

Ich setze die Mütze auf. Meine Ohren glühen – nicht weil sie so warm ist, sondern weil ich den Gedanken nicht abschütteln kann, dass die Wolle eben noch an Max dran war.

Auf einer Anhöhe, von der aus wir über den Wald sehen, breitet Max eine karierte Wolldecke aus. Die Herbstsonne lässt sein Haar leuchten. Er hat Champagner dabei – «damit der Ruinart nicht an die neue Freundin meines Vaters verschwendet wird» – und selbstgemachte Avocado-Sandwiches. Die Baumkronen sind bunt, der Champagner prickelnd und als Max sagt, «Du hast da ein Stück Avocado», und mit dem Daumen über meinen Mundwinkel fährt, weiß ich, dass er mich gleich küssen wird. Ich schließe die Augen.

«AVOCADO!»

Max fährt zurück.

«HOHER WASSERVERBRAUCH, LANGE ANLIEFERUNGSWEGE, STEIGENDE NACHFRAGE BEGÜNSTIGT URWALDRODUNG. OFT PESTIZIDBELASTET. DENNOCH BESSERE ÖKOBILANZ ALS DIE MEISTEN TIERISCHEN LEBENSMITTEL PRO KALORIE.»

«Was war das denn?» Max starrt mein Handy an, das neben uns auf der Decke liegt. Ich seufze.

«Fair Play.»

«Die App spricht mit dir?»

«Ja, sorry, ich habe vergessen, die Infofunktion auszuschalten. Einen Moment.»

Ich angle nach meinem Handy, ohne meine Position zu ändern. Meine Lippen sind immer noch da, wo sie eben waren, aber mir ist klar, dass sie heute ungeküsst bleiben werden. Als ich die Infofunktion rausnehme, sehe ich die Auflistung der App, wie mein Date mit Max abgerechnet wird. Als Herkunftsland der Avocados wird Peru angenommen, dort kommen sie meistens her um diese Jahreszeit. Falls ich bestätigen kann, dass sie stattdessen aus Spanien stammen, würde sich das günstig auf mein Konto auswirken. Ich glaube, wenn ich Max nach der Herkunft der Avocados auf dem Sandwich frage, wirft er eines nach mir. Er starrt immer noch auf mein Handy, als könne es jeden Moment explodieren.

«Sag mal, woher weiß die App, was du gegessen hast?»

«Wahrscheinlich hat sie es gehört, als du eben von dem Stück Avocado an meinem ... also an meinem Mundwinkel gesprochen hast.» Danke, Fair Play, dass ich den gescheiterten Kuss auch noch ansprechen muss!

«Ich war eigentlich nicht auf ein Dreierdate aus.» Max knetet Wellen in die Decke unter ihm. «Geht das nicht zu weit? Schutz der Privatsphäre und so ...»

«Wir Fair Player werden doch zu nichts gezwungen. Außerdem ist es nur für drei Monate. Transparenz ist nun einmal der Dreh- und Angelpunkt des Experiments. Und wenn du denkst, dass du noch so etwas wie Privatsphäre hast, sobald du im Netz unterwegs bist, anonym oder nicht, dann solltest du das Thema dringend recherchieren. Ob Fair Play auch noch mithört, ist doch egal. Wenigstens steckt da ein guter Zweck dahinter.»

Max entdeckt in meinen Augen das, was Cemine und Iso den Eisblick nennen. Sein Körper verspannt sich.

«Noch ein Glas Champagner?», fragt er. «Oder schimpft dich die App dann aus, wenn du heimkommst und sie wieder sprechen darf?»

Ich bin enttäuscht von Max. Natürlich ist es radikal, was wir machen, aber es ist nun einmal an der Zeit für radikale Maßnahmen. Sonst kommen wir nicht weiter, zumindest nicht rechtzeitig. Und das Fair-Play-System ist gerecht. Besser als Ökosteuern, bei denen sich die Reichen freikaufen können. Ich glaube an meine Idee, und ich werde nicht tricksen. So.

Den nächsten Gedanken will ich nicht denken. Aber ich kann nicht anders. Er ist da und will einfach nicht weggehen. *Wenn du mitmachen würdest, wäre für uns alle mehr übrig,* werfe ich Max stumm entgegen. Ich nehme ihm die Flasche aus der Hand und trinke sie aus.

ELODIE

725	82.998	571
Beiträge	Abonnenten	Abonniert

Kurze Zwischennachricht, die nichts mit #fairplay zu tun hat: @lackaeffchen und ich beenden unsere Kooperation.

Eigentlich sollte ich das so stehen lassen, mich höchstens noch für die gute Zusammenarbeit bedanken, professionell sein, blablabla. Aber. Ich. Bin. Stinksauer. Wenn man sich auseinanderentwickelt – fein. Aber von einem Tag auf den anderen Verträge zu kündigen, in die irgendein Rechtsverdreher Klauseln reingestrickt hat, die das erlauben: nicht okay. Ich war vierzehn, als ich den Vertrag unterschrieb, meine Mama hat keine Ahnung von geschäftlichen Sachen, und einen Rechtsanwalt konnten wir uns nicht leisten. Wir haben ihr vertraut, der Dame im grauen Kostüm, die das Schreiben mit dem Logo des weltbekannten Mutterkonzerns dabeihatte, zu dem Lackäffchen gehört. Die Fuck-off-Klausel, wie ich sie mittlerweile nenne, hat sie uns nicht erklärt. «Kreative Differenzen» und der Vertrag ist fristlos kündbar. Nur offiziell hat es *nichts mit #fairplay zu tun*. Inoffiziell schon.

Mir war klar, dass meine neue Richtung nicht gut ankommt

bei den Sponsoren. Nagellack muss im Sondermüll entsorgt werden. Ich habe damit gerechnet, dass Lackäffchen unseren Vertrag nicht verlängert. Aber dass die mir den November- und Dezemberbonus streichen, obwohl ich schon alle Produktplatzierungen für dieses Jahr gemacht habe, geht gar nicht. Am liebsten würde ich das Nagellackfläschchen, das auf dem Schminktisch vor mir steht, gegen die Wand pfeffern, aber um mich herum gibt es nur weiße Stoffbahnen. Also tippe ich stattdessen weiter:

Bitte kauft euren Nagellack künftig woanders! Oder am besten gar keinen!

Können die mich belangen, wenn ich das so poste? Mein Finger schwebt über «Teilen», als der Vorhang, der mich vom Rest des Fabriklofts trennt, zur Seite gerissen wird.

«Elodie, kommst du?»

Ich packe mein Handy weg. Später.

Der aufgeregte Produktionsassistent, der mich vor einer halben Stunde in Empfang genommen hat, zieht mich aus meiner provisorischen Umkleidekabine. Unverputzte Ziegelmauern, Betonfußboden, künstliches Licht. Obwohl die Scheinwerfer die kleine Bühne aufheizen, auf der ich fotografiert und gefilmt werde, ist mir in der weiten Halle kalt. Ich komme mir nackt vor.

Um den finanziellen Verlust auszugleichen, habe ich einem Sponsor zugesagt, der nicht trotz, sondern wegen Fair Play mit mir arbeiten will. Die Marketingleute waren so begeistert, dass sie ein ganzes Team angeheuert haben, um ein kurzes Video zu drehen und ein paar Fotos zu schießen. Dass es echter rüberkommt, wenn ich das selber mache, haben sie überhört. Der Assistent gibt mir das Produkt, das es zu bewerben gilt, einen Energy-Drink, und sagt:

«Wir fangen mit dem Video an. Den Text hast du drauf, oder?»

«Sicher», antworte ich und hoffe, dass er sich bald so fühlt. Seine Nervosität stresst mich. «Ihr wollt wirklich, dass ich mit ‹Hey, hey, hey, meine Lieben!› einsteige? Das Intro benutze ich nicht mehr.»

Der Assistent zuckt mit den Schultern und lässt mich stehen.

«Und Action», ruft der Regisseur, als wäre er Scorsese persönlich.

«Hey, hey, hey, meine ...» Ich breche ab. Für den Regisseur bin ich genauso Requisite wie die Flasche in meiner Hand, und er könnte nicht unerfreuter sein, wenn *die* plötzlich aus der Reihe tanzen würde.

«Gibt es ein Problem?»

Ja, das gibt es. Nicht nur, dass ich mich dieses blöde ‹Hey, hey, hey› nicht mehr sagen hören kann – die Werbung für dieses Getränk hier ist Greenwashing vom Feinsten. Ich weiß das von Fair Play. Zum Spaß wollte ich in jeder Geschmacksrichtung einen Drink kaufen, und wenn die App mich nicht gewarnt hätte, wäre ich dadurch das erste Mal ins Rote gerutscht. Das Zeug ist nicht nachhaltig, überhaupt nicht. Der Hersteller ist für seine umwelt- und menschenrechtsfeindlichen Geschäftspraktiken bekannt, das angepriesene hauseigene Recyclingsystem für die Plastikflaschen verbraucht einen Haufen nicht erneuerbare Energie und auch «fair trade»-Palmölpalmen wachsen nur da, wo vorher Regenwald war. Trotzdem antworte ich:

«Nein, alles in Ordnung. Sorry für die Unterbrechung.»

«Und Action!»

«Hey, hey ...» Wieder breche ich ab. Ich kann das nicht. Nicht mehr. Aber ich *muss*. Das Geld, ich brauche das Geld. Ich sehe das Gesicht meiner Mama vor mir, die gleichen Augen wie ich, angsterfüllt, wenn ich ihr sage, dass ich keine Einnahmen mehr nach Hause bringe, ausgerechnet jetzt, wo die Zwillinge in ein Alter kommen, in dem sie so viel brauchen. Doch dann ändert sich ihr Gesicht, die Falten verschwinden, es bekommt die Züge meines Vaters, wird zu meinem. Rechts oben sitzt wie an meinem Profilbild ein grünes Icon. Und das macht mir Mut. Ich bin besser als das hier. Es muss einen anderen Weg geben.

«Tut mir leid. Ich bin raus», sage ich und klettere von dem Podest. Der Assistent sieht mir nur stumm hinterher, erleichtert, dass seine schlimmste Befürchtung endlich Realität ist und er aufhören kann, sich darüber Sorgen zu machen. Dafür dreht sein Chef durch. Plötzlich bin ich ganz und gar nicht mehr unsichtbar.

«Fräulein, du hast einen Vertrag!», brüllt er.

«Fuck-off-Klausel», antworte ich und drücke ihm die Plastikflasche in die Hand. «Die gilt beiderseits.»

Während der Regisseur aufgebracht mit der PR-Frau des Unternehmens telefoniert, packe ich meine Sachen. Niemand hält mich auf, als ich die Fabrikhalle und ihre grellen Lichter hinter mir lasse.

Draußen begrüßt mich ein wolkenverhangener Himmel, nicht grau, dunkelblau, so ruhevoll wie ein tiefer See. Ich hole mein Handy hervor und füge eine letzte Botschaft hinzu, bevor ich den Post teile:

#elodies_melodienolongerforsale

LEONARD

Fair ist es nicht, was ich da tue. Aber nicht ich habe meiner App diesen Namen gegeben. Fair Play. Jeeez. Das ist schon naiv. Niemand weiß besser als ich, dass es nicht fair zugeht auf dieser Welt.

Ich ziehe den Kopf ein, als ich aus dem Haus gehe, um den Bus zur Schule zu nehmen. Trotz Regenschirm werde ich nass. Trotz Nässe freue ich mich, zur Schule zu gehen. Das Gefühl ist immer noch ungewohnt und einfach großartig.

Auf dem Weg zur Bushaltestelle sehe ich Isobel unter dem Carport vor ihrem Grundstück stehen, Hände am Fahrradlenker. Missmutig starrt sie in den Regen. So wenig ich ihre Schwester mag, so sehr mag ich Isobel. Wir wohnen in derselben Straße. Als unsere Familien mehr miteinander zu tun hatten, war Isobel allerdings noch nicht geboren. Also habe ich mit Kera gespielt. Bei ihr, bei mir, in meinem Sandkasten, mit ihrer Schaukel, die jetzt hinter Isobel im Wind quietscht. Das hat aufgehört, als wir ins Gymnasium kamen. Kera hat mich weiterhin gegrüßt, aber nur, wenn niemand sie dabei gesehen hat. Ich hätte nie gedacht, dass sie so feige ist. Karl, denke ich immer, ist auf Brutalität gepolt. Der kann nicht anders, da läuft etwas falsch im Hirn. Aber Kera hätte zumindest protestieren können. Auch wenn es nichts genutzt hätte: Ich hätte mich

104

nicht so einsam gefühlt. Es war die Zeit, in der meine Schwester in die USA ging. Das doppelte Alleingelassenwerden tat weh. Im Gegensatz zu Kera war Isobel immer nett zu mir. Auch in dem Alter, in dem Kera aufgehört hat, mit mir befreundet zu sein. Sie ist Kera 2.0. An ihrem ersten Tag an unserer Schule hat Isobel über den halben Schulhof «Hallo, Leonard!» gerufen, als sie mich entdeckt hat. Auch jetzt ruft sie wieder «Hallo, Leonard!». Ich gehe zu ihr.

«Fahrrad bei dem Wetter? Respekt.»

«Ganz ehrlich, ich habe gar keine Lust. Aber ich bin seit gestern rot. Und das will ich loswerden.»

Der Regen kommt jetzt von der Seite. Isobel sieht aus, als würde sie weinen. Ich neige den Schirm und versuche, das Wasser abzuhalten. In dem Moment treffe ich meine Entscheidung.

«Lass dein Fahrrad stehen!», sage ich. «Ich nehme das Ticket auf mein Konto. Die Rückfahrt auch.»

«Geht das denn?»

«Klar. Ich muss es Fair Play nur sagen.» Ich zwinkere Isobel zu. Sie denkt so angestrengt nach, dass eine Ader an ihrer Schläfe erscheint.

«Bist du dir sicher, dass du deswegen nicht ins Rote gehst?», fragt sie schließlich.

«Das passt schon, mach dir keine Sorgen.» Ich lege ihr die Hand auf die Schulter. «Kommst du?»

«Danke, Leonard. Das ist supernett von dir.»

Isobel sieht so erleichtert aus, als wir gemeinsam unter meinem Schirm zur Bushaltestelle laufen, dass ich ihr auch ein Ticket gekauft hätte, wenn mein Icon dafür auf Rot gesprungen wäre. Aber das wird es nicht. Nie wieder. Egal, was ich tue, es wird grün bleiben. Weil: Ich habe es so programmiert. *Gar kein schlechtes Gewissen, Leonard? Whatever happened to: Das kannst du nicht bringen! Du bist doch ein Fair Player! Teil der Gemeinschaft!?*

Gut fühle ich mich nicht dabei, aber es geht nicht anders. Karls Überfall letzte Woche kann ich nicht vergessen. Er hat mir gezeigt, dass ich nie in der Masse der Fair Player verschwinden werde. Als Erfinder der App biete ich Angriffsfläche. Wenn ich diesen Nachteil in Kauf nehmen muss, dann will ich auch den dazugehörigen Vorteil haben. Die Gelegenheit, so wahrgenommen zu werden, wie ich möchte, muss ich nutzen – mit ein bisschen Code und ein paar Mausklicks.

Das Experiment ist nur Mittel zum Zweck, um die Umweltsache voranzutreiben. Die promoten wir am besten, wenn wir den Wettbewerb gewinnen. Aus dem Gemeinschaftskonto habe ich mich rausgerechnet, damit das Endergebnis nicht verfälscht wird. So ehrlich bin ich – nur halt kein normaler Proband mehr. Fair Play und ich sind eins. Deswegen haben die Grunks eingegriffen. Je populärer ich bin, desto besser für das Experiment. Ich will, dass Isobel recht behält mit dem, was sie schon immer in mir gesehen hat. Als wir in den Bus einsteigen, lässt sie den Sitzplatz bei ihren Freundinnen sausen, winkt ihnen nur zu und bleibt mit mir stehen.

«Leonard, wir schummeln aber nicht, oder?»

Nur ich schummele, ich allein, aber das wirst du nie erfahren.

«Für das gemeinsame Konto ist es gleich, auf wen die Busfahrt geht. Wir schummeln nicht», sage ich.

«Gut. Das möchte ich nämlich auf keinen Fall.» Isobel

streicht sich eine nasse Haarsträhne aus dem Gesicht. Sie ist wirklich die neue, bessere Kera, eine mit Gewissen. «Wir» – Isobel flüstert plötzlich und zeigt auf ihre Freundinnen – «glauben nämlich, dass ein paar Leute sich nicht an die Regeln halten. Du weißt schon ... versuchen, die App auszutricksen.»

Der Verdacht von Isobel und ihrer Clique ist berechtigt. Trotzdem macht es mich nervös, dass das schon bei denen angekommen ist. Fair Play ist verdammt gut, so gut, wie es der rechtliche Rahmen und der Stand der Technik erlauben. Aber nicht unfehlbar. Die personal accounts lassen sich manipulieren, wenn du die Nachfragen, die die App manchmal stellt, falsch beantwortest, wenn du manuell in die automatische Kontoführung eingreifst, das Handy liegen lässt oder mic und Kamera zuklebst. In ein paar Jahren, wenn das Internet der Dinge weiter ist, dein Kühlschrank mit deinem Auto und mit deinem Haus kommuniziert, hätten solche Klimakonten ganz anderes Potenzial. Auf die Spitze getrieben, könnte wirklich kein Strom mehr aus der Steckdose kommen, kein Wasser mehr aus dem Hahn, wenn du deinen Anteil ausgeschöpft hast. Noch geht das nicht. Noch müssen wir auf soziale Kontrolle setzen, um die Leute dazu zu bringen, sich einzuschränken. Aber seine größte Schwäche ist auch Fair Plays größte Stärke: der menschliche Faktor. Fair Play hat viele Augen und Ohren. Isobels. Meine. Bislang passiert nichts, selbst wenn sich die Ungereimtheiten im personal account eines Fair Players häufen. Das muss sich ändern. Wenn sie Fair Play irgendwann nicht mehr ernst nehmen, nehmen sie mich nicht mehr ernst.

Dass meine App zum Witz werden könnte und ich damit

auch, lässt mich meinen Körper anspannen wie ein Tier vor dem Sprung. Wieder ganz unten zu sein, vielleicht sogar noch weiter unten als zuvor, das könnte ich nicht ertragen. Ich muss mir etwas einfallen lassen. Sonst ist das Experiment in Gefahr, unser Sieg beim Wettbewerb, einfach alles. Am besten wäre es, wenn ich jemanden auf frischer Tat erwischen würde. Wenn ich den anderen zeigen könnte, dass Fair Play sich nicht so leicht hintergehen lässt. Dass es Konsequenzen hat, wenn sie es doch versuchen. Weil: Alle werden davon erfahren. Die Schwäche ist die Stärke.

Aber wie stelle ich das an? Und mit wem?

«Leonard?» Isobel zupft an meiner Jacke.

«Ja?»

«Hast du eigentlich schon die Ausstellung zur Düsseldorfer Fotoschule in der Neuen Nationalgalerie gesehen?» Sie zeigt auf ein Plakat, an dem wir vorbeifahren. «Kera war gestern da und hat gemeint, dass sie toll ist.»

Einfach so liefert Isobel die Lösung für mein Problem. Dass Kera so viel einstecken muss, weil sie die einzige rote Fair Play Four ist, tut mir leid für sie, auch wenn sie mich damals im Stich gelassen hat. Zum Ziel werden, das wünsche ich niemandem. Also habe ich gestern Keras Account gecheckt. Ich wollte wissen, wie sie sich derzeit schlägt. Da war keine Bus- oder Autofahrt verzeichnet. Kera ist eine schlechte Fahrradfahrerin, war sie schon immer. So eine weite Strecke durch die Stadt würde sie sich nie zutrauen. Es gibt keinen Zweifel. Kera mogelt. Bitter: Sie verrät ihre eigene Idee. Genau deswegen ist Kera perfekt für das, was ich vorhabe.

Während Isobel weiterplappert, nimmt mein Plan eine Form

an, mit der ich mich nicht wohl fühle. Zu oft war ich auf der anderen Seite. Aber: Es muss sein. Mitleid ist fehl am Platze. Kera ist selbst schuld. For better or worse: Bald wird sie sehen, wie es ist, wenn man alleine dasteht.

ELODIE

730	90.909	589
Beiträge	Abonnenten	Abonniert

Die Welt ist ein Pastellregenbogen aus Zuckerwatte,
und ich kann es kaum erwarten, darin zu versinken!
#einhörnergibtswirklich

Das poste ich natürlich nicht. Es wäre Influencer-Selbstmord.
In dem Fall könnte ich verstehen, wenn meine Leute abwandern. So viel Kitsch halten nur die aus, die so verliebt sind
wie ich, und davon gibt es nicht viele. Aber wenn meine Seite
nicht dazu da wäre, ein Image zu erschaffen, nach dem dann
andere ihr Image erschaffen können, sondern wirklich abbilden würde, wie ich mich gerade fühle, müsste ich das genau so
schreiben. Mit mehr als einem Ausrufezeichen dahinter. Und
ein Katzenbaby-Video dazu ins Netz stellen.

Cemine und ich hatten gestern unser erstes Date. Ich weiß,
dass es ein Date war, weil wir uns zum Abschied geküsst haben.
Endlich. Nach dem Treffen im himmelblauen Café hat Cemine
sich mit dem üblichen Kuss auf meine Wange verabschiedet,
nur dass er diesmal mittiger geriet als sonst und halb auf meinem Mund landete. Ob ich den Kopf gedreht habe oder Cemine

schlecht gezielt hat, kann ich nicht sagen. Aber kaum hatten wir diese Grenze überschritten, haben sich unsere Lippen wie magisch verbunden und ließen mehrere Minuten nicht mehr voneinander. Und es war genauso phantastisch, umwerfend und lebensverändernd, wie ich es mir vorgestellt habe. Natürlich wirft das Fragen auf: Sind wir zusammen? Müssen wir nicht spätestens jetzt mit Kera reden? Und wann kann ich mir den nächsten Kuss und alles, was er versprochen hat, holen? Aber das hat Zeit. Jetzt genieße ich es erst einmal, mich alle paar Minuten an diesen Moment zu erinnern. Hochgefühl auf Abruf.

Gutgelaunt überlege ich, mit was ich den Pastellregenbogen ersetzen könnte, während ich meine Benachrichtigungen durchgehe. Anscheinend gab es Nachzügler bei meinem letzten Post. Das Ende der Kooperation mit Lackäffchen hat meine Leute beschäftigt – nie gab es mehr Kommentare und Likes. Und jetzt hat sich Green Fairy dazugesellt.

> **@I_am_Green_Fairy:** Ist ja süß. Jetzt machst du einen auf Antikapitalistin. Ihr und eure komische App seid so weltfremd. Wir müssen MIT der Wirtschaft an einer grüneren Zukunft arbeiten, nicht gegen sie!

Wieder diese Patzigkeit, als würde ihr alles, was ich tue, persönlich gegen den Strich gehen. Aber selbst Green Fairy kann mir heute nicht die Stimmung verderben. Ich gehe noch einmal auf ihre Seite. Kaum etwas hat sich geändert. Wie beim letzten Mal bleibe ich an ihrem Profilbild hängen. Wo nur habe ich den Mann neben ihr schon einmal gesehen? Ich zoome, bis das Kap der Guten Hoffnung in Pixel zerfällt. Auf dem weißen Polo-shirt des Mannes fällt mir ein Fleck auf. Die Farbe ist außer-gewöhnlich, zwischen Lila und Pink. Ich schicke das Bild an den Informatikstudenten, der meine IT macht, und frage, ob er eine bessere Auflösung hinbekommt. Während ich auf seine Ant-wort warte, will ich wieder das Cemine-Kopfkino starten, aber es gelingt mir nicht. Jetzt regt mich Green Fairy doch auf, vor allem weil plötzlich die Sorgen hochkommen, die Cemines Kuss in die hinterste Ecke meines Gehirns verdrängt hat. *Weltfremd.*

Habe ich einen Riesenfehler gemacht, als ich meine alten und neuen Sponsoren so einfach aufgab? Nächsten Monat kann ich den Informatikstudenten nicht mehr bezahlen, und das ist noch das wenigste ... Meine Mama denkt, dass ich längst Ersatz für Lackäffchen gefunden habe. Sie verlässt sich auf mich. Letzte Woche dachte ich, dass sich was ändert. Ein Blatt Papier war neben dem Stundenplan der Zwillinge an die Pinn-wand im Gang geheftet: Informationen zu einer Weiterbildung im Pflegemanagement. Nicht gerade günstig, sah aber seriös aus. Aber als ich meine Mama darauf ansprach, sagte sie:

«Das war eine dumme Idee. Ich bin keine Karrierefrau wie du. Ich wollte immer nur Ehefrau und Mutter sein. Elodie, du bist der Star in der Familie. Aus dir wird mal was! Das hat dein Papa auch immer gesagt. Du kommst nach ihm.»

Ich habe den Zettel aus dem Altpapier gefischt und bewah-re ihn seitdem in meinem Zimmer auf. Meiner Mama habe ich nichts davon erzählt, genauso wenig von dem geplatzten Fotoshooting. Ist es egoistisch von mir, meine Selbstverwirk-lichung vor die Bedürfnisse meiner Familie zu stellen? Sagen würde meine Mama das nie. Aber denken?

Nach zwanzig Minuten Fingertrommeln meldet sich der Student. Mein Herz klopft so schnell wie die Finger, als ich die beigefügte Datei öffne. Wie üblich hat der Student gute Arbeit geleistet. Der Fleck ist ein Kugelschreiber, der in der Brusttasche des Mannes steckt. Ein Kugelschreiber mit einem Logo, das ich sehr gut kenne. Von hier an ist es ein Kinderspiel. Ich google die Seite des Mutterkonzerns von Lackäffchen, klicke mich durch ein paar Personalaufstellungen.

Voilà. Kein Zweifel, der Mann mit dem Mondgesicht grinst mir entgegen. Er ist im Vorstand. «Gero Michelsen, Director Public Affairs» steht unter seinem Bild. Ich muss ihn bei einer der Veranstaltungen gesehen haben, zu denen mich Lackäffchen einlud. Meine Entdeckung gibt mir neue Energie. Showtime!

@elodies_melodie: Wenn Daddy einen Vorstandsposten hat und einem Tür und Tor öffnet, bietet es sich natürlich an, mit der Wirtschaft zu kooperieren. Du weißt schon, dass das ein Wettbewerb für Jugendliche ist, oder?

Nur ein paar Minuten brauche ich, um Green Fairys Profilbild auf meinen Rechner zu ziehen und zu ändern. Jetzt steht Darth Vader neben ihr in Südafrika. Ich poste das Foto unter meinem Kommentar. Die Likes dafür schnellen sofort in die Höhe. Aber das ist nicht alles. Meine Leute basteln ihre eigenen Versionen. Jemand setzt die Köpfe von Ivanka und Donald Trump auf die Körper am Kap. Doch Leonard übertrifft sie alle. Er animiert das Foto so, dass sich der Ozean hinter Südafrikas Spitze als furchterregendes Monster erhebt, das Green Fairy und ihren

Vater verschlingt. Am Ende sind nur noch rauschende Wassermassen zu sehen, in denen sich Buchstaben formen: Der Meeresspiegel steigt, und ihr redet noch? Gute Hoffnung? Eher nicht!

Kurz nach Leonards Post löscht Green Fairy ihren Account. Meine Leute haben den Schlagabtausch geliebt und – noch wichtiger – mitgemacht. Wir haben gewonnen. Ich bin mir sicher, dass das eine Vorschau auf den Wettbewerb war. Wer weiß, welche Möglichkeiten sich für mein Business daraus ergeben? Wahrscheinlich welche, von denen ich nicht zu träumen wagte. Ich muss nur so lange durchhalten.

Die Welt ist ein Pastellregenbogen aus Zuckerwatte. Echt jetzt!

MAX

SCHÜLEHRERIN! So habe ich die Wenger noch nie gesehen. Großes Lächeln, gerötete, nein, pinke Wangen, strahlende Augen, mit denen sie in die Fernsehkamera vor ihr blickt. Sie sieht jünger aus als sonst. Kurz dachte ich, sie ist eine von uns. Der Typ neben ihr kommt auch jugendlich rüber, aber so übertrieben, dass es ihn älter macht, als er ist. Blonder Kleinkindhaarschnitt, Nadelstreifen über Neon-Nikes, Hornbrille. Er kommt mir bekannt vor. Ich bleibe stehen, um den letzten Satz mitzukriegen, den die Wenger vor unserer Schule in die Kamera spricht.

«... und deswegen glauben wir an Fair Play und die Botschaft des Projekts.»

Ich rolle mit den Augen – tolle Botschaft: ‹Wage ja nicht, dein Date mit selbstgemachten Avocado-Sandwiches zu beeindrucken, sonst mache ich dir einen Strich durch die Rechnung!› – und will weitergehen, als die Wenger mich entdeckt.

«Max!», ruft sie mir hinterher. Vor ein paar Wochen noch hätte ich so getan, als ob ich sie nicht gehört hätte, aber heute gehe ich mit einem Halblächeln auf sie zu. **VERSETZUNG!**

«Das ist Max», sagt die Wenger zum Neon-Nike-Nadelstreifen-Mann. «Einer der vier Schüler, die das Projekt beim Wettbewerb repräsentieren, einer der Fair Play Four, wie wir sie nennen.» Die Wenger kichert. «Max, das hier ist Herr Eichner. Aber das wissen Sie natürlich.» Ich weiß es nicht, behalte das aber für mich und sage: «Hi!» Händeschütteln.

«Freut mich», kommt zurück. Zur Wenger gewandt sagt der Eichner: «Christoph, bitte.» Er legt ihr die Hand auf die Schulter.

«Als Initiator des Wettbewerbs will sich Christoph Fair Play mal aus der Nähe ansehen», sagt die Wenger. «Ist das nicht toll?»

«Sicher.» Ich muss ein Gähnen unterdrücken. Der Eichner fährt durch seine Haare und entblößt Geheimratsecken. Mir fällt ein, woher ich ihn kenne. Mein Vater hat mir den Eichner in der Zeitung gezeigt. Mehrfach. Als Beispiel für eine gelungene Haartransplantation. Ich hasse es, wenn mein Vater solche Themen mit mir besprechen will.

«Christoph hat sogar die App runtergeladen und einen Tag lang ausprobiert. Für den rbb.» Die Wenger zeigt auf die Fernsehleute, die mittlerweile ihre Kameras zusammenpacken.

«War gar nicht so leicht! Respekt vor allen, die das durchziehen.» Der Eichner hält mir sein Handy unter die Nase. Das verhasste Logo, von dem ich kaum mehr glauben kann, dass ich es entworfen habe, strahlt mir entgegen. «Und wie kommen Sie mit der App zurecht, Max?» Wieder lacht der Eichner und dieses Mal entblößt er Veneers, die aussehen, als würden sie im Dunkeln leuchten.

«Gar nicht. Ich nutze Fair Play nicht.»

«Obwohl Sie im Wettbewerbsgremium sind?», fragt der Eichner. «Und wieso?»

«Ich glaube nicht daran.» Das kam einfach so raus, und die Wenger sieht mich entsetzt an. Aber dem Eichner scheint meine Antwort zu gefallen.

«Interessant», sagt er.

«Das meint Max natürlich nicht so», sagt die Wenger.

«Nein, nein, das ist schon okay», entgegnet der Eichner. «Unsere Demokratie lebt von kritischen Stimmen. Hier!» Er gibt mir seine Visitenkarte. «Falls Sie etwas brauchen. Unterstützung. Was auch immer. Melden Sie sich jederzeit!» Der Eichner schickt einen bedeutungsschweren Blick hinterher, komplett mit hochgezogenen Augenbrauen und gerunzelter Stirn, den ich nicht verstehe. Spätestens jetzt ist klar, dass er nicht so jung ist, wie er tut. Sonst hätte er sich über die sozialen Medien mit mir vernetzt. Und genau das ist der Grund, warum er mich online nirgends finden würde. Seine Old-School-Seite gefällt mir besser als die hippe Fassade.

Ich stecke die Karte des Eichners in meine Hosentasche, bedanke und verabschiede mich, gehe Richtung Schule. Kurz bin ich erleichtert, dass ich die Begegnung mit der Wenger und dem Eichner hinter mich gebracht habe. Aber dann kehren meine Gedanken zu dem Thema zurück, das mich vorhin beschäftigt hat: Kera.

Seit wir vor drei Tagen auseinandergingen, frage ich mich, wie ein Date, das so gut angefangen hat, so beschissen enden konnte. Wenn wir nicht im Freien gewesen wären, hätte ich Keras Handy an die Wand geklatscht, als Fair Play mir dazwischengefunkt hat. Unserem Streit folgte was Schlimmeres. Smalltalk! Kaum noch eine halbe Stunde hat Kera es auf der Picknickdecke ausgehalten. Dann gab sie vor, dass ihr kalt ist, und ich war so erleichtert, der Situation zu entkommen, dass ich die Decke beinahe unter ihr weggezogen hätte.

Als ich im Stockwerk unseres Klassenzimmers ankomme,

setze ich mich auf meinen Lieblingsplatz mit Blick auf den Schulhof. Normalerweise bläst die Heizung um diese Jahreszeit warme Luft nach oben. Die fehlt dank Fair Play. Meine Gedanken an Kera verblassen, während ich das Treiben auf dem Schulhof beobachte. Doch dann mischt sich ein bekannter Farbtupfer drunter. Meine Mütze. **KERA.** Ich starre den pinken Punkt an, als könnte der irgendwie verraten, wie Kera zu mir steht. Trägt sie meine Mütze, um mir zu zeigen, dass sie mich noch mag? Oder will sie sie mir zurückgeben und hat sie nur aufgezogen, weil ihr kalt war?

Ungewohnter Lärm reißt mich raus. Bestimmt dreißig Handys summen, vibrieren, piepen im exakt gleichen Moment. Meins ist nicht dabei.

«Was ist los?», frage ich das Mädchen neben mir, das auf ihr Display starrt. Erst als sie hochblickt, fällt mir auf, dass sie eine der beiden ist, die Karl und mich als «Foul Player» beschimpft und mir einsame Pommes spezial beschert haben. Ich sehe ihr an, dass sie mich eigentlich ignorieren will, aber ihre Sensationslust gewinnt.

«Fair Play hat allen App-Nutzern eine Nachricht geschickt.» Ihre Stimme ist schrill. «Kera hat geschummelt.»

«Wie? Geschummelt?», frage ich.

«Sie hat versucht, Fair Play zu betrügen. Und damit uns.»

Ich sehe nach unten. Stummfilm durch die Glasscheibe, aber ich bin mir sicher, dass der Ton dazu nicht schön ist. Kera ist stehen geblieben. Handys in der Hand, die sie wie Kreuze gegen das Böse vor sich hertragen, sammeln sich Fair Player um Kera. Immer näher kommen sie ihr. Und plötzlich hört der pinke Punkt auf zu leuchten. Ich weiß nicht, was passiert ist, aber meine Mütze ist weg. Aus der Ferne kann ich Kera nicht mehr ausmachen. Es ist, als wäre sie verschluckt worden.

«Ausgerechnet Kera!», sagt das Mädchen mit einer Mischung aus Bedauern, Verachtung und Schadenfreude. «Was für eine ...»

Den Rest höre ich nicht mehr. Ich bin vom Fensterbrett gerutscht und zur Treppe gerannt. Nach unten muss ich, muss zu Kera.

KERA

«Lügnerin!» Der Typ, der mir Max' Mütze weggenommen hat, ist der Neuntklässler aus dem Bus. Ich hätte ihn damals anschnauzen sollen. Dann wäre er jetzt nicht so frech. Er wirft die Mütze in den Matsch. Die Leute um ihn herum, bestimmt fünfzig, johlen, ein paar klatschen. Alle Blicke sind auf mich gerichtet. Ich mache mich klein, sehne mich danach, nicht mehr da zu sein, starre auf den Boden, fixiere die Mütze. Dreck durchsifft die pinke Wolle. Und das macht mich wütend. Das habe ich nicht verdient. Ich habe doch nichts Schlimmes getan. Eine Busfahrt habe ich unterschlagen. Busfahrt! Es gab mal eine Zeit, in der es als grün galt, öffentliche Verkehrsmittel zu nehmen. Aber falls das der eine Posten ist, mit dem man in die Miesen geht, ist das egal. Das Icon wechselt von Grün auf Rot. Unbarmherzig. Ich kann an der Tankstelle Benzin auf den Boden laufen lassen, wenn mir danach ist – solange ich rechtzeitig stoppe und sonst nichts verbrauche, bleibt mein Konto grün. Das ist die Freiheit in der Einschränkung. So sind die Regeln. Meine Regeln, an die ich immer noch glaube. Irgendwo muss die Grenze sein.

Ich wollte nicht schummeln, wirklich nicht. Mir war es ernst mit dem *ich werde nicht tricksen*, auch wenn ich meinen Schwur mit einer halben Flasche Champagner runtergespült habe, auch als ich gemerkt habe, dass die Foto-Ausstellung nur noch diesen Monat läuft. Candida Höfer ist meine Lieblingsfotografin. Ich wollte ihre Werke unbedingt sehen. Dann gehe ich halt wieder ins Rote! Alles für die Kunst! Aber der Verkehr auf dem Weg zur Nationalgalerie war so dicht und der Bus fuhr so langsam, dass Fair Play mich irritiert gefragt hat, ob ich mit dem Fahrrad unterwegs bin. Kein anderer Fair Player war im Bus, denn das hätte die App mir angezeigt. Also habe ich bestätigt. Wenn überhaupt, habe ich ein Computerprogramm angelogen, eine Ansammlung von Codes, die es ohne mich gar nicht gäbe, nein, nicht mal angelogen, sondern nur nicht korrigiert.

Ich presse die Lippen zusammen und will mir Max' Mütze wiederholen, aber ich komme nicht durch. Die schließen die Reihen. Die Mütze trampeln sie dabei in den Boden.

Einen Moment lang steht die Zeit still. Den Ersten, der mir zu nahe kommt, stoße ich weg. Meine Wut gibt mir Kraft. Trotzdem kreisen sie mich weiter ein. «Wie konntest du nur?», «Verräterin!» und «Heuchlerin!», immer wieder «Heuchlerin!». Es ist, als ob die Online-Beschimpfungen plötzlich Beine und Arme und Gesichter bekommen hätten und aus dem Netz geklettert wären. Und Münder, die in einem fort aussprechen, was geschrieben schon schlimm genug war. Alle gleichzeitig. Laut. Meine Wut bröckelt. Sie macht Angst Platz.

«Das war ein Fehler von Fair Play», lüge ich. «Ich habe nicht so genau hingeschaut und aus Versehen was Falsches bestätigt. Kann doch mal passieren.»

«Irrtum! Das war eine Falle von Fair Play!» Sannes kantige Visage mit den blonden Locken ist plötzlich ganz nah, als hätte sich das Ungeheuer aus Armen und Beinen und Körpern für einen Kopf entschieden, der furchteinflößender ist als die anderen fünfzig zusammen. «Ein Test. Und du hast es nicht gecheckt. Du bist eben doch nicht so clever, wie du immer dachtest.»

Wieder johlen und klatschen die Fair Player. Immer mehr Schaulustige kommen dazu. Mist. Ich suche ein halbwegs freundliches Gesicht. Aber nein, nichts. Nicht Cemine. Nicht einmal Leonard. Ich traue mich nicht, an die Person zu denken, die ich eigentlich in der Menge entdecken will. Max. Plötzlich habe ich eine solche Sehnsucht danach, mit ihm zu reden, ihn einfach nur anzusehen, dass alles andere verschwimmt. Wenn ich ihn nur kurz berühren könnte, mit ihm sprechen könnte, würde alles gut werden und dieser Albtraum hier würde platzen wie eine niederträchtige Seifenblase. Aber dann meldet sich meine Erinnerung: Äh, hallo, Kera, ihr habt euch das letzte Mal im Streit getrennt, schon vergessen? Selbst wenn Max hier wäre: Würde er überhaupt eingreifen? Das zwischen uns ist genauso beschmutzt wie seine Mütze.

Die Fair Player tun das ihre, um mich in ihre düstere Welt zurückzuholen. Sie beginnen, mich von einer Seite des Kreises zur anderen zu schubsen. Immer die, denen ich den Rücken zukehre, versetzen mir einen Stoß. Ich wehre mich, so gut es geht, blicke panisch um mich, versuche vorherzusehen, woher die nächste Attacke kommt, als plötzlich doch jemand aus der Menge heraussticht. Isobel ist hier. Iso, meine Iso! Sie darf sich auf keinen Fall einmischen, sonst gehen die womöglich auch auf sie los. Aber Hilfe, sie muss Hilfe holen. Einen Lehrer, am besten ... «Frau Wenger!» sage ich tonlos. Iso wird checken, was ich meine. Wir stehen uns so nah, dass sie mich auch ohne Lippenlesen verstehen würde. Ich sehe sie eindringlich an. Aber ich kann nicht andocken. Isos Augen sind glasig, ihr Mund ein Strich, die Brauen zusammengezogen. Ich brauche kurz, um ihre Miene deuten zu können. Gleichgültigkeit ist das, Ablehnung, nein, schlimmer: Enttäuschung. Und dann dreht sich Iso um, langsam, ganz langsam, und geht. Ich weiß, dass sie keinen Lehrer holen wird, dass sie überhaupt nicht zurückkommen wird. Iso hat sich von mir abgekehrt, nicht nur in diesem Moment. Ich habe unseren Pakt gebrochen. Wir wollten zusammenhalten, wollten für das Wahre stehen in einer Welt, in der Außenwirkung alles ist, ehrlich wollten wir sein, allen, vor allem aber uns gegenüber. Das haben Iso und ich uns geschworen vor zwei Jahren, als alles über uns zusammenfiel. Und ich habe mich nicht daran gehalten.

Etwas in mir zersplittert, als Iso mir den Rücken zudreht, lässt nichts zurück, und ich frage mich, wie Leere weh tun kann. Tränen schießen mir in die Augen. So sollen die mich auf keinen Fall sehen. Ich drehe mich um mich selbst, suche einen Ausweg. Als ich ein paar Schüler entdecke, die mir nur zur Brust reichen, nehme ich meine ganze Kraft zusammen und drängle mich durch. Einem trete ich gegen das Schienbein, und er schreit auf, aber das ist mir egal. Als ich mich durch die schwache Stelle im Kreis gekämpft habe, schaue ich nicht zurück. Ich renne, renne, renne.

MAX

SWOOOOOSH-SPRINT! Als ich endlich im Erdgeschoss ankomme, atemlos, kann ich Kera durch die Glasfront des Eingangs nirgends sehen. Es ist, als hätte ein ungeschickter Cutter den Film geschnitten, der hier gerade geht. Die Szene, die sich jetzt auf dem Pausenhof abspielt, hat nichts mehr mit dem zu tun, was ich beobachtet habe. Die, die eben noch Kera einkreisten, stehen in Grüppchen beieinander – wie immer, kurz bevor die Schulglocke sie in die Klassenzimmer ruft. Und Kera? Verschwunden! Dafür betritt ihre kleine Schwester das Schulhaus. Ich laufe Isobel entgegen. Grober als beabsichtigt halte ich sie am Arm fest.

«Isobel, was ist passiert? Wo ist Kera?»

Sie schüttelt mich ab, bleibt aber stehen.

«Keine Ahnung. Ist mir auch egal. Hauptsache, sie ist weg», sagt sie.

«Du hast recht. Gut, dass sie diesem Mob entkommen ist.»

«Nein, nicht deswegen, sondern weil ich Kera nicht mehr sehen will.»

Sie geht weiter, ohne mich noch eines Blickes zu würdigen. Ich schüttle den Kopf – **DREHEN JETZT ALLE DURCH?** – und stürme nach draußen. Nur wenn ich genau hinhöre, zischen sich die Leute einen Rest Gehässigkeit zu. «Verräterin!» Ich gehe zu Lina, die mit drei Freunden etwas abseits ist. Lina gehört mittlerweile zu den Fair Playern, behält jedoch meistens einen kühlen Kopf.

«Hey, habt ihr Kera gesehen?», frage ich in die Runde.

«Sie ist zur Haltestelle gerannt», antwortet Lina, «und in den nächsten Bus gestiegen.»

«Welche Linie?»

«Keine Ahnung, sorry.»

«Okay, danke.» Ich drehe mich um, gehe aber nur ein paar Schritte weg, weil ich nicht recht weiß, wohin. Mein Anruf landet auf Keras Mailbox. Ich will zur Bushaltestelle – vielleicht hat dort jemand gesehen, in welche Richtung Kera gefahren ist –, als mir jemand die Hand auf die Schulter legt.

«Max, warte.» Ich drehe mich zu Lina um. «Wir wollten dir nur sagen ...» Lina bricht ab. Sie senkt die Stimme, bevor sie weiterspricht. «Also einige von uns finden es auch nicht so toll, wie das eben lief.» Lina schaut mich erwartungsvoll an. Ich erstarre. Nichts hasse ich mehr als Erwartungen, die erfüllt werden wollen, insbesondere von **MIR**.

«Okay», sage ich. Weiter nichts.

Die Schulglocke läutet, und Lina, Enttäuschung auf dem Gesicht, geht mit den anderen Richtung Eingang. Erleichtert sehe ich ihr hinterher, als mir eine einsame Gestalt auffällt, die sich gegen den Strom schiebt. Karl muss seine gesamte Größe und Kraft einsetzen, um sich durch den Pulk zu kämpfen. Er stellt sich vor mich und drückt mir was Fluffig-Nasses in die Hand. Meine pinke Mütze. Keras Mütze. Unsere.

«Jetzt reicht's», sagt er und verschränkt die Arme vor seiner Brust. Die meisten wissen nicht, dass Karl nicht am gefährlichsten ist, wenn er austickt, sondern in den seltenen Momenten der Besonnenheit. So wie jetzt. Automatisch will ich ihm widersprechen, ihn runterbringen, weil ich das immer tue, wenn Karl in diese Stimmung kommt. Aber die Worte wollen nicht raus. Linas Blick fällt mir wieder ein. Eindringlich, als bräuchten sie und ihre Freunde nur jemanden, der ihnen die Erlaubnis gibt. Erlaubnis wozu?

Und plötzlich weiß ich, was Lina und ihre Freunde von mir wollen. Karl verlagert sein Gewicht von einem Bein aufs andere, bleibt aber ansonsten still und wartet auf meine Antwort. Wo seine Muskeln hervortreten, sind die T-Shirt-Ärmel zum Zerreißen gespannt. Ich starre die Ader an, die über Karls Trizeps läuft. Das pulsierende, petrolfarbene Band ist reine Power. Ich muss nur meine Hand ausstrecken und die Kraft dorthin lenken, wo ich sie haben will. Dabei wollte ich das nie. Aber Fair Play hat alles verändert. Es ist weder fair noch ein Spiel, das habe ich mittlerweile kapiert. Leonard hatte recht: *Die Schüler, die Fair Play boykottieren, sind trotzdem Teil des Experiments – ob sie wollen oder nicht.* Die einzige Wahl, die mir bleibt, ist die, ob ich etwas dagegen unternehme.

Kurz schließe ich die Augen und stelle mir vor, wie entspannt es wäre, wenn ich mich weiterhin nicht einmischen würde. Wenn ich die paar Monate einfach ertrage. Aber als ich die Augen wieder öffne, fällt mein Blick auf die Mütze in meiner Hand.

«Yep», sage ich zu Karl und lege die Hand auf seinen Arm. «Jetzt reicht's.»

LEONARD

Ein guter Morgen: blauer Himmel, kaum Wolken. Die Sonne scheint durch das Fenster meines Badezimmers, als wäre sie mein persönliches Spotlight.

Ich mag meine blasse Haut und die hellen Haare nicht. Zusammen mit meinem langen Gesicht geben sie mir was von einem Vampir, nicht die sexy Love-Interest-Ausgabe, sondern die Mit-einem-Bein-im-Grab-oder-doch-zumindest-in-der-Anämie-Version. Aber gerade bringt die Sonne mein Gesicht zum Leuchten. Wie ich mir im Spiegel entgegenstrahle, die polierten Marmorfliesen im Hintergrund: I like what I see. Das hebt meine Laune, und die war sowieso schon gut, seit ich gestern Nachmittag die Videos von Keras downfall gesehen habe. Dabei war ich natürlich nicht, als es passiert ist. Ich darf auf keinen Fall mit der Sache in Verbindung gebracht werden. Das war die App, ein automatischer Prozess. Den habe ich zwar programmiert, aber Kera hat ihn getriggert. Allerdings: Mit einer derart krassen Reaktion der Fair Player habe ich nicht gerechnet. Die sind fast auf Kera losgegangen. Oh well. Sie wird's überleben. Habe ich auch. Immerhin hat sie keiner im Brunnen eingesperrt. Das geht ja nicht mehr. Außerdem: Ich habe die Aktion an einem Freitag gemacht. Das war nett von mir. So hat Kera das ganze Wochenende, um sich zu erholen.

Aber abgesehen von Keras Misere, die heftiger ausfiel als geplant: voller Erfolg. Die denken jetzt alle, die App sei klüger, als sie ist. Keiner wird sich so schnell wieder trauen, Fair Play zu hintergehen. Ich lache. Beinahe verschlucke ich Zahnpasta.

Als ich aus dem Badezimmer komme, lasse ich mich aufs Bett fallen. Ich ziehe meinen Laptop zu mir. Meine tägliche Runde durch die personal accounts steht an. Wer immer mir in der Schule auffällt, positiv oder negativ, den sehe ich mir zu Hause genauer an. Ich schäle so viele Schichten Schein ab, bis nur noch Sein übrig bleibt. Das hat mir immer schon an Fakten, Statistiken und Codes gefallen: Sie lügen nicht. Ich kenne die Menschen hinter den Fassaden. Ich weiß alles.

Matts Freund hat im Bus debil gegrinst, weil er davor eine halbe Stunde auf pornhub war. Iso hat ein Faible für Fantasyromane, bei denen sich Menschenfrauen in übersinnliche Wesen verlieben. Sanne kämpft mit ihrer Süßigkeitensucht. Cemine und Elodie treffen sich heimlich. Jedenfalls sind sie seit Wochen zum gleichen Zeitpunkt im gleichen Café. Manchmal lasse ich Fair Play nach Mustern suchen. Wer hat sein Konto überzogen? Zu welchen Zeiten gehen die meisten ins Rote? Wie viele neue Fair Player sind dazugestoßen? Nur eines bleibt immer gleich.

Einem Account statte ich jedes Mal einen Besuch ab: Linas. Seit wir in einer Klasse sind, finde ich Lina toll. Ich habe ihr immer gerne dabei zugesehen, wie sie ihre Haare um einen Bleistift wickelt, um sie hochzustecken. Gefreut habe ich mich, als ich herausfand, dass sie beim Bäcker auch das bleiche Käsebrötchen kauft, das außer uns keiner mag. Aber das ist nichts gegen die Informationen, die ich aus Fair Play ziehe. Hier sehe ich die Lina, die sonst keiner kennt. Ich mag dieses Mädchen. Lina streicht Butter unter ihre Nutella. Sie geht oft erst um zwei ins Bett, weil sie auf Netflix hängenbleibt, auch an Schultagen. Jede gelesene Nachricht löscht sie sofort, eine einsame Revolte dagegen, dass wir von allen auf alle Ewigkeit gespeichert werden.

Zunächst habe ich online Linas Tage nachvollzogen. Nur in meiner Phantasie war ich bei ihr, bin mit ihr S-Bahn gefahren und einkaufen gegangen. Dann wurde ich mutiger. Ich bin ihr nachgegangen. Mit Abstand, immer im Verborgenen. Schließlich habe ich ein-, zweimal so getan, als ob ich zufällig vorbeikommen würde, und sie in ein Gespräch verwickelt:

«Lina, hi! So ein Zufall! Was machst du hier?»

«Hallo, Leonard. Ich besuche meine Großmutter vor der Schule. Hier im Altenheim. Und du?» Ich dodge ihre Frage, entgegne stattdessen:

«Du rauchst?»

«Nein, nein. Das ist alles für meine Oma. Pastrami-Sandwich, Deo-Spray, zwei Überraschungseier und eine Schachtel Gauloises. Nicht sehr kontofreundlich, ich weiß. Aber ich brauche einen Vorwand, um die Zigaretten reinzuschmuggeln. Außer mir bringt ihr die keiner. Und ich glaube nicht, dass meine Oma Verständnis dafür hätte, wenn sie wegen Fair Play mit fünfundachtzig zur Nichtraucherin werden müsste. Sie weiß nicht einmal, was eine App ist.» Lina lacht. Glockenhell.

«Hey, ich finde, es spricht für dich, dass du das machst, auch wenn du dich danach doppelt einschränken musst, um wieder grün zu werden.»

Letzte Woche kam ich nicht mit leeren Händen. Als Lina um

die Ecke bog, habe ich vor dem Altenheim auf sie gewartet –
mit zwei Stangen Gauloises.

«Für deine Großmutter.»

Ich hatte Angst, dass sie mein Geschenk nicht annehmen
würde, weil doch «dann du ins Rote gehst, Leonard». Aber nach
meinem «Nein, keine Sorge, ich habe genügend Guthaben»
und kurzem Zögern fügte sie hinzu:

«Okay. Danke, das ist lieb von dir.»

Lieb. Fehlt nur noch das e am Ende. Um mich für den Coup
gestern zu belohnen, gehe ich heute direkt zu Linas Account
Ich muss erfahren, was Lina gefrühstückt hat. Samstags gibt
es oft Croissants. Aber als ich Lina aufrufen will, finde ich sie
nicht. Habe ich mich vertippt? Ich versuche es noch einmal,
überprüfe gewissenhaft, ob ich die richtigen Tasten drücke.
Aber Lina bleibt verschollen. Es gibt nur eine Erklärung. Sie
muss ihren Fair-Play-Account gelöscht haben. Schnell checke
ich die aktuelle Zahl der Fair Player. Nicht ein Account fehlt,
sondern Dutzende. Das ist das erste Mal seit dem Launch der
App, dass die Zahl der Nutzer zurückgeht. What the fuck?

Ich checke Linas Social Media. Aber die sind genauso verschwunden wie ihr Fair-Play-Account. Hoffentlich ist ihr nichts
passiert. Es ist, als hätte sie sich selbst ausgelöscht. Panik steigt
in mir hoch. Meine Gedanken wandern zurück zu den Zeiten,
als ich selbst nicht mehr hier sein wollte. An meine social media profiles habe ich nie gedacht. Wer aufhören will zu existieren, fängt nicht im Internet damit an. Höchstens als Hilferuf?
Wobei: Das hätte sich widerspiegeln müssen in Fair Play. Wer
sich etwas antun will, kauft sich am Tag davor kein neues Top.
Das macht doch alles keinen Sinn. Es sei denn ...

Ich logge mich aus und suche anonym nach ihren Seiten. Alle wieder da. Als mir klarwird, dass Lina mich geblockt hat, wird mir gleichzeitig heiß und kalt, so sehr schäme ich mich. Ich starre die letzte Seite an, die ich aufgerufen habe. Das Icon an Linas profile pic ist verschwunden. Ihre Bio hat sie geändert. Seit Lina die App runtergeladen hat, lautete die Beschreibung schlicht «Fair Player». Ich kann mich gut daran erinnern, denn ich habe sie kopiert. So habe ich mich ihr nahe gefühlt. Wir waren Teil derselben Bewegung.

Jetzt steht unter Linas Bild: «Proud Foul Player. Because Fair Play is not a gamc.» Shit. Shitshitshitshit. Was habe ich nur getan?

ELODIE

732	91.034	579
Beiträge	Abonnenten	Abonniert

Ihr habt sicher mitbekommen, was am Freitag an unserer Schule passiert ist. Kera wurde von #fairplay beim Schummeln erwischt. Meine Meinung dazu:

Mehr tippe ich erst einmal nicht. Das hier ist ein Notfall-Fair-Play-Four-Treffen. So hat Leonard es genannt, als er es noch vor der ersten Unterrichtsstunde am Montag einberufen hat. Bevor ich was poste, will ich wissen, warum.

Noch blasser als sonst sitzt Leonard auf einem der Tische. Seine Beine berühren den Boden. Er starrt ins Leere. Es ist eine Weile her, seit wir uns hier kurz vor dem Launch der App zum letzten Mal trafen. Tische, Stühle, Leute, zumindest die, die schon da sind, sind dieselben, aber damals war die Stimmung euphorisch. Selbst Max hat sich irgendwann anstecken lassen.

Als ich heute den Raum betrat, hat mich Leonard kaum gegrüßt. Ich nehme an, es geht um Kera. Cemine hat mich am Wochenende gedrängt, die Aktion auf dem Schulhof zu verdammen, aber ich habe mich still verhalten. Das hat zu unserem ersten großen Streit geführt.

Sie: Hast du das Video gesehen, das Lina gepostet hat? Du musst dich unbedingt gegen diese Attacke aussprechen. Die arme Kera! Als ich sie am Freitagabend gesehen habe, hat sie die ganze Zeit geheult.

Ich: Schon, aber ich muss vorsichtig sein. Viele der Fair Player, die Kera angegriffen haben, gehören zu meinen Leuten. Und ich kann mir nicht leisten, einen Teil meiner Abonnenten zu verärgern.

Sie: Aber du wolltest doch keine Kompromisse mehr eingehen. Wenn du wieder deine Meinung irgendwelchen strategischen Überlegungen unterordnest, hättest du gleich beim Nagellack bleiben können.

Ich: Du verwechselst deine Meinung mit meiner.

Sie: Heißt das, du findest okay, was die mit Kera gemacht haben?

Ich: Natürlich nicht. Aber die Wut der Fair Player ist doch nachvollziehbar. Kera hätte nicht schummeln dürfen.

Sie: Kera hat das nicht mit Absicht gemacht. Das war ein Fehler von Fair Play. Diese App ist einfach zu mächtig.

Ich: Wenn Kera eines nicht ist, dann ist das blöd. Natürlich wusste sie, was sie tut.

Sie: Dafür, dass du kaum mit ihr sprichst und sie nicht leiden kannst, scheinst du sie ziemlich gut zu kennen.

Ich: Ich habe nie gesagt, dass ich Kera nicht leiden kann.

Sie: Gesagt nicht, aber ich spüre das. Und überhaupt ... wenn ich nicht die Nacht bei dir verbracht und deswegen zu spät gekommen wäre, hätte ich eingreifen können.

Ich: Cemine bitte ... Was hättest du denn gegen die aufgebrachte Menge ausrichten können?

Sie: Ich habe vielleicht keine fünfstelligen Abonnentenzahlen, aber an der Schule gilt mein Wort was. In der Realität, nicht in dieser Lala-Welt, die du dein Leben bestimmen lässt. Ich bin immerhin zur Klassensprecherin gewählt worden.

Und so weiter und so fort. War ja klar, dass sich unser erster Streit um Kera drehen würde. Als ob sie mein Stichwort gehört hätte, schiebt sich Kera durch die Tür herein – na ja, so was Ähnliches wie sie, nur in farblos.

«Da bist du ja», sagt Leonard. «Dann können wir loslegen.»

«Wollen wir nicht auf Max warten?», fragt Kera. Sie sieht aus, als hätte sie kaum geschlafen in den letzten Tagen, und setzt sich in einiger Entfernung von Leonard und mir hin.

«Er schafft es nicht», antwortet Leonard. «War wohl übers Wochenende in irgendeinem Hotel an der Ostsee mit seinem Vater und kommt erst morgen zurück. Tja, als Foul Player kann er das natürlich machen.»

Kera überhört Leonards Spitze und nickt matt. Auf einmal kann ich Cemine verstehen, und Kera tut mir wahnsinnig leid.

«Warum sind wir hier, Leonard?», frage ich, um das Meeting endlich in Gang zu bringen und Kera zu erlösen. Pflaster abreißen ist immer besser, als ewig daran rumzupulen.

«Fair Play verliert User. Übers Wochenende sind fast dreißig Leute abgesprungen. Heute Morgen» – er checkt sein Handy – «noch mal sieben.»

«Weißt du, warum?» Déjà-vu. Erst verliere ich Abonnenten, jetzt Mitspieler. Ich hasse es, wenn einem was genommen wird, das man mühsam erreicht hat. Das ist schlimmer, als es nie zu bekommen.

«Die Leute, die am Freitagnachmittag Fair Play als Erste ge-

löscht haben, gehören zu dem Freundeskreis um, ähm, Lina.»
Ich grinse in mich hinein, weil Leonard den Blick senkt, als
wäre es ihm peinlich, Linas Namen auszusprechen. «Das habe
ich durch Zufall herausgefunden. Aber dann hat das App-Lö-
schen um sich gegriffen. Es zieht sich über sämtliche Stufen.
Mir fällt nur eine mögliche Ursache dafür ein. Das Einzige, was
sich geändert hat, ist ...»

«... dass Kera in Ungnade gefallen ist», beende ich seinen
Satz. Gleich danach sage ich «Sorry!», weil ich weiß, wie sich
das für sie angehört haben muss. Kera hebt den Kopf und dann
abwehrend die Hände.

«Ich habe denen nicht gesagt, dass sie die App löschen sollen.»

«Das will auch keiner andeuten.» Leonard sieht Kera an.
Falls er Mitleid mit ihr hat, zeigt er das nicht. Pokerface. «Aber
der Stimmungsumschwung muss irgendwie mit dem zusam-
menhängen, was dir am Freitag auf dem Schulhof passiert
ist», fährt er fort. «Und wir müssen uns was einfallen lassen,
um diese Austrittswelle zu stoppen. Mit jedem, der rausgeht,
sinkt der erlaubte Verbrauch der verbleibenden Fair Player. Die
Gefahr, dass sie frustriert werden und auch aussteigen, wird
größer und größer. Das hier könnte der Anfang vom Ende für
das Experiment sein.» Den unrühmlichen Tod seiner App vor
Augen, flackern doch Emotionen über Leonards Gesicht, wenn
auch nur kurz. Ich muss wieder an Cemines Ausbruch denken.
Ich vermisse sie. Damit wenigstens ihre Gedanken bei mir
sind, teile ich ihre Theorie mit den anderen:

«Die Ex-Fair-Player hat abgeschreckt, dass die App so viel
Macht hat. Dass sie scheinbar allwissend ist und wie heftig

Kera das zu spüren bekam. Als die öffentlichen Attacken gegen Foul Player gingen, waren das ‹die anderen›. Jetzt haben viele einfach Angst, dass sie selbst als Nächstes dran sind. Wir müssen klarmachen, dass die App immer noch für Zusammenhalt steht. Dass die Fair Player eine Gemeinschaft sind, zu der sie dazugehören wollen.»

«Und wie sollen wir das anstellen?» Leonard wiegt hilflos sein Handy in den Händen. Jenseits seiner geliebten Codes ist er einfach nicht zu gebrauchen. Kera hängt immer noch in ihrem Stuhl wie ihre eigene Zombie-Version. Es ist an mir, das Projekt zu retten.

Fair Play unterscheidet sich nicht so sehr von einem Influencer. Die Fair Player machen genau wie meine Leute mit, weil sie hinter dem Inhalt stehen. Dass die Fair Player sich gegen einen der ihren wendeten, war nicht *on brand*. Das ist, als würden sich statt der Jungs von BTS plötzlich bärtige Bayern durch deren Musikvideos jodeln oder als würden die Kardashians und Jenners nur noch Bilder von sich posten, auf denen sie ohne Make-up in ausgeleierten Jogginghosen auf der Couch rumlungern. Die Kardashians oder ich, die mittellose Hochstaplerin.

Bei dem Gedanken an Green Fairys Drohung zieht sich alles in mir zusammen. Ich habe Cemine nichts davon erzählt. Erst will ich einen Plan haben, wie ich mit Green Fairy umgehe. So habe ich das immer gemacht: Ich habe meine Probleme allein gelöst und erst dann die anderen darüber informiert. Bislang bin ich gut damit gefahren und mit Green Fairy werde ich auch fertig werden. Aber das kann warten. Eins nach dem anderen!

Ich konzentriere mich wieder auf Leonards Frage. Wenn Fair Play ein Influencer wäre, wo würde ich ansetzen? Was interessiert meine Leute neben meinen Inhalten? Was ist für die Werbefuzzis noch wichtiger als Abonnentenzahlen, weil sie wissen, dass das eine langfristige und starke Bindung an meinen Account bedeutet? *Engagement.* So nennen die die Interaktion meiner Leute mit mir und untereinander. Die Emojis, die Kommentare, die Antworten, das Teilen meiner Inhalte auf ihren eigenen Plattformen. Das alles fehlt bei Fair Play. Klar, die Fair Player können auf die Seiten ihrer Mitspieler gehen, dort, wo das rote oder grüne Icon leuchtet. Aber das ist mühsam und abstrakt und indirekt und geht oft nur, wenn sie mit dem anderen vernetzt sind. Es gibt nicht den einen Ort, die eine Sprache, über die sie miteinander kommunizieren können. Die Fair Player haben kein Zuhause. Sie können nicht wirklich mitmischen bei der App, aber das lässt sich ändern.

Ich halte den Atem an, als mir bewusst wird, was für eine Idee ich gerade hatte. Wie weit sie reicht. Wenn ich Leonard dazu bringe, das umzusetzen, würde ich nicht mehrere Fliegen mit einer Klappe schlagen, sondern mit dem Insektenspray auf sie losgehen. Ich sehe zu Leonard und Kera, er ratlos, sie mutlos. Die Chancen, mit meinem Einfall durchzukommen, könnten nicht besser stehen. Dass er nicht ganz uneigennützig ist, muss ja keiner wissen. Er würde so viele meiner Probleme auf einmal lösen, dass ich mich kaum getraue, ihn auszusprechen, aus Angst, dass es doch nicht klappt. Ich könnte damit die Fair Player bei der Stange halten. Meine Abonnentenzahlen boosten. Den Weg ebnen für meine Versöhnung mit Cemine. Und wenn ich es richtig anstelle, könnte ich sogar meine Geldsorgen eindämmen. Jetzt weiß ich, was ich posten werde.

Meine Meinung dazu: Ich kann verstehen, dass einige von euch wütend wegen Keras Betrug waren. Aber unsere Mit-Fair-Player fertigzumachen, entspricht nicht dem Spirit des Experiments. Jeder von uns gibt sein Bestes. Und wir sollten uns dabei unterstützen, nicht die bestrafen, die mit den Konten nicht zurechtkommen. Deswegen werden wir in den nächsten Tagen eine neue Funktion für die App einführen, mit der wir uns gegenseitig motivieren können, unser gemeinsames Ziel zu erreichen. Stay tuned!

Zu Leonard und Kera sage ich: «Wie wir das anstellen? Ganz einfach!» Ich lege ein riesengroßes Lächeln auf, eines, mit dem ich den Missmut der anderen wegstrahle. «Wir machen die persönlichen Guthaben übertragbar.»

KERA

In diesem Teil der Stadt war ich noch nie. Weit ist er nicht von meinem Zuhause entfernt, aber gefühlt schon. Der Bus – und ja, die Fahrt wurde von Fair Play aufgezeichnet, ihr Superschlauch schaukelt an gelben Grünflächen vorbei, an Hochhäusern, die nach Kleinstadt aussehen. Dann hält er. Das Einzige, was noch mysteriöser ist als die Frage, warum Elodie mich treffen will, ist die, warum sie mich ausgerechnet hierher bestellt hat. Wenn ich mich schon alleine mit unserer Chefdemagogin auseinandersetzen muss, hätte ich das gerne auf dieser Dachterrasse getan, von der sie immer ihre Live-Videos schaltet. Vorzugsweise mit einem Drink, der mir ihre Gesellschaft erträglicher macht.

Elodie wartet an der Bushaltestelle auf mich. Sie sieht anders aus als sonst. Besser. Graues Sweatshirt mit Volants an den Schultern, ausgewaschene Jeans, die ihre Farbe nicht durch Chemie, sondern durch Tragen bekommen haben, Veja-Turnschuhe, die Haare zu einem wilden Dutt gesteckt, kein Make-up.

«Hey, du», sagt Elodie. Sie setzt zu einer Begrüßung an, Umarmung oder – noch schlimmer – Küsschen-Küsschen, ich weiche zurück, weil das kein normales Elodie-Kera-Verhalten ist, und das Ganze endet mit dem Zusammenstoß unserer Köpfe und sehr viel Verlegenheit.

«Selber hey», antworte ich. «Warum bin ich hier?»

«Komm!» Elodie führt mich von der Bushaltestelle weg durch Wohnviertel, in denen auch tagsüber Erwachsene auf der Straße abhängen. Auf dem Weg halten wir bei einem vietnamesischen Schnellimbiss.

«Bester Kaffee Berlins», sagt Elodie. Sie zieht einen Mehrwegbecher aus ihrer Tasche. Ich habe meinen nicht dabei – woher sollte ich auch wissen, dass ich den brauche? – und sofort schlechte Laune deswegen. Demonstrativ stecke ich die Hände in die Hosentaschen und blicke finster drein. Elodie tut so, als sähe sie es nicht, und holt einen zweiten Becher hervor.

«Schwarz?», fragt sie. «Oder mit Hafermilch?»

«Kuhmilch», antworte ich. «Und spar dir deinen Atem. Ich weiß selber, dass die weniger Fair-Play-tauglich und überhaupt out ist. Aber sie schmeckt mir nun mal.»

«Mir ist es egal, wie du deinen Kaffee trinkst», antwortet Elodie, und ich glaube ihr, weil es nicht selbstgefällig rüberkommt, sondern sachlich.

Becher in der Hand, gehen wir zu einer riesigen, freien Fläche, umrahmt von Hochhäusern in dreckigen Pastellfarben. Das hier muss die einzige Ecke in Berlin sein, in der Platz nichts wert ist. Zwei Jungs, die gleich angezogen sind, nutzen den Freiraum und spielen selbstvergessen Fangen. Elodie steuert auf einen Spielplatz am Rande des Platzes zu. Er besteht aus wenig mehr als einer rostigen Schaukel und einem Drehkarussell, das im Wind eiert. Elodie setzt sich auf das Karussell. Es neigt sich bedenklich zur Seite und ich nehme gegenüber von ihr Platz, um die Schräglage auszugleichen.

«Ich habe einen Vorschlag für dich.» Elodie verliert keine

Zeit. «Wenn du willst, gleiche ich ab jetzt dein Fair-Play-Konto aus.»

«Du willst mir Guthaben übertragen?»

«Verkaufen. Den Preis müssen wir noch verhandeln. Billig wird es nicht. Kommt darauf an, wie viel du hast. Aber wir werden uns schon einig.»

«Warum willst du mir helfen?»

«Sagte ich doch: für Geld.»

«Entschuldige, Elodie, das nehme ich dir nicht ab. Du verdienst doch mit deinen Social-Media-Geschichten mehr als genug. Außerdem widerspricht dein Vorschlag dem Kern von Fair Play, dem Kern *meiner* Idee.»

«Wieso? In dem Moment, in dem Leonard die neue Funktion freischaltet, ist das alles ganz offiziell. Wenn es nicht okay wäre, was wir machen, würde es technisch auch nicht gehen.»

«Du weißt genau, was ich meine, Elodie! Gemeinnütziges Verhalten ist die Währung der Konten, nicht Geld! Fair Play muss die Leute zeigen, wie sie sind. Und mit den Guthabenübertragungen sollen wir einander anspornen. Niemand soll sich freikaufen können. Erst recht nicht ich! Wenn das rauskommt, bin ich geliefert, und das ganze Experiment wird unglaubwürdig.»

«Niemand wird davon erfahren. Das bleibt unser Geheimnis.»

«Aber *ich* weiß, was wir machen!» Das letzte Mal, als ich dabei zusah, wie wirtschaftliche und gemeinnützige Interessen aufeinanderprallten, wurde jemand zwischen den beiden Seiten zerdrückt. Ich werde nicht zulassen, dass das bei Fair Play auch passiert.

«Dann musst du dich wohl entscheiden. Willst du weiterhin auf deinen Prinzipien rumreiten und bis zum Ende des Jahres eine beschissene Zeit haben, nur damit du am Ende sagen kannst, dass du keinen Zentimeter von deinem Ursprungskonzept abgewichen bist? Oder kannst du loslassen?»

«Aber ich trage die Verantwortung dafür, was mit Fair Play passiert.»

«Die trägst du nicht allein. Die tragen alle Mitglieder der Fair Play Four. Stell dir vor, die App würde unsere Schule verlassen und auf die Realität treffen. Das ist es doch, wofür sie geschaffen wurde. Dann würden die Menschen ihre Funktionen so nutzen, wie sie in ihren Alltag passen. Wäre das nicht besser, als die App ewig im geschlossenen Testraum einzusperren, wo sie nicht wirklich was bewegen kann? Sieh Fair Play nicht so, wie du es angelegt hast, sondern wie es ist! Lass es atmen! Lass uns atmen!»

Ich will das nicht, aber Elodies Argumente dringen langsam zu mir vor. Große Ideen, die nicht zu großen Bewegungen werden, bleiben zwischen Buchdeckeln eingeschlossen, wo sie irgendwann mit dem Papier zu Staub zerfallen. Nur wenn die Leute sie sich zu eigen machen, leben sie. Das ist das, was mich daran so fasziniert.

«Würde es nicht auffallen, wenn ich plötzlich nicht mehr ins Rote gehe?», frage ich.

«Na ja, wir könnten eine nette kleine Geschichte drumrum stricken. Nichts lieben die Leute mehr als gefallene Heldinnen, die wiederauferstehen, geläutert, demütig, sich für die Sache aufopfernd.»

«Du bist ganz schön zynisch.» Ich verschweige, dass sie mir das sympathischer macht.

«Habe nie gesagt, dass ich das nicht bin.» Elodie dreht nervös den Kaffeebecher in ihren Händen. «Also, was ist nun?»

Ich male mir aus, wie das wäre, so ein immergrünes Konto zu haben. Keine Finger, die auf mich zeigen, keine Anfeindungen, dafür Respekt. Ich könnte mit zehn Latte macchiatos am Neuntklässler vorbeigehen, und ihm bliebe nichts anderes übrig, als den Kopf zu senken. Iso müsste mir verzeihen, wenn sie sähe, wie entschlossen ich mich den Auflagen beuge, wie sehr ich mich zusammenreiße. Ich könnte es wieder mit Max probieren, und dieses Mal würde Fair Play nicht dazwischenfunken. Meine Gedanken wandern zurück zu unserem Picknick. Max' Daumen ist wieder an meinem Mundwinkel, und dieses Mal meldet sich die App nicht, denn ich habe genügend Guthaben für Avocado-Sandwiches. Max nimmt meinen Kopf in beide Hände und ...

«Kera?»

Elodies Stimme pfuscht in meinen Tagtraum. Sie erinnert mich daran, von wem das Angebot kommt. Ich würde dem Teufel meine Seele verkaufen, einem stylishen Teufel, der manchmal bestimmt Prada trägt, aber das macht es auch nicht besser. Da sind nicht nur Iso, Max und unterwürfige Neuntklässler. Da ist auch Elodie. Sie muss einen Hintergedanken bei der Sache haben. Vielleicht will sie mich von sich abhängig machen. Lasse ich mich auf den Deal ein, könnte sie mich in den Abgrund stoßen, jederzeit. Wenn ihr irgendwas nicht passt, wenn sie mehr Geld und ich nicht zahlen will ... ich wäre erpressbar. Es wäre Wahnsinn, ihr so viel Macht über mich zu geben.

«Nein», sage ich, auch wenn ich Max' Hände immer noch

an meinen Wangen fühlen kann. «Sorry, ich kann nicht, weil ... weil ...»

«Weil du mir nicht traust.»

«Weil ich dir nicht traue. Du könntest mich jederzeit verraten.»

«Ich habe mir gedacht, dass du dich mir nicht so einfach auslieferst. Blöd bist du nicht.»

«Bietest du mir jetzt gleich einen Schwur an auf irgendwas, das dir wichtig ist? Nagellack vielleicht?»

«Ich könnte beim Grab meines Vaters schwören, aber das wird nicht nötig sein.»

Sofort bereue ich meinen unüberlegten Spruch. Hoffentlich ist Elodies Vater nicht wirklich tot. Wie wenig ich über ihr Leben weiß ... Ich bin froh, als sie einfach weiterredet:

«Weißt du, warum ich dich hierhergebeten habe?»

«Weil das hier der neue Szenekiez ist und das außer dir nur noch keiner gemerkt hat?»

Ich meine das ernst, aber Elodie lacht. Es klingt nicht, als fände sie meine Bemerkung lustig. Nur bitter.

«Ich wohne hier.»

«Ja, sicher!»

Elodie winkt den beiden Jungs zu, die immer noch Fangen spielen. Sie winken zurück.

«Du kennst die?», frage ich.

«Das sind meine Brüder. Dort oben ist mein Zimmer.» Sie zeigt auf ein ockerfarbenes Hochhaus. In einem der mittleren Stockwerke glitzert etwas im Fenster. Ich kneife die Augen zusammen, bis ich das silberne Paillettenkleid erkenne, das Elodie zu stufen- und geschlechterübergreifender Begeisterung beim letzten Schulball getragen hat. Sie muss es als Beweis dort hingehängt haben.

«In etwa zehn Minuten müsste meine Mama von der Arbeit im Altenheim kommen. Sie kann das alles bestätigen», sagt Elodie. «Erwähne auf keinen Fall irgendwelche Apps und Deals. Offiziell haben wir zusammen gelernt. Und sei höflich, wenn du mit ihr sprichst. Du bist die erste Schulkameradin, die ich nach Hause bringe. Meine Mama macht sich sowieso ständig Sorgen, dass ich mit den falschen Leuten abhänge, seit dieses Internet-Ding durch die Decke ging. Du wirst ihr gefallen, weil du so ... normal bist.»

Ich muss mit offenem Mund dagesessen haben, denn Elodie schiebt sanft mein Kinn nach oben. Als ihre Hand sich meinem Gesicht nähert, zucke ich nicht zurück – so perplex bin ich.

«Du hast recht», sagt Elodie. «Ich kann dich jederzeit auflaufen lassen, wenn du den Deal mit mir eingehst. Mit deiner Vorgeschichte wäre die Schule dann die Hölle für dich. Deswegen muss ich dir etwas gegen mich in die Hand geben, so ungern ich das tue, denn, glaub mir, ich traue dir genauso wenig wie du mir.»

Sie nimmt einen sehnsüchtigen Schluck vom besten Kaffee Berlins, als wolle sie damit die ganze Stadt in sich aufnehmen. «Meine Familie ist arm. Der Glamour ist fake. Nun kennst du mein Geheimnis. Damit kannst du meine Influencer-Karriere mit einem Post beenden.»

Sie setzt ein süffisantes Lächeln auf. «Wenn das mal kein Fair Play von mir ist.»

MAX

LIEBLINGSBAND-ALBUM-DROP-VORFREUDE! Das ist der
erste Tag in meinem Leben, an dem ich es nicht erwarten kann,
zur Schule zu gehen. Ich will Kera sagen, was ich für sie getan
habe, und meine Foul Player sehen. Habe lange gebraucht.
Aber als der Text an Lina raus war, war meine Erleichterung
groß, und als wir unseren Plan ausgearbeitet und ins Rollen
gebracht hatten, noch größer. Mir war nicht klar, wie sehr mir
Fair Play zu schaffen gemacht hat, dieses Ausgeliefertsein, bis
ich endlich was dagegen unternommen habe.

Kurz vor meiner Abreise an die Ostsee traf ich Lina. Mein
Vater hat mich dann bei ihr zu Hause abgeholt. Sogar die paar
Tage mit ihm in Heiligendamm waren okay, das Wetter gut, das
Hotel teuer, dementsprechend das Essen fein, die Sonnenun-
tergänge am Strand genial, Papa weniger nervig als sonst. Oder
ich weniger genervt als sonst. Selbst unseren Abschied jetzt im
Audi meines Vaters kann ich aushalten. Wir haben um vier in
der Früh ausgecheckt, und er hat mich zur Schule gefahren.

Kaffeeduft vermischt sich mit dem Geruch seines Autos.
Die Audis meines Vaters riechen immer neu. Er wechselt sie
alle paar Jahre, meistens mit seiner Partnerin. Neue Freundin,
neues Auto.

«Das ... das war wirklich was», sagt er. Seine Hand bewegt

sich in Richtung meines Kopfs, dreht aber auf halber Strecke um und streicht durch seine eigenen Haare. Ich mag die Nicht-Geste. Ohne Ausführung bleibt die Absicht länger hängen zwischen uns.

«Ich fand's auch gut, Papa.»

«Nächsten Monat wieder?»

«Vielleicht übernächsten.»

«Cool», sagt er, und ich zucke zusammen. «Viel Glück mit dem Mädchen.» Er zwinkert mir zu. «Go get her, tiger!»

Ich habe den Fehler gemacht, meinem Vater am letzten Abend in der Hotelbar zu erzählen, dass es jemanden gibt, den ich gut finde. Wahrscheinlich denkt er, dass ich Lina meine. Aber ich hüte mich, das aufzuklären.

«So machen wir das nämlich, wir Bianchi-Männer», sagt mein Vater. Er streckt noch mal die Hand aus, und dieses Mal streift sie meine Haare, ganz kurz, ganz leicht. Ich ärgere mich, dass er die zaghafte Bewegung von vorhin kaputt gemacht hat.

Mein Vater holt sich seinen Arm zurück und verschränkt ihn mit dem anderen. «Deswegen werde ich auch Rebecca im Frühling heiraten», sagt er in seiner Business-Stimme, die einen Tick tiefer ist als seine normale und die ich sonst nur von Telefonaten kenne, in die ich platze.

Die Stelle, an der er mich berührt hat, brennt plötzlich höllisch. Das war ein **BULLSHIT-AUSFLUG!** Mein Vater wollte überhaupt keine Zeit mit mir verbringen. Er wollte mich einnorden auf die zweitbeschissenste Entscheidung seines Lebens. Die erste war die, dass er meine Mutter verließ. Und dann schafft er es nicht einmal, die drei Tage in Heiligendamm zu nutzen, sondern überfällt mich jetzt damit und vermiest mir einen Tag, der ein guter werden sollte. Ich stoße die Autotür so hart auf, dass selbst die kundendienstverhätschelten Luxusscharniere protestieren.

«Tschüs, Papa!», sage ich und knalle die Tür hinter mir zu. Mein Vater steigt aus und ruft mir etwas hinterher. Was, verstehe ich nicht. Will es auch nicht verstehen.

Ich renne über den Hof. In der Schule nehme ich zwei Stufen auf einmal, um möglichst schnell möglichst **viel** Distanz zwischen mich und meinen Vater und möglichst **wenig**Distanz zwischen mich und Kera zu bringen. Was gerade passiert ist, macht alles heute noch wichtiger, macht **SIE** noch wichtiger.

Die Wenger ist schon im Klassenzimmer und sieht mich streng an, als ich mich auf meinen Platz setze. Karl haut mir zur Begrüßung auf den Rücken, und ich presse die Stelle mit aller Kraft an die Stuhllehne, damit ich etwas anderes fühle als klebrige Sahne an meinen Fingern, wenn ich meinen Vater mit Hochzeitstorte bewerfe.

Bevor mein Vater seine Bombe platzen ließ, hatte ich vor, Kera nach der Schule abzupassen, damit wir in Ruhe reden können. Ich schaffe es bis zur großen Pause. Dann halte ich es nicht länger aus. Ich will zu Kera, aber Karl hält mich fest und knallt einen Stapel rostroter Blätter auf meine Seite des Tischs.

«Du hilfst mir beim Verteilen, oder? Wie jedes Jahr? Von dir nehmen die Mädchen die Flyer lieber.»

«Klar. Später», antworte ich, sehe ihn kaum an dabei. Ich gehe zu Kera, obwohl sie gerade mit Cemine redet.

«Hey, hast du kurz Zeit?», frage ich, bevor ich es mir anders überlegen kann. Falls Kera überrascht ist, dass ich ihr Gespräch störe, lässt sie es sich nicht anmerken.

«Zeit für?»

«Mich!»

«'kay», sagt sie und dann «Sorry» zu Cemine, die ergeben mit den Schultern zuckt.

Kera und ich gehen nach draußen. Mein Ziel ist der kleine Park, der weit genug von der Schule entfernt ist, um dort keine Mitschüler anzutreffen, und nahe genug, um es in der großen Pause hin und zurück zu schaffen, wenn wir einen Teil der Strecke rennen. Das war leichter als gedacht. Schön, dass Kera neben mir so strahlt, aber seltsam. Die Sache vom Freitag sollte sie mehr mitnehmen. Und das unschöne Ende unseres Dates! Fast bin ich beleidigt, dass ihr das so wenig ausmacht. Aber vielleicht hat sie schon mitbekommen, dass Fair Play Nutzer verliert, und freut sich deswegen. Leonard hat das Fair-Play-Four-Treffen gestern bestimmt deswegen einberufen.

Im Park setzen wir uns auf eine niedrige Mauer. Die Sonne hat sie aufgewärmt. Vögel hüpfen und flattern umeinander. Mehr Frühling als Herbst, das alles. Passend für unseren Neuanfang.

Ich drehe mich zu Kera und halte mich gerade noch davon ab, ihre Hände in meine zu nehmen.

«Ich will mich entschuldigen», sage ich und sehe ihr in die Augen.

«Ich mich auch!»

«Wegen unserem Streit beim Picknick?»

«Ja!»

«Ich auch! Ich war ...»

«Ich war ...»

«... etwas ...»

«... etwas ...»

«... überempfindlich ...»

«... radikal ...»

«Sorry», sagen wir gleichzeitig und lachen über so viel Übereinstimmung.

«Aber jetzt weiß ich, dass ich das runterfahren muss», sagt Kera. «Als ich es am eigenen Leib zu spüren bekam, war das furchtbar. Und ich glaube, dass viele Fair Player an der App nicht mögen, wie sie uns in Gruppen spaltet. Deswegen ...»

«... löschen sie Fair Play», sage ich und genieße, dass wir immer noch gleich denken. Doch Kera sieht mich plötzlich misstrauisch an.

«Woher weißt du das?», fragt sie. «Du warst bei dem Treffen gestern nicht dabei. Hat Leonard dich informiert? Oder Elodie?»

«Nein. Ich weiß das schon länger als du und Leonard.» Jetzt bin ich doch etwas nervös, wie Kera reagieren wird, wenn ich ihr von Linas und meiner Aktion erzähle.

Ich gebe mir einen Ruck. «Das war ich», sage ich.

«Ich verstehe nicht ...» Den Gesichtsausdruck kenne ich nicht bei Kera. Fasziniert beobachte ich, wie sie in den seltenen Momenten aussieht, in denen sie etwas nicht gleich kapiert, bevor ich sie aufkläre.

«*Ich* habe die Leute dazu gebracht, die App zu löschen.»

«Du hast Stimmung gegen Fair Play gemacht?»

«Stimmung musste ich nicht machen, die war schon da.» In Gedanken entschuldige ich mich bei Lina dafür, dass ich ihren Beitrag auslasse. Aber ich will, dass Kera sich auf mich konzentriert. Sie soll sehen, dass ich was auf die Reihe kriege, wenn ich will. «Die anderen brauchten einfach jemanden, der ihnen sagt, dass es okay ist, wenn sie handeln, wie sie fühlen. So wie die Wenger akzeptiert hat, dass ich die App nicht runterlade. Und der Eichner.»

«Eichner? Der Bildungssenator? Was hat der denn damit zu tun?»

«Er hat die Schule besucht und ein Interview mit der Wenger zu Fair Play aufgezeichnet.»

«Das kann nicht sein! Kein Teilnehmer hat ein Interview bekommen, erst recht nicht mit dem Initiator des Wettbewerbs. Und Eichner muss doch unparteiisch sein. Er kann niemanden bevorzugen. Außerdem hätten dann die Schüler zu Wort kommen müssen. Das ist Eichners Ding, die Jugendlichen selbst sprechen zu lassen – zumindest offiziell.»

«Vielleicht war die Presse nur an unserem Projekt interessiert. Hier, die hat der Eichner mir gegeben.» Ich krame die Visitenkarte vom Eichner aus meiner Hosentasche. Macht mich stolz, dass ich sie Kera zeigen kann. Hätte ich auch früher dran denken können. Kera interessiert sich für Politik, und anscheinend interessiert sich die Politik für mich. «Der Eichner findet unser Projekt gut. Und meinen Beitrag. Fördert den demokratischen Charakter des Experiments, sagt er.»

Kera nimmt die Visitenkarte und betrachtet sie.

«Politiker finden dich nur gut, wenn sie dich für ihre Zwecke einspannen können. *Was du willst, dass man dir tu, da bringst du einen andern zu.* Eichner war auf dem Schulgelände?»

«Ja, am Freitag, kurz bevor du, also kurz vor deinem ...»

«Mobbing.» Wieder bin ich erstaunt, dass sie kein Problem mit dem zu haben scheint, was ihr passiert ist.

«Du musst den Eichner knapp verpasst haben», sage ich.

«Halt dich von dem fern, Max.» Kera gibt mir die Visitenkarte zurück. «Am besten zerreißt du die gleich hier und jetzt.»

«Wieso das denn?»

«Christoph Eichner ist gefährlich.»

«Der kam eigentlich ganz nett rüber. Bisschen bemüht vielleicht ...»

«Glaub mir, der benutzt dich. Ich weiß, wovon ich rede, wie jeder, der sich mit Politik ein bisschen auskennt.» Es ist das erste Mal, dass Kera ihre Überlegenheit ausspielt. Sie sieht mir an, dass ich das nicht gut finde. Ich stecke die Visitenkarte gut sichtbar in meine Brusttasche.

«Weißt du was», sagt Kera leichthin, «lass uns dieses ganze Drumherum einfach vergessen. Eichner, den Vorfall am Freitag, Fair Plays Avocado-Weisheiten – wir tun so, als ob das alles nicht existiert in unserer Welt.»

«**UNSERER** Welt?»

«Unserer Welt!» Kera rückt näher an mich ran. «Ab jetzt zählen nur wir. Wir lassen Fair Play Fair Play sein.»

«Wie soll das gehen? Diese App, ihre Verfechter, ihre Gegner sind überall.»

«Ich hänge mich nicht mehr so rein ins Projekt, gehe entspannter mit dem Konto um, und du lässt die Nutzer in Ruhe. Mir zuliebe?» Sie spiegelt meinen Move beim Picknick und streicht mit dem Daumen über meinen Mundwinkel.

«Ich habe nicht wirklich was im Gesicht, oder?», frage ich.

«Nein», sagt sie. Sie lässt den Daumen an meiner Wange. Die zweite Hand kommt auf der anderen Seite dazu. Kera küsst mich, und das Einzige, was mich noch interessiert, ist, wie lange ihr Mund auf meinem bleibt, wie lange ihre Zunge meine umspielt, weil das das krasseste und unglaublichste und ... noch mal was in die Richtung, nur größer, *schneller*, w e i t e r ... Gefühl aller Zeiten ist.

Als wir voneinander lassen, will ich mich irgendwie revanchieren. Ich zerreiße die Visitenkarte vom Eichner in zwei Teile, stehe auf und werfe sie in den nächsten Mülleimer. Als ich zurückkomme, ist Kera von der Mauer gerutscht. Sie lächelt.

«Lass uns gehen, ist schon spät», sagt sie und nimmt meine Hände.

Ich weiß, dass das die Gelegenheit wäre, Kera noch einmal zu küssen, aber etwas hält mich davon ab.

«Ich komme gleich nach», sage ich. «Hole mir noch kurz bei Dragomir was zu trinken. Ist ja nur ein kleiner Umweg.»

«Soll ich mitkommen?»

«Nein, sonst kommst du zu spät zum Unterricht. Ich weiß, dass du das hasst. Geh ruhig schon mal vor.»

«Neues Date am Wochenende?»

«Neues Date!»

«Okay.» Kera drückt meine Hände, bevor sie sie loslässt, als würde das unsere Abmachung besiegeln. Ihr Schritt zum Tor ist federnd. *Nur wir zählen.* Wie sehr ich mir das wünschen würde! Aber jede Sekunde, die Keras Kuss w e i t e r i n d i e V e r g a n g e n h e i t schiebt, lässt den Zweifel größer werden.

Ich warte, bis die Parkmauer zwischen mir und Kera ist. Dann hole ich die Kartenhälften aus dem Mülleimer und stecke sie wieder ein.

LEONARD

Max also. Ein welkes Blatt fällt auf meinen Screen. Ich zerbrösele es zwischen den Fingern. Laptop auf den Knien, sitze ich in meinem alten Versteck auf dem Boden. Zum ersten Mal seit Fair Play bin ich hier: nicht weil ich Angst habe, sondern damit mich keiner stört. Als ich Kera und Max gemeinsam weggehen sah, habe ich geahnt, dass sich was zusammenbraut. Ich hatte recht. Dank Fair Play konnte ich das Gespräch über Keras Handy mithören. Ich nehme die ear pods raus und stecke sie in meine Tasche.

Obwohl der Boden kalt ist, bleibe ich noch einen Moment sitzen. Mir war schon beim ersten Fair Play Four meeting klar, dass Max irgendwann Ärger machen würde. Aber zum ernsthaften Problem wird er nicht, dachte ich, zu faul dazu und zu doof. Jahrelang hat Max seine Beliebtheit einfach so hingenommen. Manchmal habe ich mich gefragt, ob er überhaupt bemerkt, wie ihn die anderen anhimmeln. Für jemanden wie mich, der sich schon gefreut hätte, normal behandelt zu werden, war das ein Schlag ins Gesicht. Dass Max seine Popularität ausgerechnet jetzt ausspielt, wo sie mir schadet, nehme ich persönlich.

Ich klappe den Laptop zu. Laub raschelt, als ich mich bequemer hinsetze. Unwillkürlich sehe ich zum Brunnen. Old habits die hard. Immer noch bringt der gewohnte Anblick Klarheit in mein Denken. Erst einmal hat Kera Max wieder eingefangen. Er ist, warum auch immer, total wild auf sie. Ihr zuliebe wird er sich zurückziehen. Dann ist da noch Elodies Plan: Wenn er funktioniert, wird die Abwanderung gestoppt. Im besten Fall kommen neue Fair Player dazu. Ich denke an mein gutes Gefühl, als ich Isobel die Busfahrt bezahlt habe. Das werden sich die Fair Player auch holen wollen. Sie werden auf die neue Funktion anspringen. Trotzdem: Max ist und bleibt ein Risiko. Wenn er es einmal geschafft hat, die Foul Player zu mobilisieren, kann er es wieder tun.

Die Schulglocke läutet, und ich ziehe mich an einem Ast nach oben, um rechtzeitig zum Unterricht zu kommen.

Meine Gedanken kreisen immer noch darum, wie ich Max kontrollieren kann, als mir Karl im Treppenhaus entgegenkommt. Wir laufen aufeinander zu. Zur Seite gehe ich seit Wochen nicht mehr. Karl presst einen Packen Flyer gegen seine Brust. Klar: That time of the year. Da Karls Geburtstag meistens in die Herbstferien fällt, organisiert sein großer Bruder Frieder am ersten Samstag danach traditionell eine Party für ihn. Das müssen die Einladungen dafür sein. Frieder ist eine Legende an unserer Schule, einfach weil er so lange da war. Er ist zweimal sitzengeblieben, hat in der Stufe, in der er gerade war, jeweils das heißeste Mädchen gedatet und die härtesten Leute angeführt. Eine Mischung aus Karl und Max. Nach dem Abi hat Frieder kurzzeitig von seinem Glanz verloren. Er hat weiterhin den Schichtjob in der Fabrik gemacht, den er schon zu Schulzeiten hatte, nur dass der jetzt nicht mehr Drogen und Wochenendtrips nach Ibiza finanzierte, sondern eine Erdgeschosswohnung in Marzahn. Aber vor eineinhalb Jahren ging es plötzlich aufwärts mit ihm. Seitdem wohnt er wieder in Grunewald. Keiner weiß, woher Frieder das Geld hat, aber das verstärkt nur seinen Mythos.

Die Party ist immer noch ein Ereignis. Seit fünf Jahren findet sie statt. Nie wurde ich eingeladen. Als Karl näher kommt, mache ich mir kurz vor, dass er gleich stehen bleibt und mir einen Flyer gibt. Aber Karl tut so, als sähe er mich nicht. Stattdessen drückt er die Einladung dem Mädchen vor mir aus der Abi-Klasse in die Hand.

«Sorry, Karl», sagt sie, als ich an ihnen vorbeilaufe, und gibt Karl den Flyer zurück. «Du weißt, ich bin immer gerne dabei. Aber mit Fair Play funktioniert das einfach nicht.»

Hinter Karls Rücken bleibe ich stehen und tue so, als ob mich ein Plakat für Gitarrenstunden interessiert, das jemand ans Schwarze Brett geklebt hat.

«Aber wieso denn nicht?», fragt Karl. Fast tut er mir leid, so traurig klingt er. Aber nur fast.

«Ich würde dermaßen ins Rote rutschen, dass ich Tage bräuchte, um da wieder rauszukommen. Außerdem wäre das gemein den anderen Fair Playern gegenüber. Viele haben schon gesagt, dass sie auf die Party verzichten, obwohl sie gerne hingehen würden. Die müssten für mich mitsparen, um das große Konto grün zu kriegen. Wir sind so kurz davor. Und mich den ganzen Abend einzuschränken ... das macht keinen Spaß. Da gehe ich lieber gar nicht hin. Nächstes Jahr wieder, ja?»

«Klar, kein Problem», sagt Karl mit einer Stimme, die verrät, dass das ein großes Problem ist. Aus dem Augenwinkel sehe ich, wie er sich umdreht. Ich warte, bis er an mir vorbeigelaufen ist, und folge ihm zum Klassenzimmer.

Davor sitzt Max wie so oft auf der Heizung am Fenster. Normalerweise hängt er dort allein ab, starrt auf den Schulhof und pflegt seinen Ruf als melancholischer Schönling. Heute ist Max umringt von Lina und ihren Freunden. Sie lachen. Ich will das nicht sehen – und ich bin nicht der Einzige.

Karl ist auf Max zugesteuert, aber als Linas Lachen auflodert und sich alles in mir zusammenzieht, schlägt er einen Haken und geht direkt ins Klassenzimmer. Vor dem Tisch, den er sich mit Max teilt, bleibt er stehen. Er starrt auf einen Stapel Flyer, der dort liegt und doppelt so hoch ist wie seiner. Eine Ewigkeit verharrt Karl und kaut an seiner Unterlippe. Dann nimmt er die Blätter und stopft sie in seine Tasche, so heftig, dass er den Großteil zerknüllt. Während Karl sich hinsetzt und die Klasse sich im Raum sammelt, Lina, Max, die anderen, fühle ich mich, als würde ich vor meiner Xbox sitzen. Meine Mitschüler hören auf, sie selbst zu sein. Sie haben nur noch Funktionen, die mich weiterbringen im Spiel, auch Lina. Noch einmal sehe ich zu Karl, der mit verschränkten Armen auf seinem Stuhl kauert.

Das nächste Level wartet, und ich weiß, wie ich es erreiche.

KERA

Geschlafen haben Max und ich nicht, in der ersten Nacht, die wir zusammen verbrachten. Unser «neues Date» fand an einem besonderen Ort statt, weit weg von allem.

Die Jagdhütte steht auf einer Lichtung im Wald. Max' Vater teilt sie sich mit Geschäftsfreunden. Stämme wurden zu Wänden, Böden, Schrägen gezimmert, bis ein Haus dabei rauskam. Es hält die Kälte fern und den Regen. Unter dem strengen Blick der Trophäen, Rotwild die meisten, saßen Max und ich gestern vor dem offenen Kamin. Max machte es Spaß zuzusehen, wie das Brennholz, das er hineinwarf, in Flammen aufging. Und mir machte es Spaß zuzusehen, wie er sich darüber freute. Wir beobachteten, wie die Flammen einen Scheit nach dem anderen umzüngelten und dann verschlangen. Als uns das Feuerholz ausging, schlüpften wir in unseren Schlafsack. Max' Hände ruhten auf meiner Taille. Ständig entdecke ich Neues an Max. Seine Hände zum Beispiel. Sie sind ein bisschen zu groß für seinen Körper, als wären sie schon dorthin vorgegangen, wo der Rest noch hinwachsen muss. Ich mag sie. Mal für Mal sehe ich fasziniert zu, wie die Sehnen hervortreten, wenn Max einen Holzscheit hält, der eigentlich zu groß ist für eine Hand.

Unser Abend gestern, dreigeteilt von Crémant, Pinot noir,

Mirabellenschnaps, war perfekt. Ich war für das Essen zuständig. Oh ja, Avocado war auch dabei. Aber über den Punkt, an dem wir echte oder imaginäre Essensreste im Gesicht als Vorwand brauchen, sind wir hinweg. Ich weiß nicht mehr, wer angefangen hat mit dem Streicheln, dem Küssen, dem An-sich- und Ausziehen, weil der andere nur eine Millisekunde später nachzog. Max' Finger waren überall da, wo ich sie gerne habe, und an Stellen, von denen ich nicht wusste, dass ich sie da gerne habe. Er war stürmisch und zärtlich und einfach wow! Gestern Abend war das und heute Morgen und heute Nachmittag. Und hoffentlich noch einmal heute Abend.

Jetzt atmet Max ruhig neben mir, noch nicht schlaftief. Die Augen hat Max geschlossen. Sein Gesicht ist wenige Zentimeter von meinem entfernt. Fast berühren sich unsere Nasenspitzen. Ich betrachte die kleine Narbe unter dem rechten Auge, wieder etwas, das ich entdeckt habe. Max braucht solche Makel, die Narbe, die Nase, die gerade, aber einen Tick zu lang ist, um die vollen Lippen auszugleichen, den breiten Kiefer- und die hohen Wangenknochen, an die sich mattschimmernde Haut schmiegt. Sonst wäre er unangenehm schön.

Behutsam streiche ich über seinen Nasenrücken.

«Muss kurz raus.»

Max öffnet die Augen. Er nimmt seine Hände von mir und verschränkt sie umständlich vor der Brust. Die leeren Stellen an der Taille frieren.

«Schlüssel ist in meiner Jackentasche», sagt Max und dann «'tschuldigung», weil er mir aus Versehen seinen Ellenbogen in die Rippen stößt.

Max' Jacke liegt einen halben Meter entfernt auf dem Boden. Ich strecke mich, ziehe sie zu mir. Jeder Moment, den ich im Schlafsack verbringen kann, muss ausgekostet werden – vor allem, weil Max mein Sweatshirt nach oben geschoben und begonnen hat, einen Kreis um meinen Bauchnabel zu küssen.

«Du trägst ganz schön viel Scheiß mit dir rum», sage ich, während ich mich durch den Inhalt von Max' Taschen wühle. Er lacht und vollendet den Kusskreis. Papiertaschentuch, unbenutzt, eine Münze, zerrissener Karton, noch mal zerrissener Karton, wahrscheinlich ergeben die zusammen so was wie ... Moment. Das kann nicht sein.

Ich hole eines der Papierstücke heraus und starre es entsetzt an. Kein Zweifel. In dem aggressiven Blau, das mir schon im Park Gänsehaut machte, leuchtet mir *Christ* entgegen, als würde es sich ohne *oph* noch großartiger fühlen.

«Musst du dringend? Ich hätte eine Alternative.» Max hat nichts von meiner Entdeckung mitbekommen. Er küsst weiter meinen Bauch, gleitet langsam Richtung Unterhose. Ich stecke die Visitenkartenhälfte zurück in seine Jackentasche. Max' Hände wandern wieder zu meiner Taille, aber dieses Mal fühlt es sich nicht gut an, das Korsett aus Fingern, das mich zu ihm nach unten ziehen will. Ich atme flacher.

«Später», sage ich und befreie mich von Max' Händen. Der Schlafsack kommt mir plötzlich eng vor, stickig. Ich winde mich aus ihm heraus, richte mich auf. Von oben betrachtet sieht die schrumpelige Hülle aus wie etwas, aus dem ich mich gehäutet habe ... und das sich dennoch bewegt, dort, wo Max' Hand meine Fessel streichelt.

«Geh mir nicht verloren da draußen», sagt er. Für einen

Moment denke ich, dass er mich festhalten will. Doch er zieht seine Hand wieder ein.

«Ich doch nicht.» Den Schlüssel finde ich in der anderen Tasche. Ich angele meinen Parka vom Geweih eines Zwölfenders, dessen Augenhöhlen mich tadelnd anstieren, sehe meine Hose nirgends, denke «Egal!», ziehe die Jacke an, dann meine Gummistiefel, schließe auf und stapfe nach draußen. Lautlos ziehe ich die Tür hinter mir zu.

Die Brüstung des Balkons haut einen Knick in meinen Rumpf, als ich mich dagegenlehne. Ich atme so lange aus, bis kein Sauerstoffmolekül mehr in meinen Zellen ist; danach ist das Einatmen leichter.

Die Hütte steht auf Pfählen. Ich muss eine Holzleiter hinunterklettern, um auf die Erde zu kommen. Gewissenhaft meide ich die Brennnesseln, die um Holme und Pfeiler tanzen, pinkle daneben. Der Regen, der immer noch in der Luft hängt, ist nicht mehr Samt, sondern Spitze über meinem Gesicht. Zusammen mit dem Wind kühlt er mich binnen Sekunden so sehr herunter, dass ich zittere. Trotzdem will ich nicht wieder rein.

Ich gehe Richtung Wald. Als ich die ersten Bäume erreiche, ist meine Jacke schwer von Nässe. Ich weiß nicht, was mich ins Unterholz zieht, das mir die Schenkel zerschneidet. Meine Wut auf Max? Das Bedürfnis, mir selbst zu beweisen, dass ich genügend Biss habe, dieses Mal gegen Eichner zu bestehen?

Der grimmige Knoten in meinem Magen, ein alter Bekannter, von dem ich nicht wusste, dass er noch da ist, treibt mich immer weiter hinein in den Wald. Alles, was mich berührt, ist glatt und feucht, ob Pflanze oder Tier, ist nicht auszumachen. Es ist das Reich der Kröten, Frösche, Schnecken, Würmer, Molche, der nackten Haut, so wie meiner. Flauschige Pelze passen nicht an diesen Ort, der in die Abenddämmerung trieft und rottet und pulsiert wie ein Organ, das man irgendwem herausgeschnitten hat und das trotzdem weitermacht. Ich knicke einen Ast ab, der mir im Weg ist, hoffe, dass das eine Eiche war, und pfeffere ihn ins Nichts.

Als ich Eichner vor zwei Jahren traf, hatte ich Iso bei mir. Zwölf war sie damals und stürzte sich auf alles, was ihre große Schwester gut fand. Meine Eltern erlaubten ihr, mit mir zu einer Demo zu gehen. Betonung auf «mit mir» und die Verantwortung hat mir die Laune verdorben. Dass Iso auch noch das Burberry-Karo-Tuch trug, das meine Mutter ausgemistet hatte, machte die Sache nicht besser. Wenn man eines nicht zu einer Demo gegen Umweltverschmutzung und Kapitalismus tragen sollte, dann das. Ich war genervt, wollte einfach nur meine Freunde treffen, vor allem weil es keine der üblichen Demonstrationen war. Diese hatte hohen Besuch aus der Politik. Und ein Thema. Eine Fabrik bei Berlin war dabei erwischt worden, wie sie hochgiftige Säure illegal entsorgte. Deshalb trafen wir uns vor ihren Toren am Stadtrand.

Kaum dort, schlängelte ich mich so schnell durch die Menge, dass Iso kaum hinterherkam. Es war mir egal. Hier konnte ihr nichts passieren. Die wenigen Gegendemonstranten – Fabrikarbeiter, die Angst um ihre Stellen hatten – sahen gefährlich aus, da sie sich trotz der Hitze vermummt hatten, um ihre Anonymität zu wahren, verhielten sich aber ruhig und befanden sich auf dem Gelände der Firma, durch einen Zaun von uns getrennt. Doch als meine Schwester nach zehn Minuten immer noch nicht zu mir und meinen Freunden gestoßen war, wurde ich unruhig. Immer panischer schob ich mich auf der Suche nach ihr durch Menschen, die dicht an dicht standen und alle größer waren als Iso.

Ich fand meine Schwester bei einem gutaussehenden Mann, den ich auf Anfang vierzig schätzte. Als ich die Bodyguards in seiner Nähe bemerke, wurde mir klar, wer er war. Seit er sich für unsere Sache starkmachte, bekam er Morddrohungen. Jedenfalls hatte das ein zweiseitiger Artikel in der *Bild* ausgeschlachtet. In echt sah er kleiner aus, weniger imposant.

«Du solltest besser auf deine kleine Schwester aufpassen», sagt er zu mir, als Iso mir um den Hals fällt. »Sie hat dich überall gesucht.»

«Danke für den Hinweis, aber ich habe schon ein schlechtes Gewissen, Herr Eichner.»

«Immer zu Diensten.»

«Dafür werden Politiker ja auch gewählt», sage ich. Eichner lacht. Ich grinse zurück. Jetzt bin ich froh, dass meine Eltern mir Iso mitgegeben haben. Dass ich Eichner treffe, macht den Tag noch besser als erwartet. Und die Unterhaltung mit ihm ... das war Geplänkel unter Gleichgestellten. Es stimmt, was man sagt: Er nimmt uns ernst. Einer seiner Bodyguards flüstert ihm etwas ins Ohr.

«Man verlangt nach mir», sagt Eichner. «Es hat mich gefreut, dich kennenzulernen, Isobel.» Er beugt sich runter und gibt Iso die Hand. Ihre Wangen röten sich, weil ein so wichtiger Mann sich mit ihr abgibt. Mir nickt er zu, respektvoll, als wäre ich auf seinem Level, und das macht mich stolz.

Eichner geht zu der kleinen Bühne am Eingang des Fabrikgeländes. Die Demo war angekündigt, und die Firma hat ihn eingeladen. Anfangs hatte sich Eichner offen gegen unsere Bewegung gestellt. Wir sollten das mit der Klimakrise doch bitte den Experten überlassen. Doch dann hat er eine Hundertachtziggraddrehung hingelegt, die beeindruckend war. Als einziger Kultusminister hat er sich explizit für das Schuleschwänzen als Form von Aktivismus ausgesprochen. Zynische Stimmen kommentierten, dass er sich damit dem progressiven Parteivorstand für eine Position im Bund empfehlen will, auch wenn er solche Ambitionen stets dementierte. Irgendwann akzeptierten auch wir, dass Eichner zu unserem Fürsprecher wurde. Halbe Sachen jedenfalls macht er nicht. Die Runde da vorne dauert noch nicht lange, als er seinem Ruf alle Ehre macht.

«Warum holen wir nicht eine Demonstrantin auf die Bühne? Wir sollten nicht *über* die Jugendlichen, sondern *mit* ihnen diskutieren.» Die Menge jubelt. Beim nächsten Satz setzt mein Herz aus. «Ich habe mich vorhin mit einer sehr netten jungen Dame unterhalten. Isobel, magst du zu uns kommen?» Kaum hat Eichner ausgesprochen, taucht einer seiner Bodyguards auf und lotst meine Schwester weg von mir, halb Verkehrspolizist, halb Museumsführer, ganz passiv-aggressive Autoritätsperson. Der Hüne muss in der Nähe gewartet haben, und das gefällt mir gar nicht. Und Isobel? Isobel geht mit ihm.

Die Bühne da vorne ist so ziemlich der letzte Ort, an dem ich sein will. Mir wird schlecht bei dem Gedanken, dort oben stehen zu müssen, für alle gut sichtbar. Trotzdem zögere ich keine Sekunde, dränge mich an dem Bodyguard vorbei und nehme Isobels Hand. Der Bodyguard legt seine auf meine Schulter, aber als Eichner unmerklich nickt, lässt er mich. Ich gehe mit meiner Schwester nach vorne.

164

Der Firmenvertreter stellt sich als Gero Michelsen vor und streckt uns seine Hand entgegen, als ein Junge in meinem Alter auf die Bühne stürmt. Einer der Bodyguards will ihn festhalten, aber Eichner pfeift ihn sofort zurück. Er legt seinen Arm um den Jungen.

«Ah und wen haben wir hier?», fragt er.

«Ich bin Ben und ich will mitreden. Nichts gegen dich», sagt er an meine Schwester gewandt, «aber ich habe die Demo heute mitorganisiert und kann unsere Punkte besser vertreten.»

Iso wird knallrot, und ich muss mich zusammenreißen, um Ben nicht abzukanzeln, auch wenn ich weiß, dass er recht hat.

«Fein. Willkommen, Ben!» Eichner hebt lachend die Hände. «Jetzt ist es aber gut. Wenn wir noch mehr werden, wird es eng hier oben.»

Der Stuhl, der für mich vorgesehen war, wird kurzerhand Ben zugewiesen, und ich ziehe mich erleichtert in die Schatten am Bühnenrand zurück. Die Diskussion ist interessant. Ben ist gut und reißt sie bald an sich. Michelsen gerät immer mehr unter Druck. Eichner mimt den Moderator und vermittelt, wenn Ben und der Firmenvertreter sich zu sehr angiften. Iso wird kaum miteinbezogen, und ich ärgere mich, dass ich sie verloren und darum in diese blöde Situation gebracht habe. Wie eine Puppe sitzt sie da. Ich bin dankbar, als Eichner das Wort an sie richtet.

«Isobel, was meinst du dazu? Ist es nicht unverantwortlich, die Fabrik zu schließen, wenn so viele Arbeitsplätze dranhängen?»

Die Frage ist zu schwer für jemanden in Isos Alter, für jemanden in jedem Alter. Wenn man den Widerspruch so einfach auflösen könnte, wären wir alle nicht hier. Trotzdem kann ich nicht glauben, was Iso antwortet:

«Dann müssen die sich halt einen anderen Job suchen.» Für einen Moment hört man nur den Sommerwind durch die Fabriktore pfeifen. Dann bricht die Hölle los. Die Demonstranten der Gegenseite rütteln an den Gattern und schreien sich immer weiter in Rage. Ich verstehe nicht, wie meiner Schwester das rausrutschen konnte. Iso kennt keinen Mangel. Viel privilegierter als wir kann man nicht aufwachsen. Aber sie ist sensibel und unsere Eltern haben unseren Blick dafür geschärft, dass unsere Grunewald-Blase nicht die Norm ist. Auf dem Weg zur Demo habe ich ihr erklärt, dass einige Fabrikarbeiter auf unserer Seite sind, weil auch sie nicht länger mit dem giftigen Zeug in Kontakt kommen wollen. So etwas hätte sie sagen können. Stattdessen das! Isos Burberry-Tuch flattert im Wind wie ein Wimpel, der ein verwöhntes Mädchen ohne Gewissen markiert. Eichner lächelt meine Schwester an, macht aber keine Anstalten, einzugreifen. Nur Ben kommt Iso zu Hilfe.

«Das ist unglücklich ausgedrückt, aber im Prinzip hat sie recht. Natürlich muss man die Arbeitslosen auffangen. Hier ist die Politik gefragt, Herr Eichner.» Sein Beitrag geht im Lärm unter.

Als sich die Angestellten wieder beruhigt haben, verläuft der Rest der Diskussion harmlos. Weichgespülte Argumente, hohle Phrasen. Keiner will noch mal so einen Aufruhr lostreten. Das Panel löst sich unter verhaltenem Applaus und ein paar Buhrufen auf. Bevor er weggehen kann, halte ich Eichner am Ärmel fest.

«Warum haben Sie meiner Schwester nicht geholfen?»

Eichner entzieht mir das Stück Stoff und wischt daran herum. Ich erwarte Ausflüchte, aber unser kurzer Schlagabtausch vorhin hat mich in eine Sonderposition gehoben. Er sieht was in mir. Mit mir will er ehrlich sein, weil er es kann. Eichner blickt um sich, um sicherzustellen, dass uns niemand zuhört.

«Weil es nicht in meinem Interesse ist, deiner Schwester zu helfen», sagt er. «Kennst du das Sprichwort *Was du nicht willst, dass man dir tu, das füg auch keinem andern zu?*»

«Vereinfachte Version des kategorischen Imperativs von Immanuel Kant.»

«Oh, du denkst mit. Selten in eurer Generation. Ich habe dich also richtig eingeschätzt.» Er zwinkert mir zu. «Deswegen gebe ich dir auch meine eigene Version mit: *Was du willst, dass man dir tu, da bringst du einen andern zu.* Denk mal darüber nach!» Damit verschwindet Eichner im Kreis seiner Bodyguards.

Der nächste Morgen ist mir gut in Erinnerung. Ich habe unsere Eltern noch nie so wütend erlebt. Die Schlagzeilen sind unerbittlich. Ein Bild zeigt Iso als Marie Antoinette. Ein Boulevardblatt nennt sie *Die Burberry-Göre.* ‹Wie konntest du das zulassen, Kera?› Ich habe keine Antwort für meine Eltern und weiß, dass die Frage eigentlich ihnen selbst gilt. *Wie konnten wir das zulassen?* Einige Medien greifen das auf, beleuchten Mama und Papa. Sie sehen, dass Iso nicht zur Verantwortung gezogen werden kann. Das ist immerhin ein Kind, das da zum Sündenbock gemacht wird. Aber Isos unüberlegte Antwort, die verdammen sie alle. Die alte Diskussion, ob Kinder und Jugendliche sich bei solchen komplexen Themen einmischen sollten, flammt wieder auf, und ich kann nicht anders, als daran zu denken, wie vehement Eichner diesen Standpunkt vor seiner Läuterung vertreten hat. Ben kommt in der Berichterstattung kaum vor. Die Bewegung ist vor allem damit beschäftigt, sich von Iso zu distanzieren. Auch wenn ich das verstehen kann ... ich schwöre, nie mehr zu einer ihrer Veranstaltungen zu gehen.

Dass es noch schlimmer kommen würde, wissen Iso und ich nicht, als wir nach einem Frühstück, das größtenteils unberührt blieb, aus dem Haus gehen. Die Schule schwänzen wir – für mich das erste Mal im Leben. Iso ist nicht dazu zu bringen, in den Schulbus zu steigen, geschweige denn zum Unterricht zu gehen. Je näher wir der Haltestelle kommen, desto langsamer wird sie. Als Karls Bruder Frieder mit seinem BMW Cabrio vorbeifährt – wahrscheinlich auf dem Rückweg von seinen Eltern in die Stadt –, bitte ich ihn, uns Richtung Schöneberg mitzunehmen. Dort gehe ich mit Iso Eis essen, um sie aufzuheitern. Mit mäßigem Erfolg. Zeitungskästen mit ihrem Bild säumen den Gehsteig beim Café, und Iso ist überzeugt, dass sie jeden Moment jemand trotz Sonnenbrille und Baseballmütze erkennen wird. Zu Fuß gehen wir zurück. Als wir nach Hause kommen, erwarten uns unsere Eltern im Wohnzimmer – schon wieder. Mist, die Schule hat angerufen, denke ich, aber dann lese ich ihre Gesichter. Kein Ärger. Schock.

«Das war die Polizei. Wir sollen aufs Revier kommen. Sie wollen euch befragen.»

«Wieso, wir haben doch nichts Schlimmes gemacht», sagt Iso.

«Der Junge, der mit euch auf der Bühne war ...», antwortet meine Mutter, ihre Stimme leise.

«Ben?»

«Ja, Kera, Ben. Er ist angegriffen worden. Jemand hat ihm auf dem Nachhauseweg von der Schule Säure ins Gesicht geschüttet.»

«Die Säure, die illegal entsorgt wurde?», frage ich, und mir wird übel, weil irgendwas in mir die Antwort schon kennt. Meine Mutter nickt stumm, und ich schäme mich für den Gedanken, der sich in das Mitleid mit Ben schleicht: Endlich wird die Aufmerksamkeit weggelenkt von meiner Schwester.

Den Täter hat die Polizei nie gefunden. Ein Arbeiter der Fabrik, sagt die Kripo bei unserer Vernehmung, sonst kann keiner an die Säure kommen. Für die Firma war der Vorfall ein so krasser Medien-GAU, dass sie die Fabrik geschlossen haben. Ein teuer erkaufter Erfolg für Ben. Den Angriff auf ihn hat Eichner aufs schärfste verdammt. Was er bei Iso versäumt hat, holt er bei Ben umso fleißiger nach. Plötzlich ist er wieder auf allen Titelblättern. Aber die Worte von ihm, die ich nicht aus dem Kopf kriege, kommen in keinem Artikel vor. *Was du willst, dass man dir tu, da bringst du einen andern zu.* Eichner benutzt uns, wie es ihm gerade passt. Und er ist verdammt gut darin.

Als wäre das alles nicht genug, kam im neuen Schuljahr Elodie zu uns in die Klasse – das Testimonial des absatzstärksten Produkts der Firma, gegen deren Fabrik wir demonstrierten. Fünf Tage die Woche musste ich von da an zusehen, wie ihr makelloses Gesicht Bens verhöhnt. An dem Punkt fiel es mir schwer zu glauben, dass sich das Schicksal nicht gegen mich verschworen hatte.

Ich hetze durch den Wald, will meinen Gedanken davonrennen. Würde es helfen, wenn ich Max davon erzählen würde? Dann würde er verstehen, dass er Eichner meiden muss. Oder würde er immer noch denken, dass das Hirngespinste sind? Ich bin mir sicher, so sicher, dass Eichner ein eigennütziger Mensch ist, der in der Politik nichts zu suchen hat. Doch es ist ein Gefühl. Von außen betrachtet hat Eichner nichts Schlimmes getan. Und dann ist da noch Iso. Es war ein Geschenk, dass ihre Rolle in Vergessenheit geriet. Sie würde nicht wollen, dass ich alles wieder durchkaue. Niemanden darf ich daran erinnern, was damals passiert ist, nicht Iso, nicht mich selbst, nicht Max. Das ist das Mindeste, was ich tun kann.

Ich stoße auf einen Trampelpfad. Froh, dass ich nicht mehr ziellos unterwegs bin, folge ich ihm, auch wenn ich mir meinen Bestimmungsort nicht ausgesucht habe, ihn nicht einmal kenne. Am Wegende trete ich aus dem Schatten der Bäume. Ich halte die Luft an. Berlin liegt vor mir, grau, doch glitzernd, als wüsste die Stadt, dass sie gleichermaßen Versuchung ist und Heilige, Macht neben Menschlichkeit wohnt. Ich weiß nicht, wie lange ich dort stehe. Irgendwann geht die Sonne unter. Das Leuchten der Stadt greift auf die Luft über. Als ich Schritte hinter mir höre, habe ich keine Angst. Max' Rhythmus zwischen Schlendern und Stampfen würde ich überall erkennen. Er sagt nichts, nimmt meine Hand und blickt mit mir auf das Schauspiel unter uns.

LEONARD

Ich habe Matt gebeten, mich zu begleiten. In einigen Metern Abstand raucht sie einen Joint. Ich hoffe, dass ihr das Zeug die Sinne nicht zu sehr vernebelt. Eventuell brauche ich sie in action.

Ich schlucke und zupfe das Revers meiner Jacke gerade, als ob das meiner Zielperson Respekt einflößen würde. Vielleicht sollte ich Matt fragen, ob ich mal ziehen darf. Weil: Mut! Das hier ist schwerer als gedacht, doch es muss sein. Noch vor den Herbstferien. Ironie: Karl sitzt auf dem Brunnen. Angestrengt starrt er auf sein Handy. Er blickt erst hoch, als mein Schatten sein Display verdunkelt.

«Ich muss mit dir sprechen», sage ich und bin froh, dass ich mich dabei nicht verhasple.

«Ich aber nicht mit dir. Verpiss dich!» Karl wedelt mit der Hand, als wolle er eine Fliege verscheuchen. Trotzdem: Ich setze mich neben ihn auf den Brunnen. Weil: Ich bin keine Fliege mehr, sondern irgendwas mit Stachel. Karl sieht mich an, als ob ich nicht ganz rundlaufe. Aber Ansehen ist okay, solange er nichts macht, aufstehen, weggehen beispielsweise, mir die Zähne einschlagen.

«Mir ist aufgefallen, dass es dieses Jahr nicht so läuft mit den Einladungen zu deiner Geburtstagsparty. Die Fair Player wollen nicht kommen.» Ich zeige ihm den zerknüllten Flyer, den ich auf dem Weg hierher aus einem Papierkorb gefischt habe.

«Das geht dich nichts an.» Karl reißt mir das Blatt aus der Hand und streicht es glatt. «Du bist nicht eingeladen.»

«Ich kann dir helfen, Karl.»

«Ich brauche deine Hilfe nicht», sagt er, aber Unsicherheit hat sich in seine Stimme gestohlen.

«Klar, du kannst die Party auch absagen.» Ich stütze mich mit den Armen ab und lehne mich nach hinten. «Aber das wäre genauso peinlich wie eine Feier ohne Gäste. Die Flyer sind im Umlauf. Die, die kommen wollen, wären enttäuscht. Und Frieder ... Was wohl dein großer Bruder dazu sagen würde, wenn du es nicht schaffst, das Bootshaus vollzukriegen? Nächstes Jahr wird er es sich wohl zweimal überlegen, ob er eine Party für dich schmeißt. So schade. Fünf Jahre Tradition, einfach ausgelöscht.»

Karls Gesicht bleibt regungslos, wechselt aber die Farbe von Schneeweiß zu Dunkelrot und wieder zurück. Wie ein feistes Chamäleon hockt er da. Ich erwarte, dass jeden Moment seine Zunge herausschnellt und versucht, mich in sein Maul zu ziehen.

«Okay, okay, rede!», presst er schließlich hervor.

«Ich kann die Fair Player dazu bringen, geschlossen zu deiner Party zu kommen.»

«Alle?»

«Alle!»

«Die Mädchen aus der Abschlussklasse?»

«Auch die.»

«Wieso solltest du mir helfen? Ich war nicht immer nett zu dir.» Das ist die Untertreibung des Jahrhunderts. Aber ich bin beeindruckt, dass Karl überhaupt zu so etwas wie Selbstreflexion fähig ist.

«Betrachte es als Friedensangebot.»

«Ich finde dich aber immer noch scheiße. Seit du diese App erfunden hast, finde ich dich mit jedem Tag scheißer.»

«Es gibt keine Steigerung von scheiße.»

«Doch. Dich.»

«Du darfst mich ruhig weiterhin scheiße finden. Von mir aus auch scheißer. Ich helfe dir trotzdem. Nur zwei Sachen musst du tun, damit mein Plan funktioniert.»

«Und was soll das sein?»

«Ich werde zur Party eingeladen.»

Karl kneift Augen und Mund zusammen, schluckt aber meine erste Bedingung.

«Und zweitens?», fragt er.

«Du wirst dir Fair Play runterladen.»

ELODIE

736
Beiträge

93.126
Abonnenten

582
Abonniert

Ich hoffe, ihr genießt eure Herbstferien und die Fair Player
unter euch schießen in ihrer Urlaubslaune weiterhin
nicht zu sehr über die Stränge! Es ist so weit: Die neue
Funktion von Fair Play wird heute um Mitternacht
gelauncht, und ich kann euch endlich verraten, was es ist.
Trommelwirbeltrommelwirbeltrommelwirbel ... künftig
könnt ihr den anderen Fair Playern von eurem persönlichen
Guthaben abgeben. Der Status des gemeinsamen Kontos
ändert sich dadurch nicht, aber die Grünen können so
den Roten helfen. Es ist ein Akt der Solidarität unter uns
Fair Playern, der betont, was in letzter Zeit ein wenig
in den Hintergrund gerückt ist: Wir sind ein Team. Nur
gemeinsam können wir unser Ziel erreichen. Wichtig: Ihr
könnt wählen, ob eure Guthabengeschenke auf euren
Social-Media-Profilen zu sehen sind oder nicht. Nur wenn
Spender und Empfänger zustimmen, wird das Geschenk
öffentlich.

Um die neue Funktion zu feiern, werden wir ... feiern! Diejenigen von euch, die an meiner Schule sind, wissen, was traditionell am ersten Samstag nach den Herbstferien stattfindet: die große Party am See. Unser neuester Fair Player @_KARL_DER_GROSSE_ – willkommen, Karl! – feiert so immer seinen Geburtstag. Dieses Jahr wäre das Fest beinahe ins Wasser gefallen, weil viele von euch ihre Konten schonen wollten. Aber Fair Play soll keine Spaßbremse sein. Es geht nicht nur ums Sparen, Einschränken, Opfern, es geht vor allem um Gemeinschaft. Deswegen schlagen wir vor, eure erste Guthabenübertragung an Karl zu machen. Jeder gibt, was er kann. Leonard hat ein Unterkonto in Karls Account eingerichtet, in das alle Guthabenübertragungen bis zur Party fließen. Und Karl wird das Guthaben verwenden, um das größte, beste und legendärste See-Fest aller Zeiten zu organisieren. Alle Fair Player sind herzlich eingeladen. Happy giving! Und dann: Happy partying!

An wen der Großteil *meines* Guthabens gehen wird, verschweige ich. Kera hat nach einigem Hin und Her eingewilligt, sich bei mir grün zu kaufen. Wir haben uns auf einen Übergangsplan geeinigt, bei dem sie in den ersten Tagen noch ein paarmal ins Rote geht, damit ihre Geschichte glaubwürdig bleibt. Ich war überrascht, wie locker wir zusammengearbeitet haben, aber meine Detailversessenheit und Keras Blick fürs Ganze haben gut funktioniert.

Bzzzz! Die ersten Beiträge kommen rein. Ein paar negative sind dazwischen.

@THE_Lina_Ostrowski: Was für eine unnütze Spielerei. Habt ihr nichts Besseres zu tun?

Ich lehne mich im Schreibtischstuhl zurück und strecke Beine und Arme von mir. Die Posts von Lina und ihren Freunden werden nur von ihrem eigenen Kreis gelikt und gehen in den vielen positiven unter. Wenn eine Bewegung sich nicht weiter ausbreitet, ist es nur eine Frage der Zeit, bis sie in sich zusammenfällt. Die Foul Player werden sich bald nicht mehr rühren. Mission erfolgreich. Aber noch schalte ich den Computer nicht aus. Ich warte. Es dauert gut zwanzig Minuten, bis endlich der wichtigste Beitrag von allen kommt, der, auf den ich gehofft habe.

@Cemine_Çiçek: ♥

Ein simples Herz, mehr braucht es nicht. Ich weiß, dass Cemine mir verziehen hat. Seit unserem Streit fielen die Nachmittage im himmelblauen Café aus. Das wird sich jetzt wieder ändern.

Zufrieden fahre ich den Computer herunter und sehe nach draußen. Der Himmel hat die gleiche Farbe wie die Tapete unseres Cafés, ein gutes Omen. Mein Schreibtisch steht vor meinem Minifenster, weil es nur Häuser zeigt, die so weit entfernt sind, dass man ihre Schäbigkeit übersehen kann. Ich kann so tun, als wäre ich woanders. Aber jetzt stütze ich meinen Kopf in die Hände und schaue nach unten. Meine Brüder kommen gerade vom Wing Chun zurück und klettern so wild an dem rostigen Drehkarussell herum, dass es demnächst auseinanderfällt. Ich lache über die ungezähmte Lebensfreude und lehne mich zurück, Hände hinterm Kopf verschränkt. Alles ist unter Kontrolle, so wie ich es mag. Versöhnung mit meiner Freundin auf den Weg gebracht – check. Neue Geldquelle aufgetan, die mich über die Fair-Play-Zeit bringt – check. Meine Leute Schrägstrich Fair Player an mich gebunden – check. Green Fairy ausgeschaltet – check. Dabei für etwas Wichtiges eingestanden – check. Jetzt kann ich mich auf das ganz normale Leben konzentrieren. Das schöne Leben. Ich will meine Beziehung mit Cemine offiziell machen. Und was böte eine bessere Gelegenheit dazu als eine Party, bei der so ziemlich die ganze Schule anwesend sein wird? Cemine wird das nervös machen. Sie hat Angst davor, wie Kera reagiert. Aber sie weiß nicht, dass ihre beste Freundin es sich nicht länger leisten kann, mich zu verärgern.

Zwischen Kera und mir besteht jetzt eine Abhängigkeit. Es gibt einen letzten Punkt auf meiner Liste: Kera im Griff – check.

MAX

BRAUSEPULVER-LUNGE! Ich bin es nicht gewohnt, Karl hinterherzurennen. Er kann ganz schön schnell sein, wenn er will. Mein «Karl! Warte!» bringt nichts. Erst nach einem Spurt hole ich ihn kurz vorm Eingang zum Hallenbad ein. Muss einen Moment tief durchatmen, bevor ich weiterreden kann.

«Stimmt das, was Elodie in den Herbstferien geschrieben hat? Du hast Fair Play runtergeladen?»

«Ja.» In typischer Karl-Pose stellt er sich vor mich. Nie zuvor hatte ich das Gefühl, dass die verschränkten Arme *mich* ausschließen. Panik steigt in mir hoch, nicht meinetwegen, seinetwegen. Ich muss meinen eins neunzig langen Freund mit den breiten Schultern beschützen. Leuten wie Elodie und Leonard ist er nicht gewachsen.

«Wieso lässt du dich von denen so gängeln? Alles nur für diese blöde Party?» Noch während ich den Satz sage, merke ich, dass das ein Fehler war.

«Wenn du denkst, dass meine Party blöd ist, musst du nicht kommen. Du kannst ja stattdessen mit deinen neuen Freunden abhängen.» Karl reckt sein Kinn vor, und ich sehe, dass Lina am Eingang zum Hallenbad steht. Sie winkt mir zu. Ich winke zurück, gehe aber mit Karl an ihr vorbei. Er hält die Tür nicht für mich auf, als er durchgeht.

Drinnen kommt uns Chlor entgegen. Wärme. Nass wollen selbst Fair Player nicht frieren. Wir mögen die Schwimmstunde, ich, weil ich dabei nichts auswendig lernen muss, Karl, weil es das einzige Fach ist, in dem er glänzen kann. Wasser macht aus den langen Beinen und dicken Muskeln, die ihm beim normalen Sportunterricht im Weg sind, was Brauchbares.

In der Umkleidekabine gehen wir zu unseren üblichen Schränken. Trotzdem ist alles anders. Es sind Kleinigkeiten, die zwischen uns stehen wie was Großes. Sie klopfen Karl auf die Schulter beim Vorbeigehen, zeigen ihm den Daumen, winken ihm zu und ignorieren mich. Ohne ein Wort ziehen Karl und ich uns um. Heute macht es mir was aus, dass er so gut ist im Schweigen. Immerhin lässt er mich nicht stehen, obwohl er vor mir fertig ist. Als ich meine Sachen im Spind verstaut habe, gehen wir gemeinsam zum Schwimmbecken.

Die meisten sind schon in der Schwimmhalle und warten auf die Lehrer, auch die Mädchen. Als ich Kera sehe, existieren die anderen nicht mehr. Sie trägt einen korallenroten Badeanzug, und jede Kurve, die er nachzeichnet, erinnert mich daran, wo ich Kera berührt habe in der Jagdhüttennacht. Schnell wende ich mich ab. Nicht der richtige Ort für solche Gedanken. Aber Kera hat mich auch gesehen und kommt zu mir. Sie gibt mir einen Kuss. Bin stolz, dass Kera sich damit in aller Öffentlichkeit zu mir bekennt. Trotzdem würde ich gerne mein Handtuch um sie legen, damit die anderen sie nicht im Badeanzug sehen dürfen.

«Willkommen bei Fair Play, Karl», sagt sie. «Ich freue mich schon auf deine Party.»

Karl nickt ihr zu. Dann nimmt er Anlauf und springt ins

Wasser, um sich aufzuwärmen. Noch was Gutes an meinem besten Freund: Er weiß, wann er sich verziehen sollte. Anderen fehlt diese Einsicht. Kera und ich haben kaum Zeit, zwei Sätze zu wechseln, als Lina zu uns stößt. Sie ist größer als ich. Kera überragt sie um zwei Köpfe.

«Hey, Max, hast du mitbekommen, dass Karls Party zu einem Fair-Player-Treffen gemacht wurde? Ich dachte, Karl ist auf unserer Seite.»

«Wir müssen doch nicht immer von gegnerischen Seiten sprechen. Alle können zur Party kommen, egal ob sie Fair Play auf ihrem Handy haben oder nicht.»

«Dich hat keiner gefragt, Kera.»

Hey, sprich nicht so mit meiner Freundin, will ich sagen, aber während ich noch überlege, ob es okay ist, Kera als meine Freundin zu bezeichnen, weil wir das nie besprochen haben, gehen sie und Lina schon in die nächste Runde. Weißer Ritter überflüssig.

«Wenn du nicht willst, dass ich mich am Gespräch beteilige, dann platze das nächste Mal nicht in meins.» Die Farbe von Linas Kopf ist nicht mehr weit von Keras Badeanzug entfernt, und ich muss grinsen. Es gefällt mir, dass Kera das Wortgefecht gewinnt. *Meine Freundin!,* denke ich noch mal und beschließe, dass ich das so bald wie möglich klären will.

Lina wendet sich demonstrativ an mich:

«Wir Foul Player boykottieren die Party und gehen geschlossen nicht hin. Was ist mit dir, Max? Können wir auf dich zählen?»

«Natürlich geht Max zur Party seines besten Freundes.» Kera flicht ihre Finger in meine. «Mit mir!»

«Kann Max auch für sich selber sprechen?», fragt Lina Kera, ohne zu merken, dass sie mich damit genauso außen vor lässt. Ich bin froh, dass uns unsere Lehrer unterbrechen und Linas Frage unbeantwortet bleibt. Die Wenger ruft die Mädchen zu sich, der Schröder uns Jungs. Ich küsse Keras Finger, bevor ich sie von meinen löse.

«WIR gehen zur Party», höre ich Kera noch einmal zu Lina sagen, als ich zu Karl und den anderen gehe. Freuen sollte ich mich über dieses **WIR**. Aber davon spüre ich nichts.

Denn hier geht es um einiges. Nur nicht um mich.

LEONARD

Schwimmstunden sind der Horror. Da werden Teenager gezwungen, ihre kaum verhüllten Körper, mit deren Veränderungen sie sowieso kaum zurechtkommen, Klassenkameraden zu präsentieren. Als wäre das nicht genug, wird Wasser ins Spiel gebracht, damit die Klamotten noch mehr an der Haut kleben. Je nach Kältegrad werden die Nippel hart oder was anderes. Chemikalien reizen die Schleimhäute. Irgendwie schwitzt und friert man gleichzeitig, weiß nicht mehr, ob das Wassertropfen sind oder Schweißperlen und warum genau es hier so muffig riecht. Und dann sollen diese triefenden, beschämten, halbblinden Jungen und Mädchen auch noch sportliche Höchstleistungen erbringen. In welchem Universum ist das denn bitte eine gute Idee?

Mit schnellen Schritten lasse ich das Schwimmbad hinter mir. Ich reibe meine Augen. Beim Föhnen eben hat ein Albinokaninchen aus dem Spiegel zurückgeguckt. Scheiß Chlor. Ich stelle meine Handykamera auf Selfie-Modus, um meine Augen zu checken. Dabei sehe ich, dass Karl und Max einige Meter hinter mir sind. Besser, ich lasse die beiden an mir vorbeigehen. Ich will sie beim Gang zurück zur Schule nicht im Nacken haben.

Am Straßenrand versuche ich, mich in irgendwas zu vertiefen. Keine neuen Nachrichten über die Messenger, aber drei E-Mails, die ich noch nicht gelesen habe. Eine davon ist Spam, die zweite ein Newsletter, bei der dritten bleibe ich hängen:

Dear Leonard,

I hope this e-mail finds you well. My name is Kellyanne Castor, and I am the Head of Product Development at teKNOW, an IT company based in Palo Alto, California. One of my colleagues at our German office in Berlin introduced me to the competition you take part in and provided me with your contact details. I hope you don't mind me reaching out to you. With immense interest I learned about Fair Play. What a wonderful idea! The way you combined a beautiful intention with a cutting-edge technical solution is impressive. I will continue to closely follow your experiment. For us at teKNOW, the number of downloads will determine the commercial value of Fair Play and – without getting you prematurely excited – a potential future investment in your work. Wouldn't it be exciting if we could go beyond school and make the world a better, more sustainable place with the help of your app?

I'll be in touch once the competition has run its course. Until then, good luck! I'll keep my fingers crossed that Fair Play will win. How could it not?

Kind regards,
Kellyanne

«Mund zu, es zieht, Leonard! Oder hättest du gerne, dass dir da irgendwer was reinsteckt?»

Der Spruch kam nicht von Karl, sondern von Max. Es ist mir egal. Es ist mir auch egal, dass Karl wohlweislich nicht lacht. Alles ist egal, weil mich diese E-Mail auf ein Level hebt, auf dem keine Karls und keine Mäxe existieren.

teKNOW ist der tech giant to end all tech giants, so grandios, so innovativ, als hätte jemand das Beste von Google, Amazon, Tesla und Facebook genommen und daraus ein neues Unternehmen gebastelt. Und die haben Interesse an meiner Arbeit. An mir. Es ist alles, was ich mir erträumt habe, nur genialer. teKNOW will die App, kein Marketing, keine hochtrabenden Ideen, kein Design. An der Technik sind sie interessiert, an *meiner* Technik. Es ist mein Erfolg.

Wie in Trance gehe ich zur Schule. Den anderen Fair Play Four werde ich nichts von der E-Mail erzählen. Meins.

KERA

Jahr für Jahr hat mich Karl zu seiner Geburtstagsparty eingeladen, weil er sich dadurch Chancen ausrechnete, dass Cemine auftaucht – in seiner Prä-Elodie-Welt das schönste Mädchen der Schule. Ich ging immer widerwilliger hin. Mit jedem Mal wurde das Fest siffiger, die Gäste wahlloser, Frieder aufdringlicher, der Alkohol billiger, die Deko kitschiger, und das Essen verschwand irgendwann ganz.

Mit Fair Play erstrahlt die See-Party in neuem Glanz – nein, wirklich: Überall sind Solarlichterketten gespannt, Fackeln säumen das Ufer, Holzpellets brennen in recycelten Blechtonnen. Ein veganes Restaurant hat ein Buffet gesponsert, das im alten Bootshaus aufgebaut wurde. Ich atme tief ein. Die Seeluft ist klar, mein Icon grün, und ich gehe mit dem Jungen, in den ich verliebt bin, auf die Party des Jahres. Das ist ein verdammt guter Samstagabend!

Selbst mit Iso sieht es besser aus. Wir sind nicht wieder da, wo wir vor Pink-Beanie-Gate waren, aber vorhin kam sie in mein Zimmer. Normalerweise schminke ich mich nicht. Für die Party hatte ich Lust, eine Ausnahme zu machen. Wortlos nahm mir Iso den Eyeliner aus der Hand, mit dem ich gerade zum dritten Mal erfolglos eine gerade Linie versuchte, und malte ein perfektes Cateye auf. Als sie fertig war, tauschte sie das Outfit, das auf meinem Bett lag, gegen Grobstrick, Leggins und das Seidenkleid, mit dessen Träger Max spielt, seit er den Arm um mich gelegt hat. Immer wieder schlüpft einer seiner Finger unter das dünne Band. Wenn Max damit aufhört, vermisse ich seine Berührung, und der wechselnde Rhythmus aus Nähe und Ferne macht etwas mit mir. Ich male mir gerade aus, wie das in der Nacht nach der Party weitergeht, als Frieder auf uns zukommt. Er hat eine Bierflasche in der Hand.

«Ich glaub's nicht, unser Mäxchen hat 'ne Freundin.» Frieder wuschelt durch Max' Haare, aber so grob, dass ich am liebsten seine Hand festgehalten hätte. Das sieht nicht nach netter Geste aus, sondern als wolle Frieder klarmachen: Max hat hier nichts zu melden. Mir gibt er einen Handkuss.

«Enchanté!», sagt er in übertriebenem Französisch.

«Ich würde gleichfalls sagen, aber wir kennen uns ja bereits. Und Handküsse werden im europäischen Raum nur angedeutet, nicht vollzogen.» Ich wische meinen Handrücken mit einem Taschentuch ab. «Das ist hygienischer.» Ich werfe das Tuch in eine der Feuertonnen. «Und umweltfreundlicher.»

«Ha! Dein Mädchen ist ja eine richtige kleine Bitch.» Frieder lehnt sich zu mir und sagt: «Dabei hast du mir so viel zu verdanken.» *Das ist wohl ein bisschen übertrieben dafür, dass du mich und meine Schwester einmal vor über zwei Jahren im Auto mitgenommen hast,* will ich entgegnen, aber Max kommt mir zuvor.

«Wo steckt denn Karl?», fragt er. Ich ärgere mich, dass Max die «Bitch» einfach so stehen lässt.

«Das letzte Mal habe ich ihn beim Bier gesehen, aber das ist schon eine Weile her.» Frieder zeigt auf eine abgegrenzte

Stelle neben dem Steg, wo das Seewasser Hunderte Flaschen kühlt.

«Komisches Zeug.» Frieder hält sich seine Bierflasche vor die Augen, als sähe er sie zum ersten Mal, und mir wird klar, dass er sturzbetrunken ist, obwohl er sich aufrecht hält und kaum schwankt. «Craft Beer. Lokal gebraut und bio. Hat dieser blasse Typ angeschleppt. Mir ist ein Sternburg lieber. Aber, hey, anscheinend hat das Bleichgesicht die Mädchen hergeschafft. Dafür trinke ich auch Ökozeug. Da ist er ja. Leonardo!»

Leonard läuft vorbei. Ich sehe ihm an, dass er nicht zu uns kommen will, aber jahrelange Unterdrückung schüttelt man nicht so leicht ab, und wenn eine imposantere Version deines Peinigers nach dir ruft, folgst du.

«Leonard – ohne o», sagt er zu Frieder, als er sich neben ihn stellt.

«Ich kann mir Leonardo aber besser merken.» Frieder nimmt den letzten Schluck aus seiner Bierflasche. Bei jedem anderen hätte er drei hergegeben. «Ich brauche Nachschub. Mein Bruderherz schicke ich euch. Mit Bier. Vielleicht ist die da ja williger, wenn sie was getrunken hat.» Frieder kichert und geht Richtung See.

«Ich habe vergessen, was für ein angenehmer, angenehmer Mensch Frieder ist», sage ich

«Wenn man ihn näher kennt, ist er eigentlich ganz okay», entgegnet Max.

«Dem würde ich widersprechen.» Leonard grinst mich an, ich grinse zurück, und das pusht Max:

«Bist du jetzt plötzlich der Experte, nur weil du seit drei Sekunden mit den Mühlmeier-Brüdern abhängst?»

Ich freue mich selten, wenn Elodie auftaucht, aber in dem Moment bin ich ihr dankbar, dass sie den Schlagabtausch zwischen Max und Leonard unterbricht.

«Ihr wolltet euch doch wohl nicht beratschlagen, ohne mir Bescheid zu geben. Wir sind die Fair Play *Four*. Heimliche Treffen zu dritt gehen gar nicht», sagt sie mit gespielter Empörung. Als niemand auf ihren Einwurf reagiert, schüttelt Elodie den Kopf.

«Wieso seid ihr denn so schlecht drauf? Das hier ist eine Party!» Dann wendet sie sich an mich. «Kann ich dich sprechen, Kera? Unter uns?»

Ich will Max nicht mit Leonard alleine lassen, aber Elodie sieht mich eindringlich an, und der einzige Grund für ein Vier-Augen-Gespräch, der mir einfällt, ist ein wichtiger: unser Deal.

«Klar», sage ich. «Bin gleich wieder zurück.» Ich gebe Max einen Kuss auf die Wange. Für den Mund reicht es nicht nach der unangefochtenen Bitch.

«Okay, ich warte hier auf Karl. Und unser Bier.»

Elodie führt mich weg von den Lichterketten und Feuern, hinein in den Wald, an den der See grenzt. Nicht weit von hier müsste die Jagdhütte stehen. Wir treffen nur noch auf wenige Partygäste, die meisten pinkeln oder übergeben sich. Irgendwann wird es mir zu dunkel, zu unheimlich, zu seltsam. Ich bleibe stehen. Elodie auch.

«Ich denke nicht, dass uns hier noch jemand belauscht», sage ich. «Um was geht es denn? Ich will zurück zu meinem Bier und meinem Date.»

Plötzlich bewegt sich doch jemand zwischen den Bäumen. Ich erschrecke, mehr noch, als ich erkenne, wer das ist.

«Hey! Was machst du denn hier?», sage ich, umarme Cemine und hoffe, dass sie mir nicht die gleiche Frage stellt. ‹Ich dachte, ich gehe mit meiner Erzfeindin ein bisschen spazieren. Mitten in der Nacht. Mitten im Wald. Mitten in einer Party, die ohne uns stattfindet›, wäre unglaubwürdig.

Anstatt mir zu antworten, sieht Cemine hilfesuchend zu Elodie. Die stellt sich neben meine beste Freundin. Als sie ihren Arm um Cemine legt, verstehe ich.

«Das ist kein Zufall, oder?», frage ich, obwohl ich die Antwort kenne. Alles fügt sich zusammen: Cemines Absagen, immer neue, immer öfter; die Themenwechsel, wenn ich über Elodie lästern wollte; die Familienfeiern, die ihr keine Zeit ließen, mich zu treffen. Cemine hat viele Verwandte, aber dass innerhalb weniger Wochen zwei Cousinen und ein Cousin heiraten, drei Onkel runde Geburtstage feiern und zwei Großtanten sterben, von denen ich nie zuvor gehört habe, hätte mir zu denken geben sollen. Ich erinnere mich an Cemines wortlose Verständigung mit Elodie bei der Abstimmung zur London-Reise. Wenn es so lange schon geht mit den beiden, hat mich Cemine wochenlang angelogen.

Seit wir in der fünften Klasse nebeneinandersaßen, haben wir uns immer die Wahrheit gesagt. Ich war die Erste, der sie vor einem Jahr erzählt hat, dass sie auf Mädchen steht, vor ihren Eltern, vor ihren Geschwistern. Danach haben wir bei mir zu Hause die Nacht durchgemacht, eine Flasche Sekt aus dem Kühlschrank geklaut und darauf angestoßen, dass wir uns in Liebesdingen nie in die Quere kommen werden. Und jetzt hat Cemine unser besonderes Band gekappt.

Ich komme mir vor wie ein hilfloser Drache, der seine Verbindung zum Boden verloren hat und vom Wind davongetragen wird. Trotzdem bin ich nicht auf Cemine wütend, sondern auf Elodie. Es muss ihr schlechter Einfluss sein, dass Cemine sich so verhalten hat. Sie hat sie manipuliert. Und mich. Denn egal, wie sehr ich mich ärgere, ich kann nichts dagegen sagen. Zu sehr bin ich von Elodie und ihrem grünen Konto abhängig. Und davon habe ich Cemine ebenso wenig erzählt wie sie mir von ihrer Beziehung. Ich betrüge sie genauso wie sie mich. Cemine und Iso und Max. Sie alle lüge ich an. Wegen Elodie. Sie hat mich in ihr Netz aus Lug und Trug gelockt, und jetzt komme ich da nicht mehr raus. Wie ich sie hasse!

Schnell umarme ich Cemine noch einmal, weil ich einen Moment brauche, um das Gesicht aufzusetzen, das ich ihr und Elodie zeigen will. Cemine krallt sich in meinen Pulli und presst ihre Wange an meine. Als wir uns loslassen, habe ich meinen Mund in ein Lächeln gezwungen.

«Ich freue mich für euch», sage ich zu Cemine und Elodie. Selten ist mir etwas so schwergefallen.

Elodie grinst. Während sie meine beste Freundin noch enger an sich drückt, überlege ich mir immer noch lächelnd, wie ich es Elodie heimzahlen kann.

LEONARD

Als Karl endlich auftaucht, haben Max und ich den Weltrekord im Einander-mit-offener-Ablehnung-wortlos-Anstarren aufgestellt. Karl hat drei Bierflaschen in der Hand. Auch sonst ist er nicht allein. Seinen freien Arm hat er um das Mädchen gelegt, das seine Einladung ablehnte. Drei ihrer Freunde aus der Abi-Klasse folgen den beiden. Aber als Karl Max sieht, lässt er die anderen stehen und geht zu ihm. Karl und Max machen einen dieser komplizierten Grüße, die mit einem fist bump anfangen und in einem Zwischending aus zärtlicher Umarmung und männlichem Brustkorbstoß enden. Mich ignoriert Karl.

«Für dich und Kera.» Karl gibt Max zwei Biere. «Wo ist sie?»

«Gleich wieder da. Danke.»

Die beiden stoßen an.

«Nicht schlecht, deine Party», sagt Max. Karl strahlt ihn an, den Falschen. *Mir* hat er das Fest zu verdanken. Bei Karls und Max' einstimmigem «Prost!» kann ich nicht anders.

«Ja, genieß dein Bier, Max», sage ich. «Es ist das erste Mal, dass du es mit richtig gutem Gewissen tun kannst. Alles über Fair Play abgerechnet und absolut grün.»

«Wieso? Bist du oft rot?», fragt Karls Begleiterin. Max schweigt.

«Max ist kein Fair Player», antworte ich stattdessen.

«Echt? Obwohl eure Klasse das Ding erfunden hat? Krass.»

«Eigentlich ganz schön fies, dass der trotzdem mitfeiern darf», sagt einer von Karls neuen Freunden. «Im Prinzip trinkst du uns das Bier weg, Max.»

«Karls Bruder hat das Bier bezahlt, nicht ihr.»

«In Geld vielleicht. Aber ich habe Fair-Play-Guthaben angehäuft, damit ich es für die Feier spenden kann. Das da», er zeigt auf Max' Flasche, «ist eines der Biere, die ich mir unter der Woche verkniffen habe. Schon ein bisschen asozial von dir, hier aufzutauchen und auf unsere Kosten Party zu machen.»

«Keiner hat dich dazu gezwungen, kein Bier zu trinken. Selber schuld, wenn du so eine blöde App dein Leben bestimmen lässt.»

«Sag mal, hast du nicht verstanden, um was es geht? Karl, was sagst du dazu?» Das Mädchen, um das er den Arm gelegt hatte, zupft an Karls Jacke. Er schreckt vor ihrer Berührung zurück.

«Ich ... ich weiß nicht ...», sagt er.

«Wissen denn die anderen, dass Foul Player hier sind? Ich glaube nicht, dass sie das gut fänden», legt sie nach.

«Ich denke, es ist besser, wenn du jetzt gehst, Max», sage ich. «Sonst rennen Karl die Gäste weg. Oder willst du deinem besten Freund die Party verderben?»

«Ich gehe, wann ich will.»

«Siehst du, das ist genau der Punkt, an dem du falschliegst.» Meinen nächsten Satz genieße ich besonders. «Es interessiert keinen, was du willst und wann du es willst. Nicht mehr. Wir arbeiten auf was Wichtigeres hin, und du ziehst nicht mit. Damit schießt du dich selber ins Aus. In die Irrelevanz.»

«Vielleicht ist es dir egal, was ich will oder nicht will. Aber nicht Karl. Er möchte, dass ich bleibe. Stimmt doch, Karl?!» Das ist er, der Punkt, an dem sich entscheidet, ob ich gewonnen habe.

Karl klammert sich mit beiden Händen an seiner Bierflasche fest und schaut durch uns hindurch. So habe ich ihn noch nie gesehen. Als hätte ihn jemand schockgefrostet.

«Karl?», fragt Max noch einmal.

MAX

BLUTSBRUDERVERRAT! Mein bester Freund, nach dessen Schneidezahn ich im Freibad getaucht habe, als er ihn sich beim Kopfsprung ausschlug, mit dem ich meine erste Zigarette, mein erstes Bier und meine erste Packung Kondome geteilt habe, bleibt stumm. Es ist seine Geburtstagsparty, und er will mich hier nicht haben. Zumindest nicht so sehr, wie er die Anerkennung von Leonard und den Fair Playern will. Nach dem Ritual, bei dem wir als Achtjährige unsere Ellenbogen aneinanderdrückten, meiner vom Sturz aufgeschürft, seiner mit dem Taschenmesser aufgeritzt, um den Moment zu nutzen, kam ich mit einer Blutvergiftung ins Krankenhaus. Vielleicht hätte mir das damals schon zu denken geben sollen.

Wie ein Kind, das durch eine Laune der Natur die Erwachsenen überragt, steht Karl zwischen uns und klammert sich an seiner Bierflasche fest. Ich weiß, dass von ihm nichts mehr kommen wird. Auch wenn es schwer zu glauben ist: Der Mann ist konfliktscheu ohne Ende. Karl hatte es nicht immer leicht, vor allem mit seinem Bruder. Mit Frieder kann man viel Spaß haben, wenn er gut drauf ist. Aber manchmal gleitet seine Seele in die Dunkelheit. Oft zieht er sich dann zu viel Schnaps oder Koks rein, und dann wird er unberechenbar. Einmal hat er mir in seiner Raserei fast das Auge ausgestochen. Danach tat es Frieder leid. Die Narbe habe ich immer noch. Alle meine Narben sind auf die eine oder andere Art mit den Mühlmeiers verbunden. Meistens hat jedoch Karl alles abgekriegt. Es ist absurd. Leonard denkt, er kennt die Mühlmeier-Brüder, dabei weiß er nicht einmal, wer wirklich dafür verantwortlich war, dass er damals in den Brunnen gesperrt wurde und sich die ganze Schule über ihn lustig machte. Karl mag es ausgeführt haben, aber es war Frieders Idee. Ich war dabei, als er Karl dazu gezwungen hat, das durchzuziehen. Sonst wäre Karl selber dran gewesen.

Mein Bauch sagt mir, dass ich mich nicht so einfach geschlagen geben sollte. Dass ich Karl zur Rede stellen sollte, ihn an Blut und Zahn erinnern, daran, dass unsere Freundschaft nicht auf künstlichen Regeln und kalten Apps basiert, sondern auf geteiltem Leid und geteilter Freude aus dem echten Leben. Der Fair-Play-Spuk ist in ein paar Wochen zu Ende. Karl und ich – da sind Jahre ⬅, da sind Jahre ➡. Ja, ich sollte Karl zwingen, was zu sagen, irgendwas.

Mein Stolz lässt mich nicht. Ohne ein weiteres Wort drehe ich mich um und gehe. Kurz vor dem Trampelpfad, der zurück zur Bushaltestelle führt, holt mich Kera ein.

«Hey, wo willst du hin? Karl und Leonard haben gesagt, dass du einfach weggegangen bist.»

«Ich gehe nach Hause.»

«Jetzt schon? Warum?»

«Lange Geschichte.»

«Okay, erzähle sie mir auf dem Weg. Ich komme mit dir», sagt Kera. Sie nimmt meine Hand, und plötzlich ist die Welt wieder in Ordnung.

«Willst du nicht noch ein wenig bleiben?», frage ich.

«Nein, mir ist auch die Lust am Feiern vergangen.»

«Ist was passiert? Was wollte Elodie von dir?»

«Nachher. Lass uns gehen, Max.»

«Auch gut», sage ich. «Die exklusivsten Partys haben eh nur zwei Gäste.» Vorsichtig schiebe ich meine Finger unter den Träger, der unter ihrem Pulli hervorlugt und bei dem ich mir schon den ganzen Abend vorstelle, wie ich ihn und sein Pendant auf der anderen Seite von Keras Schultern streife. Das Kleid wird an Kera herunterfließen. Nur eine Sekunde wird es dauern, aber die Weise, wie die Seide dabei alle Hebungen und Senkungen andeutet, ohne sie zu zeigen ... meine Zeit wird stillstehen.

Ich küsse die Stelle, an der eben noch der Träger war. Ein lautes «Hey, Kera! Max!» unterbricht uns. Sanne kommt den Pfad zum See entlang auf uns zu.

«Was willst du?», frage ich. «Keine kleinen Kinder, auf die du losgehen kannst? Kätzchen, die es zu ertränken gilt?»

«Mann, das habe ich verdient, so wie ich mich neulich verhalten habe.» Sanne macht ein Gesicht, von dem sie denkt, dass es zerknirscht wirkt. Sieht aus wie einer dieser bemitleidenswerten Möpse, denen die Leute Clickbait-Perücken aufziehen. «Sorry. War nicht so gemeint. Die Stimmung war einfach aufgeputscht, verstehst du?»

«Schon okay», sagt Kera.

«Ich wollte dir nur sagen, dass ich es bewunderswert finde, wie du dich nach dem Fiasko auf dem Schulhof wieder aufgerappelt hast. Und dass du jetzt die ganze Zeit im Grünen bleibst ... Wahnsinn! Wir können alle viel von dir lernen. Vielleicht war der kleine Schock gar nicht so schlecht.» Sie zwinkert Kera zu. «Immerhin hat er dich dazu gebracht, dich zu ändern.»

«Ich hätte gut ohne den kleinen großen Schock leben können», antwortet Kera, aber ich sehe, dass ihr das Kompliment guttut.

«Na dann lass uns doch darauf anstoßen, dass wir künftig ohne Schocks jeglicher Größe auskommen», sagt Sanne. «Oder geht ihr schon wieder? Die Party hat doch gerade erst angefangen.»

Kera sieht mich fragend an, und ich nehme meine Hand von ihrer Schulter. Sie will hierbleiben. Kann ich verstehen. Ich hatte das mal, die Anerkennung, den Respekt, die Zuwendung der anderen. Und erst jetzt, wo all das weg ist und ich es bei Kera sehe, vermisse ich es.

«Nein. Nur ich gehe», sage ich. Reine Illusion, dass Kera auf meiner Seite steht. Es ist nicht anders als bei Karl. Auch wenn wir uns was bedeuten, sie ist eine von denen, und ich … ich bin raus. «Euch noch einen schönen Abend.»

«Aber …» Den Rest von Keras Satz küsse ich weg. Das erste Mal, dass ich sie nicht um ihrer selbst willen küsse, sondern weil ich etwas damit erreichen will. Fühle mich schlecht dabei. Doch wenn ich Kera einfach stehengelassen hätte, wäre sie mir hinterhergegangen. Sie hätte sich nicht abschütteln lassen, und ich will, **MUSS** jetzt alleine sein.

Das hier war der Abschluss, den Kera braucht, um mich loszulassen. Ich drehe Kera und Sanne, den ganzen Lichterketten und Fackeln und Feuern den Rücken zu und gehe in die Dunkelheit.

ELODIE

740	**95.000**	**585**
Beiträge	Abonnenten	Abonniert

Was für eine Party! #fairplayforever

«Fertig?» Cemine streckt mir über den Tisch ihre Hand entgegen. Wir sind im himmelblauen Café.

«Ist raus.» Ich nehme die Hand und drücke sie. Seit Kera Bescheid weiß, holt Cemine all das nach, was sie sich davor nicht getraut hat. Was für eine Party! Die Bilder, die ich dazu gepostet habe, brauchen nicht mehr Text. Eines davon zeigt mich und Cemine eng umschlungen vor dem Lagerfeuer. Das einzig Unangenehme an dem Abend war Karls Bruder. Er hat rausgefunden, dass ich für Lackäffchen tätig war und mir die ganze Zeit unter die Nase gerieben, dass er mal in der Berliner Fabrik gearbeitet hat, die zum selben Konzern gehört.

«Wir sind Kollegen, Süße, zumindest Ex-Kollegen.» Dann wollte der Spinner Cemine und mich dazu bringen, vor seiner Handykamera rumzuknutschen. Um uns zu motivieren, hat er mit einem giftgrünen Glasröhrchen gerasselt wie eine degenerierte Klapperschlange. Aber wir wollten seine Pillen nicht. Irgendwann war er so betrunken, dass er eingeschlafen ist, und wir hatten wieder unsere Ruhe. Abgesehen von der Frieder-Episode war es ein episches Fest.

«Was ich mir überlegt habe ...», sagt Cemine und streichelt meinen Handrücken mit ihrem Daumen, «jetzt, wo Kera Max datet, könnten wir doch mal zu viert weggehen. Ins Kino oder so.»

Selbst mit Kera lief es okay. Begeistert war sie nicht. Aber ich glaube, sie hat akzeptiert, dass Cemine und ich zusammen sind. Nur dass Cemine ihr unsere Treffen so lange verschwiegen hat, hat Kera verletzt. Das Lügen nehmen sie einem übler, als wenn man von vorneherein die unangenehme Wahrheit gesagt hätte. Und so wird es auch sein, sollten meine Leute je von meinem Doppelleben erfahren.

Das wird nicht passieren, beruhige ich mich. Mach keine Probleme, wo keine sind! Auch Cemine werde ich nicht mitteilen, dass weder Max noch Kera noch ich uns darum reißen, miteinander einen Film zu sehen. Nicht mein Job, meine Freundin von ihrem Kuschelkurs abzubringen, vor allem wenn ich selbst von ihrer guten Laune profitiere. Das kann Kera ja machen.

«Klar. Kino», sage ich.

Cemine strahlt, steht auf und gibt mir einen Kuss aufs Ohr.

«Bin gleich wieder da.» Sie schiebt sich am Tisch vorbei und geht Richtung Toilette.

Wir berühren uns jetzt immer kurz, wenn wir aneinander vorbeigehen, und ich stelle mir vor, wo ihre Lippen oder ihre Hände mich streifen, wenn sie zurückkommt. Ich muss den Gedanken daran richtig aus meinem Kopf schieben, damit ich mich auf die Kommentare unter meinem Post konzentrieren kann. Wenigstens überfliegen sollte ich sie, solange ich Zeit habe.

Der große Gewinner unserer Aktion ist die App. Schon vor der Party schnellte die Zahl der Fair Player in die Höhe, und der Trend setzt sich fort. Sie übertreffen sich gegenseitig mit Lob für das See-Fest: «Hammer!», «Legende!», «Best Party ever». Die Foul Player bleiben stumm. Der zweite große Gewinner neben Fair Play ist Karl.

@therealSanneWeber: Wer hätte gedacht, dass du echt mal der Große sein würdest, Karl ;-)? Wahnsinnsparty!

Leonards Idee war genial, das muss ich ihm lassen. Langsam verstehe ich, wieso Frau Wenger uns als Fair Play Four gewählt hat. Mit Leonards Tech-Knowhow, Keras Intuition und meinem Verkaufstalent könnten wir die Welt beherrschen. Unser Können scheint sogar aufeinander abzufärben. Die letzte App-Innovation war meine Idee, Leonards Aktion mit der Party war Eventmarketing vom Feinsten, und mit dem neuen Image, das ich ihr verpasst habe, bringt Kera dem Projekt mehr als je zuvor. Nur Max ist außen vor. Nach dem Fair-Play-Logo kam nicht mehr viel von ihm. Und die App hat er immer noch nicht runtergeladen. Aber vielleicht überrascht er uns alle noch.

Nachdem ich die restlichen Kommentare überflogen habe, checke ich meine DMs. Nur eine persönliche Nachricht, wahrscheinlich eine Kooperationsanfrage. In letzter Zeit haben die wieder zugenommen, auch wenn die Angebote weit unter Lackäffchens bleiben. Ich öffne die Nachricht, aber sie ist nicht von einem potenziellen Sponsor. Sie ist von einer Toten. Von jemandem, den es eigentlich nicht mehr geben sollte im Netz.

Ich tippe den Absender an. Die Seite ist wieder da, immer noch privat, doch sonst ist alles anders als zuvor. Green Fairy abonniert niemanden, niemand hat sie abonniert. Das Profilbild ist neu. Sie hat das Wassermonster aus Leonards Clip rüberkopiert. Hohläugig starrt es mich an. Die Botschaft ist klar. Ihr müsst vor mir Angst haben, nicht ich vor euch.

Ich sehe mir Green Fairys Nachricht an. Sie hat ein Foto gesendet. Sofort schließe ich die Augen, aber es geht nicht weg. Als ich sie öffne, sehe ich immer noch mich auf dem Display, wie ich auf dem Spielplatz mit meinen Brüdern herumtolle, die Plattenbauten – nicht die hippe, sanierte Version in guter Lage, sondern solche, in denen keiner wohnen will – gut sichtbar im Hintergrund. Der Tag nach der Party, ein sonniger Nachmittag. Ich kann mich daran erinnern, wie gelöst ich war, nachdem Cemine und ich die Sache mit Kera endlich hinter uns gebracht hatten. Henry und Charlie haben mich überredet, mit ihnen zu toben. Und wie wir getobt haben! Die alte Jogginghose meiner Mama ist mit Staub und Matsch bedeckt, meine Haare stehen nach allen Seiten ab, meine Augenringe zeugen nicht von einer guten, sondern von einer exzellenten Nacht und sind concealerlos selbst aus der Entfernung gut sichtbar. Das bin immer noch ich, mehr ich als auf den Fotos im Internet, aber für meine Leute rauft mit den zwei verwahrlosten Kindern, deren Haare mal wieder geschnitten werden sollten, eine Unbekannte, die mir entfernt ähnelt und mehrfach durch die Gosse geschleift wurde. Mir schaudert bei dem

Gedanken, dass da jemand in den Büschen saß und mich beobachtet hat, mich und meine Brüder. Unter dem Bild steht:

Wissen deine Abonnenten eigentlich, wer du wirklich bist?
Du hast meine Identität enthüllt, jetzt ist Payback-Time.
Ich gebe dir nur eine Chance zu verhindern, dass ich dein
Geheimnis verrate: Ab jetzt wirst du Fair Play untergraben.
Du wirst das Projekt so manipulieren, dass es im
Wettbewerb keine Chance mehr hat.

Ich fahre zusammen, als etwas meinen Nacken berührt. Cemine lacht.

«So schreckhaft, Baby?»

Schnell schließe ich die Nachricht. Ich glaube nicht, dass Cemine sie gesehen hat. Sie streicht noch einmal über die Stelle, die sie so mag, bevor sie sich hinsetzt. Ich kann es nicht genießen. Mit einer einzigen E-Mail ist das neue Leben, das ich mir in den letzten Wochen mühsam aufgebaut habe, zusammengebrochen. Ein Foto, ein paar Zeilen, mehr hat es nicht gebraucht. Ich könnte heulen. Immer, immer die ewig gleiche Entscheidung: Geld oder Integrität, Armut oder Selbstverleugnung. Ich kann es einfach nicht abschütteln, dieses Dilemma. Es verfolgt mich, und jetzt hat das Monster ein Gesicht und einen Namen und sogar ein Profil, auf dem beides gut zu sehen ist. Ich kann nicht mehr, bin müde, so müde.

Trotzdem versuche ich, mir nichts anmerken zu lassen, lache, wenn Cemine lacht, nicke und schüttele den Kopf, nehme wieder ihre Hand, als sie sie mir reicht, manchmal schaffe ich sogar einen ganzen Satz. Aber hinter der Fassade kreist alles um einen Gedanken. Außer uns weiß eine einzige Person Bescheid. Nur sie könnte Green Fairy mein Geheimnis verraten haben, nur Kera. Aber warum?

MAX

VOLLBREMSUMKEHRDREHUNG! Aus Gewohnheit bin ich zu meinem üblichen Spind gegangen, aber als ich Karl dort stehen sah, habe ich kehrtgemacht und mich in die hinterste Ecke der Umkleidekabine verzogen. In einer Nische vor den Duschen sitze ich auf der Plastikbank und binde meine Nikes. So weit weg von der Tür ist der Schweiß-Hormon-Deo-Wasserdampf-Mix kaum auszuhalten. Ich überlege, ob ich nicht doch an meinen alten Platz zurückgehen soll, als Leonard plötzlich vor mir steht. Es dauert einen Moment, bis ich verstehe. Das hier ist normalerweise sein Rückzugsgebiet, nur dass er keines mehr braucht. Bei der Art, wie ^{ER} auf _{MICH} herablächelt, bevor er sich einen neuen Spind sucht, formt sich ein Ball aus Wut, aus Hilflosigkeit, aus Ablehnung in meinem Bauch. Ich weiß nicht, wen ich mehr verachte – ihn oder mich.

Leonard wählt einen Platz in der Mitte und holt eine Eineinhalb-Liter-Plastikflasche Cola aus seinem Rucksack, um sie gleich mit in die Sporthalle zu nehmen. Seit der Schröder entdeckt hat, dass die meisten nur vorgeben, auf die Toilette zu gehen, und insgeheim ihre Handys checken, ist er superstreng, was das Verlassen der Sporthalle angeht. Selbst während der Pause zwischen der Doppelstunde bleiben alle drin, um ihn nicht zu verärgern. Leonard nimmt einen großen Schluck aus der Colaflasche und die Frage poppt hoch, die mich seit der Party beschäftigt: Wie schafft er es, sein Konto grün zu halten? Alle anderen hier füllen Glasflaschen mit Leitungswasser.

In den letzten Tagen habe ich Leonard beobachtet. Ich konnte nicht anders. Er bestimmt mein Leben jetzt mit, meine Beziehungen, meinen Alltag, und ich will wissen, mit wem ich es zu tun habe. Drei Sachen sind mir aufgefallen.

1. Der Leonard von heute hat nichts mit dem Leonard der letzten Jahre zu tun. Er geht anders, steht anders, redet anders. Graubereich zwischen Selbstbewusstsein und Arroganz.

2. Im Vergleich zu den anderen Fair Playern konsumiert er ziemlich viel.

3. Das kontofeindlichste Verhalten kommt dann raus, wenn Leute nicht hinsehen oder Leonard das zumindest denkt.

Ich grüble weiter über Leonard nach, während ich mit den anderen in die Halle gehe. Der Schröder erwartet uns mit einem Basketball in der einen und diesen Schärpen, die immer nach vergorener Milch riechen, in der anderen Hand. Ich hoffe, dass ich in das Team ohne Schärpen komme. Wenigstens steht heute was Okayiges auf dem Stundenplan.

Sport hat mich nie interessiert. Um gut zu sein, muss man Ehrgeiz haben und sich anstrengen. Beides nicht meins. Trotzdem liegen meine Basketballleistungen im soliden Mittelfeld. Mein Vater hat schon einen Korb hinter unserem alten Haus montiert, als meine Mutter das erste Ultraschallbild nach Hause brachte. Aber mein Ballgefühl scheint heute niemanden zu interessieren. Die Mannschaftskapitäne übergehen mich ein ums andere Mal, als sie ihre Teams zusammenstellen! Bei den ersten Runden finde ich es noch interessant, wie sich das anfühlt, wenn mein Name einfach nicht fallen will. Kenne ich nicht. Doch irgendwann fühlt sich das nicht mehr interessant an, sondern beschissen. Leonard und Karl wurden längst ins Schärpen-Team berufen. Ich will, dass endlich jemand «Max» sagt, sehne mich verzweifelt danach, auch so ein vollgeschwitztes Band überziehen zu dürfen. Erst als nur noch Jungs übrig sind, die nicht nur **nicht** zum Mannschaftserfolg beitragen, sondern diesen durch ihre Anwesenheit auf dem Feld **aktiv** verhindern, nimmt mich der Kapitän ins schärpenlose Team. Dass ich als Drittletzter gewählt werde, kam noch nie vor. Es ist, als wäre ich unsichtbar-irrelevant-gar-nicht-wirklich-da.

Beim Spiel geht es so weiter. Ich wusste nicht, dass sich auch da die Hierarchie an der Schule spiegelt. Das Feld mit den zwei Körben ist kein Fair-Play-freier Raum. Bälle werden zu anderen gepasst, obwohl ich frei und in der besseren Position bin, ich werde rauer angegangen. Nach zwanzig Minuten kann ich nicht mehr. Bei einem besonders heftigen Rempler tue ich so, als ob ich mir die Hand verstauche. Der Schröder befreit mich vom restlichen Unterricht und erlaubt mir, die Turnhalle zu verlassen, um bei Dragomir nach Eis zu fragen.

Erleichtert packe ich in der Umkleidekabine meine Sachen zusammen. Das Duschen lasse ich ausfallen. Nur weg hier. Doch als ich an Leonards Spind vorbeilaufe, hält mich was zurück. Wieder diese nagende Frage: Wie macht er das mit dem grünen Konto?

Frieder hat uns schon in der fünften Klasse gezeigt, wie man die Spind-Schlösser knackt. Nach zwei Minuten liegt Leonards Hab und Gut vor mir, als wäre es meins. Ich widerstehe der

Versuchung, den ganzen Kram in die Kloschüssel zu stopfen und drüberzupinkeln. Stattdessen nehme ich Leonards Handy aus seinem Rucksack und stelle ihn so zurück, wie ich ihn vorgefunden habe. Ich verschließe den Schrank und verlasse die Sporthalle. Die nächste Hürde wird höher sein, aber dafür habe ich die restliche DoPPelstunde Zeit.

Auf dem Weg nach draußen bestelle ich über den Account meines Vaters einen Wagen. Wenige Minuten später steht der klotzige Mercedes vor mir, der als Präferenz gespeichert ist. Ich lasse mich nach Hause bringen und bitte den Fahrer zu warten. Als ich mit meinem Laptop und einem mobilen XXL-Monitor zurückkomme, sieht er mich verwirrt an.

«Wohin nun?», fragt er.

«Fahren Sie so, dass Sie möglichst viel Benzin verbrauchen.»

«Im Ernst?» Der Blick im Rückspiegel ist ungläubig, die Stirn gerunzelt.

«Ja. Sie haben eine Stunde Zeit», antworte ich. «Dann müssen wir wieder an der Sporthalle sein, an der Sie mich abgeholt haben.»

Der Fahrer checkt auf seinem Handy die exzellente Trinkgeld-Chronik meines Vaters, zuckt mit den Schultern und lässt weitere Fragen sein. Gut so, denn ich habe zu tun. Ich weiß, dass Leonard Gesichtserkennung benutzt, um sein Handy zu entsperren. Oft genug habe ich ihn dabei gesehen. Die Zeiten, in denen sich die Sicherheitstechnik mit Fotos überlisten ließ, sind vorbei. Das heißt aber nicht, dass ich nicht reinkomme.

Ich kann keine Apps programmieren und keinen Code schreiben, aber ich bearbeite Bilder und Videos an Computern, seit ich alt genug war, sie zu bedienen. Nach der Scheidung hat mein Vater es sich zur Aufgabe gemacht, mir sämtliche Graphik-, Virtual-Reality-, Foto- und Videobearbeitungsprogramme zu schenken, die der Markt und seine Kontakte hergeben – je teurer und schwerer zu beschaffen, desto besser für sein Gewissen. Und damit werde ich Leonards Handy entsperren. Ich werde kein Bild schaffen, sondern ein perfektes Abbild, einen zweiten Leonard auf dem Bildschirm, der vom echten nicht zu unterscheiden ist. Die Gewissheit, dass ich Leonard austrickse und dafür auch noch einen Computer verwende, lässt mich auflachen und den Fahrer wieder neugierig in den Rückspiegel schauen.

Fair Play schickt – das kenne ich von Kera – die erste Anfrage auf Leonards Display. Kann er bestätigen, dass er im Auto unterwegs ist? Ich muss mich beeilen! Dass Leonard in Sachen Selfievolumen neuerdings Elodie nacheifert, macht die Sache einfacher. Ich lade die Bilder mit den Perspektiven runter, die ich brauche, und jage sie so lange durch meine Programme, bis mich ein täuschend echter, animierter Leonard von meinem Riesenbildschirm anschaut. Ich halte ihn neben mir ans Polster. Der Fahrer erschrickt, als im Rückspiegel plötzlich zwei Passagiere nebeneinandersitzen. Damit müsste es klappen. Es sei denn, Leonard hat noch eine zweite Sperre eingebaut. Technisch wäre das kein Problem für ihn. Aber ich muss es darauf ankommen lassen.

Fair Play sendet mir jetzt im Minutentakt Fragen. Die Liste wird länger:

Bist du mit dem Auto unterwegs? Ja / Nein

Wenn ja, wie viele Personen befinden sich in dem Wagen?

Diesel? Benziner? Elektro? Hybrid? Wasserstoff?

Marke? Modell?

Jetzt oder nie. Ich wische die erste Benachrichtigung zur Seite. Das Handy will entsperrt werden. Ich halte es vor den Bildschirm mit Leonards Gesicht und schließe die Augen. Ein paar Sekunden passiert gar nichts. Doch dann ... Mit einem ♪ legt das Handy seine Geheimnisse offen. Keine zweite Sperre. Leonards Arroganz rächt sich. Außer sich selbst hält er niemanden in seiner Umgebung für schlau genug, Handys zu hacken.

Wenn ich mehr Zeit hätte, würde ich mich durch seine Nachrichten wühlen. Aber der Fahrer biegt bereits in die Straße zur Sporthalle ein. Ich muss mich beeilen. Schnell beantworte ich Fair Plays Fragen. Ja, wir sind mit dem Auto unterwegs, nein, kein Elektro, nicht mal ein Hybrid, ja, genau, Dieselmotor mit Horrorverbrauch, nein, außer mir sitzt keiner im Auto. Als Modell gebe ich einen Hummer SUV an. Selbst wenn Leonard der sparsamste Verbraucher der Welt ist, müsste er jetzt zumindest für kurze Zeit rot werden. Aber Fair Play schickt keine Benachrichtigung dazu. Ich checke Leonards Social-Media-Seiten mit meinem Handy: Die Icons sind grün.

Wusste ich es doch! Der manipuliert seinen Account. Bei Kera hat er aber kein Wort der Verteidigung gesagt. Wahrscheinlich war er froh, selber nicht dran zu sein. Damit ist jetzt Schluss! Der Fahrer hält vor der Sporthalle. Ich gebe ihm ein kräftiges Trinkgeld auf Kosten meines Vaters und verstecke mich hinter den Autos in der Nähe des Eingangs.

Leonard kommt als Letzter aus der Sporthalle. Wahrscheinlich hat er ewig den Spind nach seinem Handy durchsucht. Auch jetzt wühlt er verzweifelt in seinem Rucksack.

«Hey, Leonard!», rufe ich. «Suchst du das?» Ich werfe ihm sein Handy zu. Leonard lässt den Rucksack fallen, fängt das Handy auf, verliert es gleich wieder, rettet es aber, bevor es auf den Boden kracht. Er hockt sich neben seinen Rucksack. Mit den Händen umklammert er sein Telefon wie Gollum, der mit seinem Schatz wiedervereint ist. Ich gehe zu ihm und sehe ein paar Sekunden zu, wie er sein Handy checkt und langsam versteht, was in der letzten Stunde passiert ist.

«Interessant, welche großen Geheimnisse so ein kleines Gerät birgt», sage ich.

Die Panik in Leonards Gesicht, als er hochblickt, sagt mir, dass ich mit meiner Theorie so was von richtigliege. Dieses Mal lächle ^{ICH} **auf** _{IHN} herab.

ELODIE

745	100.008	590
Beiträge	Abonnenten	Abonniert

Über 100 000 Abonnenten! Ich kann es kaum glauben.
Vielen Dank für eure Unterstützung! Luv ya! #ohhappyday

Ich sollte mich freuen, kann es aber nicht. Green Fairys Drohung überschattet alles. Sollte sie mein Geheimnis öffentlich machen, kann ich froh sein, wenn noch zehntausend meiner Leute übrig bleiben. Und ich brauche sie doch, wenn alles vorbei ist. Ich darf meine Leute nicht verlieren. Um das zu verhindern, muss ich Fair Play opfern. Ausgerechnet jetzt!

Die Fair Player haben es zum ersten Mal geschafft, das Gemeinschaftskonto grün zu kriegen. *Wir*, erinnere ich mich, *wir Fair Player*! Aber so fühlt es sich nicht mehr an. Auch wenn es außer mir keiner ahnt ... *ich* weiß, dass ich Fair Play verraten werde, verraten muss.

Dass wir kurz davor sind, unser Ziel zu erreichen, auf das wir monatelang gemeinsam hingearbeitet haben, macht es noch bitterer. Ich muss das alles zerstören. Nach einem halben Tag war das Gemeinschaftskonto wieder rot, aber drei Viertel der Schüler haben mittlerweile die App. Stündlich werden es mehr.

Es ist nur eine Frage von Tagen, bis das große Konto dauerhaft grün ist. Dann hätten wir geschafft, was vor uns niemandem gelang. Aber ich werde dieses Wir zerschlagen. Ich will mich ausloggen, eine Weile nicht darüber nachdenken, ein bisschen mit Cemine telefonieren, um mich aufzuheitern, als ...

Bzzzzz! Ein lästiges Pop-up erscheint. Green Fairy hat gesehen, dass ich online bin, und will mit mir chatten. Das Monster, das mich auf die andere Seite zog, auf seine Seite, gönnt mir keine Pause.

> **@I_am_Green_Fairy:** Wie sieht es aus? Eine Woche, seit ich dir gesagt habe, was du zu tun hast – kein Ergebnis. Oder habe ich irgendwas nicht mitgekriegt?

Kurz überlege ich, ob ich Green Fairy ignorieren kann, aber ich will sie nicht noch mehr verärgern.

> **@elodies_melodie:** Das geht nicht so schnell. Ich habe versucht, die Foul Player zu provozieren, aber seit der See-Party ist bei denen die Luft raus. Mir wird schon noch was einfallen.

> **@I_am_Green_Fairy:** Versuche zählen nicht. Fair Play muss implodieren. Du kannst dir nicht ewig Zeit lassen. Tick tock tick tock ...

Ich komme mir vor wie dieses Krokodil aus Peter Pan, das den Wecker verschluckt hat. Green Fairys Countdown wird mich ewig verfolgen, wenn ich nichts unternehme. Je länger ich es hinauszögere, desto schwerer wird es für mich, für die anderen. Jetzt muss ich durchziehen, was ich schon länger beschlossen habe.

Ich werde Kera opfern. Sie hat es sich selbst eingebrockt, dachte wahrscheinlich, dass mehr Leute Bescheid wissen und ich nicht hinter ihren Verrat komme, wenn sie über Green Fairy geht. Fuck her.

@elodies_melodie: Okay, okay. Ich habe Informationen, die den Glauben an Fair Play so erschüttern würden, dass die meisten Fair Player abspringen. Wenn ich dir die gebe, lässt du mich dann in Ruhe?

Ich hoffe, dass Green Fairy auf meinen Vorschlag eingeht. Danach kann ich immer noch versuchen, die Bombe, die sie platzen lässt, auszubügeln. Vielleicht ist Fair Play stark genug, das zu überstehen. Dann hätte ich meine aktuelle Geldquelle verloren, wäre aber wenigstens nicht schuld am Tod des Experiments.

@I_am_Green_Fairy: Sicher. Wenn die Infos wirklich so explosiv sind, wie du meinst ...

@elodies_melodie: Sind sie. Wenn du sie veröffentlichst, würde das allerdings auch deine Informantin in den Dreck ziehen. Ist das ein Problem?

@I_am_Green_Fairy: Du weißt, wer mir dein Geheimnis verraten hat?

@elodies_melodie: War nicht so schwer, das herauszufinden. Außer mir wissen es nur eine Handvoll Leute. Noch mal: Wirst du die Infos auch benutzen, wenn es dabei um deine Informantin geht? Ich weiß nicht, was euer Deal war ...

@I_am_Green_Fairy: Das ist kein Problem. Cemine hat keine Bedingungen gestellt. Ich schulde ihr nichts.

Cemine? Mein Herz setzt aus.

KERA

Ich sitze im Wintergarten und starre sehnsüchtig nach draußen. Nicht weil ich darauf warte, dass Herbstregen und -wind sich verziehen, sondern weil ich hoffe, dass Max am Gartenzaun auftaucht wie damals. Seit der See-Party hat er sich zurückgezogen. Einsilbige Antworten auf meine Texte, manchmal Tage später, Anrufe, die weggeklickt werden, Kontaktvermeidung in der Schule, die Cemine die Augenbrauen hochziehen lässt, auch wenn sie zu taktvoll ist, mich darauf anzusprechen. Ich habe noch nicht einmal versucht, ihre Beziehung mit Elodie zu untergraben. Mein Max-Kummer lässt alles andere in den Hintergrund rücken. Manchmal frage ich mich, ob ich unsere Sternstunden nur geträumt habe, den Kuss im Park, die Jagdhüttennacht und wie wir gemeinsam zur Party gingen. Doch dann fällt mir ein, dass da nicht nur Kusskreise um Bauchnabel und Finger unter Seidenträgern waren, sondern auch grüne Konten, die eigentlich rot sind, und Visitenkarten, die aus Mülleimern gefischt wurden. Wir haben unsere Beziehung auf Lügen gebaut. Kein Wunder, dass sie jetzt bröckelt.

Ich nehme mir ein Stück Ingwerschokolade. Gleich darauf lege ich es wieder zurück in die Packung neben mir auf dem Rattansofa. Meine Fingerabdrücke bleiben auf dem braunen

Schmelz zurück. Ich kann alle Schokolade der Welt essen, ohne ins Rote zu gehen. Und ich habe keinen Appetit.

«Du verweigerst deine Lieblingsschokolade? Bist du krank?»

So ähnlich, denke ich, will Iso aber nicht beunruhigen. *Reiß dich zusammen, Kera!* Ich war so sehr mit meinem Selbstmitleid beschäftigt, dass ich nicht gehört habe, wie meine Schwester den Wintergarten betrat. Sie setzt sich neben mich auf das Sofa. Wortlos hebe ich die Decke. Iso kuschelt sich an mich. Ich genieße ihre Nähe, fühle mich nicht mehr so allein, bis Iso die angebotene Schokolade ausschlägt – «ist heute nicht mehr drin, glaube ich» – und mir wieder einfällt, dass ich auch sie anlüge. Wie sehr ich mir wünsche, dass das Experiment endlich vorbei ist! Aber ich muss noch einen Monat durchhalten und mich so lange ablenken, so gut es geht.

Es gibt etwas, das ich Iso schon lange fragen wollte. Wenn ich schon in der Gegenwart nicht offen mit ihr sein kann, dann will ich wenigstens vergangene Unstimmigkeiten klären. Ich muss mich daran erinnern, dass auch andere Fehler machen, selbst Iso.

«Warum hast du damals eigentlich diesen komischen Satz gesagt?», frage ich.

Iso weiß sofort, was ich meine.

«Bei der Demo?»

«Ja. Wir haben danach nie wieder darüber geredet. Ich weiß auch nicht warum.»

«Na, weil die Sache mit Ben passierte und alles andere unwichtig werden ließ.»

Iso nimmt sich jetzt doch ein Stück Schokolade. Ich auch. Ben lässt auch heute noch alles andere unwichtig werden und erinnert uns daran, was für ein Geschenk es ist, dass wir uns gegenseitig gesund unter einer Decke wärmen und spüren dürfen, wie Schokolade im Mund schmilzt.

«Stimmt» sage ich, bevor ich mein Schoko-Stück in den Mund stecke. «Dadurch geriet alles andere in Vergessenheit. Wir konnten so tun, als wäre das Debakel bei der Diskussion nie passiert.»

Eine Weile lutschen wir an der zuckrigen Schärfe, Isos Kopf auf meiner Schulter. Dann sagt sie:

«Der Satz war nicht von mir.»

«Natürlich» antworte ich. «Du hast ihn doch gesagt. Ich war dabei.»

Iso richtet sich auf und sieht mir in die Augen.

«Schon, aber ich habe ihn nur nachgeplappert.»

«Wem nachgeplappert?», frage ich, und im selben Moment habe ich die Antwort klar vor Augen. »Eichner!» Iso nickt.

«Weißt du noch, wie ich verlorenging?»

«Klar!», antworte ich. In Gedanken füge ich hinzu: «Und ich wünsche mir jeden Tag, dass ich besser aufgepasst hätte.»

«Du hast ganz schön lange gebraucht, bis du mich gefunden hast. Und in der Zeit hat Eichner mit mir geredet. Er hat erzählt, dass er gleich auf der Bühne sprechen wird, hat gesagt, dass es einen Satz gibt, den all unsere Mit-Demonstranten hören wollen, den sich aber keiner zu sagen traut, nicht einmal er. Und wer ausspricht, was alle denken, dem ist ihre Hochachtung sicher. Der Satz war ...»

«*Dann sollen sich die Arbeiter halt einen anderen Job suchen*», sage ich, und als mir klarwird, dass Eichner das alles bewusst in Gang gesetzt hat und was daran hängt, wird der Schokoladengeschmack zu süßem Schleim in meinem Rachen, der mir das Gefühl gibt, zu ersticken. Wer weiß, ob Ben überhaupt auf die Bühne gekommen wäre ohne Iso?

«Genau.» Iso richtet sich auf, damit sie mir in die Augen sehen kann. Kälte kommt rein, wo sie die Decke hebt. «Und als ich auf der Bühne war und mich alle ignorierten und Ben die ganze Zeit sprach und Eichner mir die passende Frage dazu stellte, habe ich dieses blöde, blöde Statement losgelassen, weil ... weil ...»

«Weil du Eichner beeindrucken wolltest.»

«Nicht ihn. Dich.»

MAX

SCHACHKURZVORMATT-TRIUMPH!

Heute werde ich Leonard zerstören. Zumindest seinen Ruf. Ich habe mir lange überlegt, was ich mit meinem Wissen anfangen soll. Leonard vor den anderen bloßstellen? Schwierig ohne Beweise. Selbst wenn ich Screenshots von seinem Handy gemacht hätte ... jeder weiß, dass ich so was in fünf Minuten zusammenbasteln kann. Die Fair Player halten ihm fanatisch die Treue. Das wäre nach hinten losgegangen. Mir schien es am einfachsten, die Wenger anzugehen. Soll sie sich doch mit der Misere auseinandersetzen, zu der ihr Projekt wurde. Petzen hat zu Unrecht ein schlechtes Image. Ich gebe einfach Informationen weiter, die andere unter den Teppich kehren wollen. Whistleblower bin ich. Klingt besser.

«Leonard lügt», sage ich unumwunden und freue mich über den Schock in den Augen der Wenger.

«Inwiefern?», fragt sie. Wir sind im gleichen Zimmer wie vor drei Monaten, als sie mich dazu überredete, bei den Fair Play Four mitzumachen. Und doch ist alles anders. Die Wenger sitzt. Ich stehe. **Sie** _{UNTEN}**, ich** ^{OBEN}.

«Leonard hat seinen Account so programmiert, dass er immer grün bleibt», sage ich. «Das Experiment fußt auf falschen Voraussetzungen. Wir müssen es abbrechen!»

Die Wenger steht auf. Jetzt sind wir auf Augenhöhe. Mir hat es besser gefallen, als ich auf sie runtersah.

«Sind Sie sicher? Haben Sie Beweise?» Was sie nicht ausspricht, tut mehr weh: Es gibt die **Schlauen** und die **Doofen,** und im Allgemeinen gelingt es den **Doofen** nicht, die **Schlauen** auszuspionieren, weil sie eben die **Doofen** sind und nicht die **Schlauen**. *Und du, Max, gehörst nicht zu den Schlauen.*

«Nein, Beweise habe ich nicht.»

«Dann kann ich leider nichts tun.» Die Wenger verschränkt die Arme.

«Aber das lässt sich doch nachprüfen, wenn Sie Einsicht in Leonards Account verlangen.» Ich sehe die Wenger fassungslos an. «Sie haben die Autorität dazu.»

«Selbst wenn Sie recht haben: Die erste Regel bei laufenden Experimenten ist, dass man nicht eingreift. Es sei denn, sie eskalieren so, dass sie zur Gefahr für Leib und Leben werden. Ist jemand in Gefahr, Max?»

«Nicht dass ich wüsste. Aber …»

«Na also. Dann haben Sie Ihre Antwort.»

Wieder stört mich das Ungesagte am meisten: *Warum sollte ich dir glauben, einem Schulversager, der dafür bekannt ist, immer den unstressigsten Weg zu nehmen, um sein Ziel zu erreichen, und Leonard misstrauen, dem Einserschüler mit lupenreiner Weste?* Ich stehe allein da. Karl ist nicht mehr auf meiner Seite. Die Foul Player haben mich ausgeschlossen. Die Fair Player sind eh gegen mich. Kera ist eine von denen. Mein Vater ist noch beschäftigter als sonst, seit er seine Hochzeit plant. Meine Mutter muss sich auf ihre Therapie konzentrieren. Und die Person, deren Job es gerade wäre, meine Sorgen ernst zu nehmen und meinen Anschuldigen nachzugehen, tut es nicht.

Ich bin so enttäuscht, dass ich wortlos zur Tür gehe. Aber die Wenger ist noch nicht fertig mit mir.

«Und Max ... seien Sie froh, dass wir das Experiment nicht vorzeitig abbrechen müssen!», ruft sie mir hinterher. «Sonst würde das mit Ihrer Versetzung nicht klappen. Wir verstehen uns?»

Ich bleibe stehen.

«Wir verstehen uns», sage ich.

«Wunderbar», antwortet die Wenger. Damit ist unser Gespräch beendet. Die Wenger überholt mich auf dem Weg zur Tür und hält sie auf, bis ich durchgegangen bin. Milde lächelnd geht sie den Gang entlang zum Treppenhaus.

Ich setze mich auf meinen Platz am Fenster. Die lauwarme Heizung macht meine Laune nicht besser, und ich verfluche die Fair Player und Leonard und die ganze Welt. Um meine Hände zu wärmen, stecke ich sie in die Jackentaschen. Die zwei Hälften der Visitenkarte finden sofort ihren Weg zu mir, warten, bis meine Finger sie umschließen und nach draußen ziehen. Ich setze sie zusammen. Die Kanten fügen sich nahtlos aneinander. Als der Riss kaum mehr sichtbar ist, weiß ich, was ich tun muss. Mein Handy liegt leicht in der Hand, fast schwerelos. Ich stehe auf, damit ich besser sprechen kann.

«Christoph Eichners Büro. Wie kann ich Ihnen helfen?» Vorzimmer. So einfach komme ich hier nicht durch.

«Hallo, Max Bianchi hier.» Beinahe hätte ich aus Gewohnheit «sein Sohn» zugefügt. Sekretärinnen und ihre Stimmen machen das mit mir. Die meines Vaters wechseln wie das Auto oft mit der Freundin. Manchmal sind Freundin und Sekretärin dieselbe Person. «Kann ich bitte Herrn Eichner sprechen?»

«Darf ich fragen, um was es geht, Herr Bianchi?»

«Fair Play.»

«Wir hier spielen immer fair», sagt die Sekretärin und lacht.

«Das bezweifle ich nicht, aber ich spreche von einem Schulprojekt, das an Herrn Eichners Umweltwettbewerb teilnimmt. Ich bin einer der vier Schüler, die Fair Play steuern. Herr Eichner hat gesagt, ich kann mich jederzeit bei ihm melden, wenn es Probleme gibt.»

«Einen Moment bitte.»

Die Singsangstimme weicht Klavierklängen, und ich muss warten. Lange. Ich will auflegen – klar, dass auch der Eichner leere Versprechungen gemacht hat, Kera hat mich nicht umsonst vor ihm gewarnt –, als die Leitung knarzt:

«Max! Schön, von Ihnen zu hören. Was gibt es denn?»

ELODIE

745	**102.334**	**574**
Beiträge	Abonnenten	Abonniert

Wieder ein Tag ohne Post. Meine Leute machen sich Sorgen. Die Kommentare unter den alten Beiträgen werden mehr.

> **@_KARL_DER_GROSSE_:** Also in der Schule war sie heute. Sah aber schlecht aus. So dünn.

> **@therealSanneWeber:** Vielleicht übertreibt sie es mit der Askese. Ständig ein grünes Konto zu haben, zehrt bestimmt an ihr ...

> **@IsoBella2021:** Pass gut auf dich auf, Elodie!

Meine Leute liegen falsch mit ihrer Vermutung. Mittlerweile hat fast die gesamte Schule Fair Play heruntergeladen. Es ist leichter als je zuvor, grün zu sein. Viele schaffen das jetzt. Kera verlangt zum Glück immer noch Guthaben. Ich habe den Verdacht, dass sie einiges davon an ihre Schwester weitergibt. Der Grund, warum es mir schlechtgeht, ist ein anderer: Green Fairys Enthüllung. Seitdem will ich mich nicht mehr zeigen.

Verkriechen will ich mich, allein sein. Ich habe keinen Appetit mehr. Selbst den besten Brownie Berlins kriege ich nicht runter. Ich zerbrösele ihn und presse Teigtupfen in den Teller, bis Cemine es nicht mehr mit ansehen kann.

«Alles okay?», fragt sie.

Wie immer sieht Cemine vor der himmelblauen Tapete noch besser aus als sonst. Ein Hintergrund, wie für sie gemacht. Ihre Haut strahlt, als wäre sie mit Goldstaub überzogen. Obwohl sie vor mir sitzt, ich jede Haarsträhne ausmachen kann, die schwarze Kringel auf das Blau malt, ist meine Sehnsucht unerträglich. Cemine ist weiter weg als jemals zuvor. ‹Warum hast du alles kaputt gemacht?!›, will ich sie anschreien. Mehr als ein Krächzen kommt nicht raus, ein klägliches:

«Warum?»

«Warum was, Baby?» Cemine beugt sich nach vorne und lächelt mich an. Einen Moment lang will ich einfach vergessen, was ich weiß. Ich will so tun, als wäre Green Fairy nie in mein Leben zurückgekehrt. Es fühlt sich gut an und sicher und watteweich, und genau deswegen weiß ich, dass es nicht real ist. Das Leben ist nicht watteweich.

Ich reiße mich zusammen und sehe Cemine direkt in die Augen.

«Warum hast du mein Geheimnis an Green Fairy verraten?»

Falls die Anschuldigung Cemine überrascht, zeigt sie es nicht. Sie lehnt sich zurück und setzt sich gerade hin. Wie eine Königin auf ihrem Thron sieht sie aus und erinnert mich daran, warum sie einstimmig zur Klassensprecherin gewählt wurde. Aber ihre Hände verraten sie. Sie sind in ihren Ärmeln verschwunden.

«Es war notwendig», antwortet sie. «Du hast an etwas festgehalten, das dir nicht mehr guttat, und ich konnte das nicht länger mit ansehen. Diese falsche Welt, die du aufgebaut hast, musst du hinter dir lassen.»

«Das mag sein, aber das war nicht deine Entscheidung.»

«Es war eine Entscheidung, die getroffen werden musste, und außer mir hat es keiner getan.» Cemine ballt die Hände unter ihrem Blusenstoff. Ich denke an unser erstes Treffen im himmelblauen Café zurück, als sie mir sagte, wie sehr sie mich für meine Entschlossenheit bewundert. Mein Kopf ist plötzlich schwer, so schwer. Ich stütze ihn in meine Hände.

«Okay, selbst wenn wir beiseitelassen, dass das komplett übergriffig von dir war … seit wann hast du was gegen Fair Play?», frage ich. «Ich dachte, du stehst hinter dem Projekt. Oder nimmst du den Fair Playern immer noch übel, wie sie Kera behandelt haben?»

«Nein, das mit Kera habe ich längst vergessen. Mittlerweile läuft das Projekt doch super. Wieso sollte ich was gegen Fair Play haben?»

«Weil ich dank dir dazu gezwungen werde, Fair Play zu zerstören.»

«Green Fairy will, dass du Fair Play schadest?»

«Klar will sie das! Sie erpresst mich. War das nicht dein Plan?»

«Nein, natürlich nicht. Green Fairy ist so überzeugt von ihrem Projekt. Ich dachte, sie will den Wettbewerb auf ehrliche Weise gewinnen.»

«Das ist ein bisschen naiv, Cemine.»

«Vielleicht. Aber es ist doch egal, was Green Fairy will. Das ändert nichts. Dann musst du eben selbst der Welt zeigen, wer du wirklich bist. Nimm Green Fairy die Munition!»

«Das ist nicht der Punkt. Du hast Green Fairy vorgeschoben, damit der Verdacht nicht auf dich fällt. Clever. Und hinterhältig. Hast du da eigentlich in den Büschen gesessen und ein Bild von mir und meinen Brüdern gemacht? Oder hast du Green Fairy nur den Tipp gegeben und sie die Drecksarbeit erledigen lassen?»

«Ich …» Weiter kommt Cemine nicht. Sie versteht langsam, was für einen Vertrauensbruch sie begangen hat. Dass sie nicht von vorneherein daran gedacht hat, macht mich noch wütender. So leichtfertig hat sie alles aufs Spiel gesetzt. Uns.

«Und danach?», fahre ich sie an. «Was wäre danach passiert? Wolltest du mir irgendwann die Wahrheit sagen? Oder hättest du die Lüge einfach mit in unsere Beziehung genommen, sie Tag für Tag größer werden lassen, bis sie der Liebe den Platz ganz wegnimmt?»

Cemine gibt ihre gerade Haltung auf. Sie sackt zusammen. Von der stolzen Königin ist nicht mehr viel übrig.

«Kann ich irgendetwas tun?», fragt sie. Ihr Gesicht hat den matten Glanz von Keramik.

«Nein.» Ich stehe auf und lege zehn Euro auf den Tisch. «Ich regle das.»

Cemines leises «Und was ist mit uns?» lasse ich hinter mir mit der himmelblauen Tapete, den besten Brownies Berlins, meinem Tee, mit ihr. Ich weine. Ich will nicht, dass sie es sieht.

KERA

Der dritte Tag in meinem Leben, an dem ich die Schule schwänze, hat wieder mit Eichner zu tun. Isos Bericht darüber, wie skrupellos er sie manipuliert hat, kann ich nicht abschütteln. Ich muss wissen, was das zu bedeuten hat. In der Schule erwarten mich ein abweisender Max und eine am Boden zerstörte Cemine, der ich vorgaukeln muss, dass mir ihre Trennung von Elodie leidtut. Nein, danke. Ich will den Tag für das nutzen, was ich immer mache, wenn ich mit etwas zurechtkommen muss, das, was ich am besten kann: Infos sammeln.

Meine Eltern durchschauen die schlecht gespielte Erkältung sofort, sind aber erleichtert, dass ich normales Teenagerverhalten an den Tag lege, und geben Iso bereitwillig eine Entschuldigung mit. Ich setze mich mit Rechner, Decke, Tee und Alibi-Taschentüchern in den Wintergarten, der heute seinem Namen alle Ehre macht. Früher Schnee fällt auf die Scheiben, gleitet von dort als Regen zu Boden. Wenn ich eine Pause brauche, sehe ich zur Glasdecke und freue mich über den Moment, bevor die Flocken zu Wasser werden. Undurchsichtigkeit weicht Klarheit.

Ich beginne am Anfang. Die Fabrik wurde wenige Wochen nach dem Angriff auf Ben geschlossen. Einige Angestellte haben sich noch dagegen aufgelehnt, aber die öffentliche Sympathie lag bei dem Jungen mit dem entstellten Gesicht. Sie hatten keine Fürsprecher in der Presse mehr, keine in der Politik. Die Medien wurden abgelenkt. Der Umweltskandal und die Verantwortung des Managements rückten in den Hintergrund. Alle stürzten sich auf das grausame Verbrechen eines einzelnen Arbeiters. Mit moderaten Abfindungspaketen mussten Angestellte und Betriebsrat irgendwann das Feld räumen.

Noch interessanter wird es, als ich einem der wenigen investigativen Artikel folge und reingehe in die Online-Foren. Ehemalige Mitarbeiter der Firma melden sich zu Wort. Stimmen, die sagen, dass das Management schon lange nach einem Weg suchte, die Fabrik abzustoßen, aber an Betriebsrat und Politik scheiterte. Dass die Firma so Milliarden gespart hat. Wenn das stimmt, dann hätte Michelsen von dem profitiert, was auf den ersten Blick wie ein PR-GAU aussah, davon, dass die beiden demonstrierenden Parteien – Arbeiter und Jugendliche – gegeneinander aufgehetzt wurden. Und wer war maßgeblich dafür verantwortlich, dass die Paneldiskussion eskalierte? Eichner!

Im Netz finde ich Bilder von Veranstaltungen, immer wieder Eichner und Michelsen. Michelsen und Eichner. Jedes zahnige Grinsen in die Kamera, Michelsens beige, Eichners glow-in-the-dark, überzeugt mich mehr davon, dass die beiden auf irgendeine Weise zusammengearbeitet haben. Dass sie uns alle wie Schachfiguren umeinander schoben, die nicht sehen können, wer sie bewegt, bis sie geschlagen werden.

Aber eine Frage kann ich nicht beantworten: Wie hängt das alles mit dem Angriff auf Ben zusammen? Und warum er? Diejenige, die den Satz des Anstoßes gesagt hat, war meine Schwester. Wenn sich ein Arbeiter an jemandem rächen wollte, dann wäre Iso das logische Opfer gewesen. Bei dem Gedanken, dass jemand meiner Schwester etwas antun könnte, wird mir schlecht, aber die Übelkeit wird sofort von einem anderen Gefühl verdrängt, das meinen Körper übernimmt. Hass. Ich brauche einen Moment und mehrere Schlucke Tee, bis ich wieder runterkomme. Hatte der Täter Skrupel, weil Iso so jung war? Jemand, der Unschuldige mit Säure angreift, hat doch kein Gewissen, oder? Vielleicht denke ich auch in die falsche Richtung. Der Täter wurde nie gefasst. War es überhaupt jemand aus der Fabrik? Michelsen hatte ebenfalls Zugang zur Säure.

Alles in mir sträubt sich dagegen, aber ich zwinge mich weiterzumachen. Hat mich meine Abneigung gegen Eichner geblendet, und ich habe denjenigen übersehen, der viel näher dran ist? Michelsen wäre nicht der erste Anzugträger, der seinen Job einen Tick zu ernst nimmt und durchdreht. So viele Ungereimtheiten, so viele Zufälle, die ein zu gleichmäßiges Muster ergeben, um wirklich Zufälle zu sein. Trotzdem kann ich das Bild nicht deuten. Etwas fehlt. Ein Puzzleteil.

Wieder sehe ich nach oben. Der Schnee ist jetzt Regen, so kräftig, dass er mehr verdeckt als die Kristalle. Ich sitze unter Wasserfällen im Trockenen. Alles ist verschwommen.

LEONARD

«Herr Kantereit bitte.» Die Sekretärin mit dem Undercut hält die Tür für mich auf, aber ich bleibe stehen. Nicht weil der Termin vor mir aus dem Raum kommt, sondern weil ich nicht glauben kann, wer das ist.

«Frieder? Was machst du denn hier?»

«Leonardo ...» Frieder zieht den Kopf ein. Er nickt mir knapp zu, drückt sich an mir und der Sekretärin vorbei und flieht zum Aufzug. Das ist nicht der Typ mit dem aufgeblähten Ego, den ich auf Karls Party kennengelernt habe. Ich schüttle den Kopf.

«Sie kennen sich?», fragt die Sekretärin.

«Nur lose», antworte ich. «Ich gehe mit seinem Bruder in eine Klasse.»

«Alles andere hätte mich auch überrascht.» Die Sekretärin lacht leise, schiebt mich durch und schließt die Tür hinter mir.

Ich bin enttäuscht von dem Zimmer, in das ich trete. Wenn ich schon nicht ins Rote Rathaus geladen werde, hätte ich mir wenigstens dunkle Holzdielen gewünscht. Lederstühle. Alternativ: Glas, Beton und Minimalismus in Schwarz, Weiß und Grau. Aber das hier ist Sechziger-Jahre-Bürogebäude-Funktionalismus mit Teppichboden. Einzig beeindruckend ist der Ausblick auf die Spree, einzig staatsmännisch Herr Eichner selbst, der aus dem Fenster schaut und ihn genießt.

«Danke, dass Sie es so schnell einrichten konnten, Herr Kantereit.» Er spricht das in die Weiten Berlins. Erst danach dreht er sich um und gibt mir die Hand, das Gesicht ausdruckslos.

«Gerne», sage ich und frage mich zum x-ten Mal seit dem Anruf gestern, warum ich hier bin. Als könne er meine Gedanken lesen, sagt Herr Eichner:

«Lassen Sie mich gleich zur Sache kommen. Es wurden schwere Vorwürfe gegen Sie erhoben. Ihr Mitschüler Max Bianchi hat berichtet, dass Sie Ihr Fair-Play-Konto manipulieren.»

Damit habe ich nicht gerechnet. Max ist doch sonst nicht so clever. Das hier ist das einzige Szenario, mit dem er mich ausschalten kann. Mich und Fair Play. Wäre er zu Frau Wenger gegangen: easy. Ich weiß etwas über sie und ihre Verbindung zu Fair Play, das sonst keiner weiß und keiner wissen darf. Frau Wenger und ich wollen dasselbe: auf keinen Fall das Experiment gefährden. Sie würde mich schützen. Wir schützen uns gegenseitig. Uns und die Elemente der App, die im Dunkeln bleiben müssen, damit das Experiment ein Erfolg wird. Hätte Max meinen Betrug an der Schule öffentlich gemacht: auch easy. Die Fair Player würden Max unterstellen, dass er lügt, um das Experiment zu zerstören. Bei den Foul Playern ist Max seit der Party unten durch. Aber Herr Eichner hat ein Interesse daran, den Wettbewerb clean zu halten. Wenn Fair Play ausscheidet, sind immer noch genügend andere Projekte dabei. Wie ist Max überhaupt an Herrn Eichner rangekommen?

Ich bin wütend auf Max, aber mehr noch auf mich selbst. Der größte aller Anfängerfehler: Ich habe meinen Gegenspieler unterschätzt.

«Zunächst möchte ich von Ihnen hören, ob das stimmt», sagt Herr Eichner. «Haben Sie mit Ihren zweifellos außergewöhnlichen Fähigkeiten die App so programmiert, dass Ihr Konto nie im roten Bereich ist?»

Soll ich Herrn Eichner anlügen? Rückwirkend können die nicht nachprüfen, dass ich geschummelt habe. Fair Play gibt nur preis, was ich erlaube. Aber Max wird nicht lockerlassen. Die werden mich beobachten, und dann wird ganz schnell klarwerden, dass mein Lebensstil und mein grünes Konto nicht zusammenpassen. Hilft nix: Ich muss die Flucht nach vorne antreten.

«Ja, es stimmt», sage ich. «Aber ich habe sehr gute Gründe dafür.»

«Ich höre.»

«Die Fair Player brauchen einen, der sie führt, jemand, zu dem sie aufsehen können. Und als einer der vier Schüler, die das Projekt steuern, liegt es in meiner Befugnis, Maßnahmen umzusetzen, die für den Erfolg des Experiments wichtig sind.»

«Klingt einleuchtend, wie Sie das darlegen. Nur dass Sie den anderen drei Gremiumsmitgliedern nichts von Ihrer Sondertour erzählt haben, oder?»

«Nein», sage ich kleinlaut.

«Wäre Max Ihnen nicht auf die Schliche gekommen, hätte nie jemand von Ihrem Betrug erfahren. Nennen wir es beim Namen, Herr Kantereit: Sie haben sich über alle Regeln hinweggesetzt. Die Art und Weise, wie Sie die Macht an sich gerissen haben, ist …»

Fuck.

«... beeindruckend.»

«Bitte?»

«Sie können aufatmen. Ich werde Sie nicht verraten. Im Gegenteil. Ich werde Sie unterstützen. Aber ich habe zwei Bedingungen.»

«Ich verstehe nicht ...»

«Oh doch, Herr Kantereit, Sie verstehen mich. *Wir* verstehen *uns g*anz gut, denke ich.» Herr Eichner bleckt die Zähne, und ich brauche einen Moment, bis ich es als Lächeln erkenne. «Wer nicht versteht, wie es läuft, ist Max Bianchi. Er gefährdet Ihr Projekt mit seinen Kapriolen – das vielversprechendste im Wettbewerb. Mir ist genauso daran gelegen, dass Fair Play erfolgreich weiterläuft, wie Ihnen. Sie haben Glück, dass Max mit seiner Beschwerde zu mir gekommen ist. So kann ich seinen Feldzug abfedern. Aber dabei brauche ich Ihre Hilfe.»

Vor ein paar Wochen, als ich Karl zum Fair Player machte, habe ich selbst zwei Bedingungen gestellt. Es gefällt mir nicht, dass ich jetzt auf der anderen Seite stehe. Einerseits. Andererseits: Jemand mit großem Einfluss will mit mir zusammenarbeiten. Endlich spiele ich in der Liga, in die ich gehöre. Ich verhandle mit dem besten Tech-Konzern der Welt. Mit hochrangigen Politikern. Normalerweise zeige ich beim Lächeln nicht meine Zähne. Heute mache ich eine Ausnahme.

«Okay», sage ich. «Was sind die Bedingungen?»

«Machen Sie es weniger offensichtlich. Sorgen Sie dafür, dass in den nächsten Wochen dieses ... Ding da ... an Ihrem Profilbild ...»

«Das Icon.»

«... Ihr Icon immer mal wieder rot wird.»

«Und die zweite?»

«Bringen Sie Max unter Kontrolle. Bringen Sie ihn zum Schweigen.»

ELODIE

746	**102.567**	**575**
Beiträge	Abonnenten	Abonniert

Was ich euch heute mitteile, fällt mir schwer. Die auf dem Bild ... das bin ich. Wirklich ich. Das sind die Klamotten, in denen ich mich am wohlsten fühle, die Hochhäuser sind keine Kulissen eines Rapper-Biopic, sondern mein Zuhause, und die Dachterrasse mit Blick auf den Alex, die ihr von meinen Live-Videos kennt, gehört meiner Patentante. Ich könnte euch jetzt erzählen, dass mich schon seit Jahren das schlechte Gewissen plagt und ich nicht mehr anders konnte, als euch endlich die Wahrheit zu sagen. Aber das wäre gelogen, und ich will nicht mehr lügen. Der Grund ist ein anderer. Jemand, der von meinem Geheimnis weiß, erpresst mich, und um diesen Jemand zu entwaffnen, gehe ich jetzt selbst damit raus. Zu euch. Und ihr habt jedes Recht, wütend auf mich zu sein.

Lasst mich nur einmal klarstellen, dass nie eine böse Absicht dahintersteckte. Ich habe meine Kanäle zu einer Zeit gestartet, in der es mir nicht gutging. Sie waren ein Zufluchtsort, eine glänzende Welt voll Überfluss, die ich

mehr für mich als für andere geschaffen habe. Dass so
viele von euch sich darin wiederfinden würden, hätte ich
nie gedacht. Und irgendwann kam ich da nicht mehr raus.
Die Phantasie musste weiterlaufen, immer neu genährt
werden, damit nicht alles zusammenbricht. Es tut mir leid.
Ich weiß noch nicht genau, wie ich weitermachen werde,
aber ich werde weitermachen. Und ich würde mich freuen,
wenn zumindest manche von euch auch in Zukunft dabei
sind. Danke.

Ich habe den Post am Computer verfasst, nicht am Handy. Weil
er so lang ist und weil er so wichtig ist, dass er einen großen
Bildschirm braucht.

Ich schließe für einen Moment die Augen, warte auf das
Bzzzz!, das den ersten Kommentar ankündigt. Als er da ist, lese
ich sofort. Mit den Beschimpfungen komme ich zurecht. Die
prallen an mir ab. Was meine Abwehr zu Staub zerfallen lässt,
ist die Enttäuschung meiner Leute. Die von Keras Schwester,
die immer bei allen Verlosungen am Start war ...

@IsoBella2021: Wie traurig, dass du uns die ganze Zeit
angelogen hast. Unfollow ☹

Einer meiner frühesten Abonnenten, dessen Kommentar mich
am ersten Todestag meines Vaters aus dem tiefen, dunklen
Loch geholt hat, in das ich gefallen war, stößt mich nun in eines
rein.

@AdamnichtEva: Ich fasse es nicht. Weißt du, wie viel Zeit und Aufmerksamkeit ich in dich investiert habe? Und jetzt finde ich heraus, dass alles fake war ...

Ein paar wenige unterstützen mich.

@stinchengold: Regt euch doch nicht so auf! Weiß doch jeder, dass hier nichts die Wahrheit abbildet. Lest mehr Romane! Die sind ehrlicher. Da ist von vorneherein klar, dass alles Fiktion ist.

Und dann kommt der Kommentar jener Person, auf deren Meinung ich immer hin bibberte, und die jetzt nur noch ein schales Gefühl hinterlässt.

@Cemine_Ciçek: Es ist so mutig von dir, das zu machen. Ich hätte mich nicht einmischen dürfen. Es tut mir leid.

Ich klappe den Laptop zu. Vielleicht habe ich ihn deswegen dem Handy vorgezogen. Damit ich das alles wegsperren kann.

LEONARD

Wieder habe ich den Brunnen gewählt für unser Treffen, obwohl es hier zum Jahresende immer hässlicher wird. Die kahlen Bäume, die Kippen und Getränkedosen neben den Abfalleimern öden mich an. Das nächste Mal schlage ich einen anderen Treffpunkt vor. Ich sehne mich nach der Zeit, als dieser Ort eine Bedeutung für mich hatte, auch wenn sie negativ war.

Jetzt, da es mir leichtfällt, alles zu erreichen, was ich will, muss ich mich fragen, was jemals mein Problem war. Ich schäme mich, das zu sagen, weil ich damit den hintergehe, der ich früher war. Aber: Um nichts mehr kämpfen zu müssen, ist langweilig. Oben an der Spitze bin ich einsamer denn je. Daran kann auch der Kontakt zu Herrn Eichner nichts ändern. Als ich ihm von meinem Plan erzählte, meinte er nur: «Sie werden schon wissen, was Sie tun.»

Missmutig fege ich mit der Hand Blätter vom Beton, bevor ich mich hinsetze. Dabei sollte ich mich auf das freuen, was ich gleich mache: meine Macht ausspielen. Karl und Max aufeinanderhetzen. Aber es fühlt sich nicht mehr aufregend an. Eher wie etwas, das ich hinter mich bringen muss.

Wenigstens ist Karl pünktlich. Er blickt nervös um sich, als er auf mich zukommt. Doch heute bin ich ohne Matt da. Ich brauche sie nicht mehr. Seit der See-Party hat Karl akzeptiert, dass ich bestimme, wo es langgeht. Seltsam, wie schnell er sich damit abgefunden hat, fast als hätte die ganze Zeit über jemand in ihm gesteckt, der sich bedingungslos fügt, wenn man nur seine Sprache spricht. Jemand wie ich.

«Ja?» Karl setzt sich in respektvollem Abstand neben mich auf den Brunnen.

«Du musst Max dazu bringen, Fair Play runterzuladen.» Ich will es bei der Anweisung belassen, muss mich schließlich nicht rechtfertigen. Doch Karl sieht mich entgeistert an.

«Max gefährdet das Experiment», erkläre ich. «Und wir brauchen jeden Neu-Fair-Player, den wir kriegen können, damit das Gemeinschaftskonto dauerhaft grün bleibt.»

«Wie soll ich das machen?» Karl rupft Moos vom Brunnen. Er formt einen Ball daraus. «Max hat seinen eigenen Kopf. Außerdem stand es um unsere Freundschaft schon besser. Mein Einfluss ist beschränkt.»

«Lass dir was einfallen. Sonst hast du doch auch kein Problem damit, anderen deinen Willen aufzuzwingen.»

Karl wirft seinen Moosball zu Boden und blickt ihm nach. Die Kugel rollt ein wenig von uns weg. Als sie liegen bleibt, macht Karl etwas, das er schon lange nicht mehr gebracht hat. Er sieht mir direkt in die Augen.

«Nein», sagt er. «See-Partygäste für meinen App-Download. Das war unsere Abmachung. Wir haben beide unseren Teil erfüllt. Wenn du willst, dass Max Fair Play runterlädt, musst du dich selbst drum kümmern.»

Für einen Moment bäumt sich der alte Karl auf. Mit seinem erwacht mein Kampfgeist zum Leben.

«Du wirst machen, was ich dir sage!»

«Oder was?» Karl ballt die rechte Hand und drückt sie so heftig gegen die linke, dass sein Bizeps, Trizeps oder was immer das da am Oberarm ist, hervortritt. «Die Party ist vorbei! Wenn ich will, kann ich deine App jederzeit löschen, und du kannst nichts dagegen unternehmen.»

«Du hast Fair Play aber nicht gelöscht nach der Party. Weil: Du genießt den Respekt, der dir entgegengebracht wird. Du hast keine Lust, wieder Max' Anhängsel zu werden.»

«Ich werde meinen Freund trotzdem nicht zu irgendwas zwingen!»

Endlich wieder etwas zu tun, Schluss mit der Langeweile, endlich ein Gegner.

«Noch mal langsam, damit selbst du es kapierst: In dem Moment, in dem du die App runtergeladen hast, hast du mir eine Vollmacht über dein Leben ausgestellt. Wenn ich will, kann ich dein Konto morgen so manipulieren, dass du ständig auf Rot bist und dich alle hassen. Wenn mir danach ist, kann ich mit deinem Handy beleidigende Texte verschicken und illegale Pornos runterladen. Also solltest du besser tun, was ich will.»

Nicht alles, was ich sage, stimmt. Fair Play ist kein Trojaner. Ich habe nur insoweit Zugriff auf Karls Handy, als es den App-Funktionen dient. Es wäre easy gewesen, das umfassender einzurichten. Aber als ich die Konten entwickelt habe, hatte ich so etwas gar nicht auf dem Schirm.

Das weiß Karl allerdings nicht. Er wird blass. Ich kann ihn verstehen. Ein bisschen habe ich vor mir selbst Angst. Denn einen Teil meiner Drohung könnte ich wahr machen. Aber

würde ich wirklich so weit gehen? Würde ich Karls Konto verändern? Daten einsehen ist eine Sache, aber verfälschen ...

Karl beginnt, wieder Moos vom Beton zu pulen, wirft es aber
gleich zu Boden, als sähe er keinen Sinn mehr in Bällchen oder
Aufwand oder irgendwas mit Struktur.

«Okay», murmelt er. «Ich mache es.»

Mit Karls Widerstand schwindet meine Energie.

«Halte mich auf dem Laufenden!»

Ich gehe als Erster, schließlich bin ich der Überlegene. Als
ich aufstehe, trete ich Karls Moosball platt. Gut fühle ich mich
nicht dabei, nur irgendwie erschöpft.

ELODIE

746	9.896	311
Beiträge	Abonnenten	Abonniert

Vierstellig! So wenige Abonnenten hatte ich nur in den ersten zwei Monaten von Elodies Melodie. Sogar Leute, denen *ich* folgte, haben mich geblockt.

Kaum hat es zur großen Pause geklingelt, bin ich nach draußen gegangen, um in Ruhe meine Seiten zu überprüfen. Die Reaktion meiner Klassenkameraden war weniger schlimm als gedacht. Viele behandelten mich kälter als zuvor, aber keiner hat vergessen, was ich für Fair Play getan habe. Unsere Gemeinschaft hat mich aufgefangen. Dass ich ein engagierter Fair Player bin, trumpft alles andere, und dafür bin ich dankbar. Trotzdem will ich jetzt allein sein.

Die Tischtennisplatte, im Sommer Hang-out-Spot No. 1, ist bei dem Wetter verwaist. Ich hieve mich auf den Rand. Es dauert nicht lange, bis Kälte durch meine Jeans dringt. Ich bleibe sitzen, denn das passt zu meiner Stimmung.

Hass-Kommentare halten sich mittlerweile in Grenzen, aber die Zahlen sind weiter gesunken. Meine Leute sind so enttäuscht, dass ich ihnen nicht einmal ein bisschen Wut zum Abschied wert bin.

Ich schließe meine Profile und stecke das Handy weg, aber der Anblick jenseits des Displays ist auch nicht besser. Kera stürmt auf mich zu.

Dass sie verärgert ist, war mir klar, seit ich heute Morgen das Klassenzimmer betrat. «I hate Elodie»-T-Shirt wieder unterm Pulli. Definitiv. Doch mit der Konfrontation hat sie gewartet, bis sie mich alleine erwischt. Sie hält eine dieser Mappen aus Karton, die kein Mensch mehr benutzt, in der Hand, als sie auf mich zustürmt – wie jemand, der sich nicht entscheiden kann, ob er einen auf Racheengel oder zerstreute Professorin machen will.

«Was soll das, Elodie?», fragt sie und haut ihre Mappe neben mir auf die Tischtennisplatte. Dann drückt sie den Hefter wieder an sich, als wäre er ihr kostbarster Besitz. Ich kann mir denken, um was es geht, tue aber so, als wüsste ich von nichts. Soll sie damit rausrücken.

«Keine Ahnung, was du meinst.»

«Du hast *meinen* Trumpf ausgespielt und dich einfach selbst enttarnt!» Wieder schlägt Kera die Mappe gegen die Tischtennisplatte. «Ich habe nichts mehr gegen dich in der Hand.»

«Beruhige dich! Ich werde dich schon nicht verraten. Ist ja in meinem eigenen Interesse. Schließlich will ich an dir verdienen. Das Geld brauche ich jetzt dringender als zuvor.»

«So war das aber nicht abgemacht!»

«Tut mir leid. Es ging nicht anders.»

«Und wieso ging das nicht anders? Du hättest zumindest warten können, bis unser Experiment vorbei ist.»

«Frag doch deine Freundin Cemine!» Eigentlich wollte ich das unter den Tisch fallen lassen, Cemines Rolle, nein, Cemine selbst einfach vergessen. Seit der Sache mit Green Fairy habe ich ihre Anrufe weggedrückt, ihre Nachrichten unbeantwortet gelassen, sie in der Schule ignoriert. Aber Keras Anschuldigungen gehen mir zu weit.

«Was hat Cemine damit zu tun? Lenk nicht ab!» Wieder gestikuliert Kera wild rum und schlägt die Mappe auf die Platte, aber dieses Mal rutscht sie ihr aus der Hand und ergießt beleidigt ihren Inhalt über den Boden.

«Da siehst du, was du angerichtet hast!», sagt Kera.

«Ich? Du warst das! Warum druckst du auch immer alles aus?», entgegne ich. «Kein Wunder, dass dein Konto ohne mich rot wäre.»

Ich schüttle den Kopf und helfe Kera, die Blätter einzusammeln, bevor der Wind sie wegbläst. Erst als ich eines rette, das sich an einem Busch aufgespießt hat, sehe ich genauer hin. Kera hat recherchiert, die meisten Ausdrucke sind Zeitungsartikel, auch der, den ich von den kahlen Zweigen gepflückt habe. Ich starre das Foto unter der Überschrift an.

«Kera», rufe ich ihr zu, «warum trägst du ein Bild von Green Fairys Vater mit dir rum?»

KERA

Wir bleiben, bis sie uns rauswerfen. Das Café, in das mich
Elodie geführt hat, ist hübsch. Hellblaue Tapeten, gemütliche
Fünfziger-Jahre-Sessel, exzellenter Earl Grey.

Nachdem wir alle Blätter eingesammelt hatten, haben wir
den restlichen Unterricht sausen gelassen, um uns zu beraten. Langsam wird das Schuleschwänzen zur Gewohnheit bei
mir. Aber das hier ist wichtig. Immer mehr glaube ich, dass
die Fäden bei Michelsen zusammenlaufen, damals wie heute,
auch wenn ich dafür mein Bauchgefühl, das sich an Eichner
klammert, beiseiteschieben muss. Und Elodie ist ein Insider.
Sie weiß, wie Michelsens Firma funktioniert, wie solche Typen
ticken.

Elodie und ich trinken mehrere Kannen Tee, während wir
über meinem Recherchematerial brüten. Nur von den Brownies, die ich bestelle, will Elodie nicht probieren.

«Wir gehen also davon aus, dass Eichner und Michelsen
auch beim Wettbewerb zusammenarbeiten und ihn für ihre
eigene Agenda nutzen wollen», fasst Elodie zusammen.

«Ja, aber wenn du es aussprichst, klingt meine Vermutung
einfach nur verrückt. Wäre das nicht zu viel Aufwand für ein
bisschen gute Publicity?»

«Nein», sagt Elodie. «Die Aufmerksamkeit der Zielgruppen ist nicht mehr bei einer Info-Quelle gebündelt. Es ist so schwer, überhaupt noch zu irgendwem durchzudringen. Dabei noch authentisch rüberzukommen: nahezu unmöglich. Bei Charity-Events ist der Scheck, der der gemeinnützigen Organisation überreicht wird, oft ein Bruchteil dessen wert, was die dazugehörige Veranstaltung kostet. Ich war auf Pressereisen, da haben Marken sechsstellige Summen ausgegeben, damit ein paar Beiträge im Netz rausspringen. Uns, die notorisch schwer zu erreichende junge Zielgruppe, dazu zu bringen, zu posten, tweeten, Bilder und Videos zu veröffentlichen und dabei ab und an Michelsens Arbeitgeber oder Eichner zu taggen: Jackpot. Wenn man das noch ein bisschen mit konventioneller Presse aufpolstert, ist das eine gelungene Kampagne. Sollten Eichner und Michelsen wirklich auch beim Wettbewerb unter einer Decke stecken, steht der Sieger von vornherein fest.»

«Green Fairy?»

«Ja. Sie werden die Aufmerksamkeit maximal für sich nutzen wollen.»

«Und Fair Play stört sie dabei.»

«Richtig! Fair Play ist einfach zu gut. Allein die technische Umsetzung ... da können die anderen einpacken. Deswegen wollten Eichner und Michelsen das Projekt untergraben. Eichner hat versucht, an Max ranzukommen, während Michelsen über Green Fairy versucht hat, mich zu manipulieren.»

«Warum haben sie es nicht bei mir probiert?», frage ich.

«Weil Eichner dich kennt.»

Ich habe Elodie von Isos und meiner Begegnung mit ihm erzählt – auch wenn es mir schwerfiel. «Und weil er weiß, dass du ... sorry ... schwierig sein kannst. Warum sollte er das Risiko eingehen, wenn er Zugriff auf drei andere im Steuergremium hat?»

«Bleibt noch Leonard», sage ich. «Wir müssen ihn fragen, ob er von Michelsen oder Eichner angegangen wurde.» Beim nächsten Satz blicke ich auf den Boden. «Und wir sollten Max ins Boot holen. Er muss vorsichtig sein mit Eichner.» Ich seufze. «Vielleicht hört er auf dich.»

Doch weder Leonard noch Max nehmen ab. Auf unsere Nachrichten antworten sie nicht. Als das Café zumacht, beschließen Elodie und ich, Leonard zu Hause einen Besuch abzustatten. Die meisten Fair Player gehen momentan nicht mehr aus, um das große Konto bis zur Deadline grün zu halten. Es ist schon dunkel, die Chance, dass wir Leonard daheim antreffen, groß.

Leonards Mutter öffnet die Tür. Sie kennt mich von früher und sagt mir sofort, dass ihr Sohn in seiner Wohnung ist und sich bestimmt über Besuch von zwei «solch adretten Damen» freut. Elodie reißt die Augen auf.

«In seiner *Wohnung*?», fragt sie.

«Unten im Haus», antworte ich. Nachdem seine Schwester in die USA ging, hat Leonard die Einliegerwohnung übernommen. Mit elf! Seine Mutter wollte ihre Ruhe. Heute hat sie sich immerhin die Mühe gemacht, uns anzukündigen. Als wir die Treppe zur Wohnung hinuntergehen, steht Leonard im Türrahmen. Nach seinem Gesichtsausdruck zu urteilen, hätte er uns gar nicht aufgemacht, wenn wir nicht über seine Mutter gegangen wären.

«Ich kann euch nichts anbieten», sagt er zur Begrüßung und

schiebt uns in den ersten Raum, der gleich bei der Haustür von einem langen Gang abgeht, ein karges Wohnzimmer, Ledercouch, zwei Sessel, Glastisch, das war's.

«Außer Frieders Pillchen?», fragt Elodie und betrachtet die schmale Glasröhre, die auf dem Wohnzimmertisch steht.

«Ach das!» Leonard zuckt mit den Schultern. «Hat er mir auf der See-Party aufgedrängt, der Spinner.»

«Wie jedem.» Elodie wirft Leonard den Behälter zu. «Fang bloß nicht mit dem Scheiß an! Machen kurz Spaß, aber das Runterkommen danach ist grausam. Einer meiner Influencer-Kollegen ist auf den Dingern hängengeblieben.»

«Ich bin doch nicht bescheuert.» Leonard steckt die grüne Röhre in seine Tasche. «Meine Mutter ist einen guten Teil des Tages nicht ansprechbar, weil sie auf irgendwelchen Tabletten ist.»

«Dann hatten wir ja eben Glück.» Elodie kickt ihre Stiefeletten weg und faltet die langen Beine auf dem Sofa zum Schneidersitz. Ich setze mich daneben, Leonard auf einen der Sessel gegenüber. Elodie übernimmt die Aufgabe, Leonard auf unseren Stand zu bringen.

«Dass dieser Michelsen den Wettbewerb für sich nutzen will – ja, okay, kann ich nachvollziehen», sagt er, als sie fertig ist. «Aber wieso sollte Herr Eichner seine eigene Initiative untergraben?»

«Weil es das ist, was Eichner tut», antworte ich. «Er arbeitet mit der Wirtschaft zusammen, damit die gut dasteht und er gut dasteht. Alles andere ist ihm egal.»

«Nein, das glaube ich nicht. Unser Projekt hebt doch den ganzen Wettbewerb auf eine anspruchsvollere Ebene. Das Prestige lässt Herr Eichner sich nicht entgehen. Nein, nein, der ist auf unserer Seite. Er glaubt an Fair Play.» Leonard wird laut, als er das sagt.

«Woher willst du das wissen?», fragt Elodie.

«Weil ich ihn getroffen habe. In seinem Büro.»

Wusste ich es doch! Leonard ist sichtlich stolz, dass Eichner ihn eingeladen hat. Er hat immer noch nicht kapiert, um was es hier geht.

«Was wollte er von dir?», frage ich ihn.

«Ach, nichts Besonderes. Über das Projekt reden.»

«Nichts Besonderes? Er muss doch einen Grund gehabt haben, dich in sein Büro zu bitten», sagt Elodie.

«Über Fair Play hätte er mit jedem sprechen können. Warum mit dir, Leonard?»

«Neidisch, Kera?»

Ich ignoriere seine Bemerkung. «Warum nicht mit Frau Wenger? Sie ist seine Ansprechpartnerin. Außerdem muss er als Initiator des Wettbewerbs den Anschein der Objektivität wahren. Dazu passt nicht, dass er den Vertreter *eines* Projekts einlädt.»

Leonard zögert, bevor er mir antwortet, und ich werde das Gefühl nicht los, dass er uns etwas verschweigt.

«Woher willst du wissen, dass er nicht auch andere Projektleiter gesehen hat? Außerdem: Ich glaube, er trifft sich gerne mit jungen Leuten, die was zu sagen haben, um up-to-date zu bleiben», sagt er. Elodie und ich nehmen ihm das nicht ab.

«Ja, sicher», sagt sie. Ich schüttle nur stumm den Kopf. Schnell schiebt Leonard hinterher:

«Frieder war auch eingeladen. Der ging gerade, als ich kam.»

Es ist offensichtlich, dass Leonard damit die Diskussion weg-
leiten will von seinem Besuch bei Eichner, aber Elodie springt
darauf an.

«Noch eine Verbindung zwischen Eichner und Michelsen»,
sagt sie.

«Inwiefern?», frage ich.

«Frieder hat in der Fabrik gearbeitet, gegen die ihr vor zwei
Jahren demonstriert habt. Wusstest du das nicht?»

Nein, das wusste ich nicht.

Da ist es, das Puzzleteil, das mir fehlte. Aber ich freue mich
nicht, dass sich endlich ein Bild vor mir formt. Denn was es
zeigt, ist schrecklich: Frieder vor unserem Haus am Morgen
nach der Demo. Sein *Dabei hast du mir so viel zu verdanken* auf
der See-Party. Bens und Isos Gesicht verschmelzen zu einem.
Die Haut meiner Schwester zieht sich zu Narben zusammen,
bis nichts mehr von ihr übrig ist.

MAX

NEONSCHWÄRZE!

Es ist seltsam, um diese Uhrzeit zur Imbissbude zu gehen. Selbst das Leuchtröhrenschild, das bis in die späten Abendstunden strahlt, ist ausgeschaltet.

Dragomir's

Ich habe es vor einem Jahr entworfen. Zum ersten Mal in Aktion sah ich es auf dem Weg von der Schule zur Sporthalle. Die Klasse war auf dem Weg zum Unterricht. Stolz war ich, als die **WOW!s** und **COOL!s** auf mich einprasselten. Karl war total aus dem Häuschen und hat drei Sätze am Stück gesagt:

«Alter! Hammer! Wie lässig!»

Okay, nicht drei ganze Sätze, aber immerhin mehr als drei Worte. Alle haben mir auf die Schulter geklopft. Fast alle. Cemine hat in einem Anflug von Klassensprecherinnen-Verantwortungsbewusstsein versucht, Leonard miteinzubeziehen, der hinter uns her schlurfte.

«Toll, was Max da gezaubert hat, oder? Hast du schon mal Dragomirs Pommes spezial probiert? Superlecker!»

«Ich esse nicht in Etablissements mit Deppenapostroph im Logo», hat Leonard geantwortet, immer darauf bedacht, dass

Karl es nicht mitkriegt. Ich hab's aber mitgekriegt, habe mich selten so klein gefühlt. Dabei habe ich einfach den Schriftzug umgesetzt, den Dragomir vorgab. Doch die $^{\text{Fall}}_{\text{höhe}}$ war so groß in dem Moment, dass ich einfach gerne weitergestürzt wäre, hinein in den Boden, wo mich keiner sieht. Dann hat Kera sich eingemischt.

«Bei Bars, Restaurants, Blumenläden und so weiter, die den Namen des Besitzers tragen, ist der Apostroph entgegen der sonstigen deutschen Rechtschreibung erlaubt. Kannst es gerne googeln.»

Jedem anderen hätte Leonard widersprochen, nicht aber Kera, der wandelnden Autocorrect-Funktion unserer Klasse. Ich glaube, dass ich damals anfing, sie zu mögen, so richtig zu mögen. Kera. Karl. Etwas zieht an mir, als ich an sie denke. Will die beiden zurück. Nie hätte ich mich von Fair Play dazu treiben lassen sollen, sie aufzugeben.

Ich atme schneller, weiß nicht warum: weil ich mich aufrege oder weil ich mich beeile? Die kalte Luft brennt in meinen Lungen. Ich zwinge mich, langsamer zu werden. Ein, aus, ein, aus, bringe ich mich selbst runter. Alles wird gut. Karl hat mir vor ein paar Stunden geschrieben.

Müssen reden. Hinter Dragomir. Mitternacht.

Seltsame Zeit, seltsamer Ort, aber, hey, ich nehme, was ich kriegen kann. Es ist ein Anfang. Und Kera hat auch schon den ganzen Nachmittag versucht, mich zu erreichen. Aus reiner Gewohnheit habe ich sie weggedrückt, einfach weil ich das seit der See-Party meistens tat – nur keine Erinnerung daran, was war und noch hätte sein können. Aber jetzt bleibe ich kurz stehen, um Kera zu antworten.

Hey! Sorry, dass ich deine Anrufe verpasst habe. Treffe jetzt Karl. Melde mich morgen!

Nicht die sexyste Nachricht der Welt, aber besser als Karls. Die war selbst für seine Verhältnisse kurz angebunden. Pünktlich zu meiner Ankunft hinter der Imbissbude meldet sich mein Handy. Doch meine Vorfreude auf Keras Nachricht wird enttäuscht, kein Flirten, kein Kuss am Ende, nicht mal dieses zwinkernde Smiley mit dem Herz vor den Lippen, das ich nur bei ihr ertragen kann. Ein Wort steht da.

Wo?

Ich bin froh, dass in dem Moment Karl auftaucht und ich nicht weiter darüber nachdenken muss. Eins nach dem anderen. Erst belebe ich meine Freundschaft mit Karl wieder, dann kümmere ich mich um Kera. Ich hebe die Faust zu unserem Spezialgruß, aber der steinerne Ausdruck in Karls Gesicht lässt meine Hand niedersinken.

«Gut, dass du dein Handy draußen hast», sagt er ohne Umschweife. «Du musst Fair Play runterladen.»

«Spinnst du?»

«Mach es einfach. Die zwei Wochen!»

Ich fixiere mein Handy und tippe demonstrativ darauf rum. Weil mir nichts Besseres einfällt, schreibe ich

Dragomir

als Antwort auf Keras Text.

«Lass sehen!», sagt Karl.

Ich halte das Handy nach oben und drücke auf Senden.

«Das war eine Nachricht an irgendwen. Hat nichts mit Fair Play zu tun.»

«Genau. Weil das mein Handy ist und ich entscheide, für was ich es benutze, und mir von niemandem, wirklich niemandem vorschreiben lasse, was ich damit mache. Auch nicht von dir.»

Karl seufzt. Die Zeit für Worte, bei ihm eh immer knapp bemessen, ist um. Er macht einen Schritt auf mich zu und will mir das Handy wegnehmen. Es fällt zu Boden, als er meinen Arm auf den Rücken dreht. Aber ich befreie mich in Sekunden. Jahre spielerischen Ringens miteinander haben uns aufeinander eingestellt. Karl und ich sehen jeden Move des anderen voraus, kennen unsere Tricks. Er ist größer und stärker, ich bin wendiger. So sehr verhaken wir uns ineinander, dass keiner von uns beiden vor kann, keiner zurück. Er hat mich im Schwitzkasten, ich habe seinen Arm so verdreht, dass Karl nicht richtig zudrücken kann. Bewegungsunfähig sind wir gezwungen, in die gleiche Richtung zu sehen. Unsere Ellenbogen sind vor unseren Nasen, die beiden Narben nebeneinander, meine kleinen BEULEN, Karls gerader SCHNITT. So gar nicht passen sie zueinander und sind doch des anderen Gegenstück.

Fast gleichzeitig lassen wir voneinander ab.

«Das ist Bullshit!», sagt Karl.

«So was von!» Ich lache, weil die Situation so absurd ist. Karl lacht nicht mit, aber nach ein paar Sekunden zieht ein großes

Grinsen über sein Gesicht. Wir fallen uns in die Arme. Karl hält mich so fest, dass ich mich frage, wann und wie ich da wieder rauskomme, als lautes, langsames Klatschen mir die Entscheidung abnimmt.

«Ist ja süß, ihr beiden. Sorry, aber ich muss eure Bromance leider unterbrechen.»

Frieder biegt um die Ecke. Er hat drei Typen aus seiner alten Gang dabei. Karl lässt mich so abrupt los, als hätte er sich verbrannt. Er macht einen Schritt weg von mir.

«Was willst du hier, Frieder?» Ich hebe mein Handy auf, lasse die Neuankömmlinge dabei jedoch nicht aus den Augen.

«Sicherstellen, dass mein kleiner Bruder durchzieht, was er anzettelt» antwortet Frieder. «Wie immer. Und so wie es aussieht, bin ich keine Sekunde zu früh gekommen.»

«Woher weißt du, dass wir hier sind?», frage ich, um Zeit zu gewinnen.

«Tut nichts zur Sache», antwortet Frieder, aber Karl sieht das anders.

«Frieder hat Ort und Zeit vorgeschlagen» sagt er. «Er meinte, ich sehe aus, als könnte ich Unterstützung gebrauchen von meinem großen Bruder.»

Frieder versucht, ihm das Wort abzuschneiden:

«Halt's Maul, Karl.»

Aber Karl ist gar nicht mehr wirklich hier. Wenn er mal nachdenkt, dann richtig. Er taucht ab.

«Irgendwie seltsam», sagt er zu sich selbst, «so als wüsste Frieder schon, was ich vorhabe. Seine Fragen gaben die Antworten fast vor, und ich habe ihm von meiner Mission erzählt.» Mission? Welche Mission? Und was hat Frieder damit zu tun?

«Also, was ist nun? Hast du diese App runtergeladen?», fragt Frieder, als hätte er mein Stichwort gehört.

«Habe ich nicht. Werde ich nicht.»

«Fein.» Frieder gähnt. «Dann müssen wir wohl nachhelfen. Karl, nimm ihm das Handy ab!»

Doch Karl rührt sich nicht.

«Karl!» Frieder geht zu seinem Bruder und gibt ihm einen Klaps auf den Hinterkopf. Er ist größer als Karl, aber nicht viel. «Ich habe keine Lust, den ganzen Abend hier zu sein. Nimm ihm endlich das verdammte Handy ab.»

«NEIN!» Es ist das Wort, das Karl am See nicht sagen konnte. Ich würde ihn am liebsten noch mal umarmen dafür, dass er jetzt damit rausrückt, wo es wirklich drauf ankommt. Aber dazu bleibt keine Zeit. Denn Frieder akzeptiert kein Nein.

KERA

Karl ist nicht Frieder, denke ich wieder und wieder, aber die Panik will nicht weggehen. Warum trifft er Max mitten in der Nacht an einem abgelegenen Ort? Was wir heute entdeckt haben, ist zu bedeutsam, um solche Fragen einfach stehenzulassen. Ich weiß immer noch nicht, wie Michelsen und Eichner involviert sind, damals, heute. Dass einer von ihnen vor zwei Jahren Frieder geschickt haben könnte, zu Iso, zu Ben, ist zu monströs, um wahr zu sein. Aber ich weiß, dass schon einmal ein Junge verletzt wurde, als Michelsen und Eichner ihr Spiel mit uns trieben. Nie wieder!

Als Max' Text reinkam, bin ich Hals über Kopf aus Leonards Wohnung abgehauen, habe den anderen gerade noch «Dragomir» zugerufen, bevor ich loslief. Ich muss dahin, muss zu Max, verliere meinen Schal, lasse ihn liegen, renne weiter. Atemlos komme ich an Dragomirs Imbissbude an.

Ich sehe niemanden, aber hinter dem Gebäude macht jemand Lärm. Vorsichtig gehe ich an der Hauswand entlang und sehe um die Ecke. Max und Karl sind im Mondlicht zu erkennen. Aber sie sind nicht allein. Frieder ist da und drei Männer. Zwei von ihnen halten Karl fest, der sich mit aller Macht wehrt, der andere hat sich mit Frieder über Max gebeugt. Als Frieder einen Stein aufhebt und damit ausholt, bleibt mein Herz stehen. Der bringt ihn um, denke ich, der ist auf irgendwelchen Drogen und weiß nicht, was er tut, und bringt ihn um.

Bevor ich etwas dagegen machen kann, saust der Stein auf Max nieder. Er trifft seine Hand. Max schreit, und seine Not gibt Karl neue Kraft. Er setzt einen seiner Angreifer außer Gefecht. Karl muss ihm die Hand ins Gesicht gestoßen haben. Der Typ jault auf, hält sich die Nase und rennt weg. Frieder schickt seinen Helfer zu Karl. Dann holt er ein zweites Mal mit dem Stein aus. Er sagt irgendwas zu Max, und das ist ein Fehler, denn es lässt mich einen Tick schneller sein als er. Ich renne zu ihnen und hänge mich mit meinem ganzen Gewicht an den erhobenen Arm. Frieder schreit, lässt den Stein fallen, und ich muss zur Seite hüpfen, um ihm auszuweichen. Aber beim nächsten Mal bin ich zu langsam. Mit voller Wucht trifft Frieders Faust meine Schläfe. Ich verliere das Gleichgewicht, taumle. Zwischen meinen Ohren ist ein Surren eingesperrt. Ich sacke zusammen. Nur ein paar Sekunden hat es gedauert, bis Frieder mich außer Gefecht gesetzt hat. Aber mehr Zeit braucht Max nicht.

Während Frieder mit mir beschäftigt war, ist Max zu dem Stein gerobbt. Mit der heilen Hand nimmt er ihn jetzt und wirft ihn mit aller Macht gegen das Fenster der Imbissbude. Die Scheibe bleibt ganz, Sicherheitsglas, aber mit dem Stein kommen Splitter zurück und der Alarm kreischt los. Max und ich kriegen was vom Glasregen ab. Frieder auch, aber das scheint ihn genauso wenig zu stören wie der grelle Ton. Schon ist er wieder bei Max. Frieder nimmt sich erneut den Stein. Helfen will ich, aber es geht nicht ... mein Kopf ... mein Kopf ... ich kann nur daliegen und zusehen, wie Frieder wieder ausholt mit dem Stein. Dann geht alles ganz schnell.

Dragomir biegt plötzlich um die Ecke mit einer jungen Frau. Frieder lässt von Max ab und geht auf Dragomir los, der fast so groß ist wie er, nur dicker. Doch es ist Dragomirs Begleitung, die Frieder mit drei Handgriffen auf den Boden legt und festhält. Sobald ich realisiere, dass Max außer Gefahr ist, nehmen meine Sinne die Dinge nur noch zersplittert wahr. Karl neben Max. Rettungsdienstsirene. Die beiden umringt von Sanitätern. Max' Blick ... Max' Blick ...

Als ich die Augen wieder öffne, liege ich auf einer Trage. Über mir schwebt ein Infusionsbeutel. Der Rettungswagen ist weg. Ich frage mich, warum ich hier bin und nicht im Krankenhaus. Mir fällt nur eine Antwort ein: Ich bin stabil, und es gab andere, die schwerer verletzt waren. Max und Karl fehlen. Bitte nicht ... Ich drehe mich nach rechts, nach links, so weit es mein Kopf zulässt, ohne zu zerspringen, kann aber nur Frieder entdecken. Nicht weit von mir lehnt er gegen die Imbissbude und starrt geradeaus. Jemand hat ihn mit Handschellen an ein Rohr gekettet, aber ich glaube, er wäre auch so sitzen geblieben. Frieder ist alle. Ich richte meinen Oberkörper auf, so gut es geht.

«Damals», sage ich. «Vor unserem Haus. Du wolltest meine Schwester angreifen, oder?» Frieder sieht mich nicht an. «Dann bist du auf Ben umgeschwenkt. Warum?»

«Weil du mich erkannt hast», sagt er ins Leere. «Dabei hätte das so viel mehr hergemacht, das habe ich gleich gedacht, als deine Schwester zwischen den Typen auf der Bühne saß. Bei kleinen, hübschen Mädchen reagieren die Leute ganz anders. Goldene Ringellöckchen über einer Narbenfratze, das wäre schon was gewesen.»

Ich lehne mich zur Seite und übergebe mich. Als ich das letzte bisschen Galle ausgespuckt habe, drehe ich mich wieder zu Frieder.

«Hat Michelsen dich damals geschickt?»

«Der doch nicht, der hat doch keine Eier in der Hose.»

«Eichner?»

Dieses Mal bleibt Frieder stumm. Als zwei Polizistinnen ihn abführen, finde ich mich damit ab, dass ich die Wahrheit nie erfahren werde.

Er ist einige Meter weit weg, als er den Kopf zu mir dreht. «Beim ersten Mal nicht», sagt er.

Aber heute schon, vervollständige ich seinen Satz im Kopf. Noch einmal muss ich mich übergeben, aber nicht mal Galle kommt noch raus. Das passt dazu, wie ich mich fühle. Ich habe alles gegeben, nichts geht mehr.

Als ich mich wieder auf den Rücken rolle, stützt eine kühle Hand meinen Nacken, eine andere fühle ich an der Schläfe, die immer noch pulsiert. Etwas Weiches wird unter meinen Kopf geschoben. Elodies Gesicht ist über mir. Sie muss hierhergekommen sein, um nach mir zu sehen.

«Was ist passiert?», flüstert sie.

LEONARD

Wieder Besuch von Kera. Zweimal in einer Woche! Davor ist sie jahrelang an unserem Hause vorbeigelaufen, ohne zu mir abzubiegen.

Ich habe ihr geschrieben, dass der Schlüssel unter dem Fußabtreter ist, damit ich Zeit habe, Kaffee zuzubereiten. Im Nachhinein war es mir peinlich, dass ich ihr und Elodie das letzte Mal nichts anbieten konnte. Heute habe ich sogar Gebäck bei meiner Mutter geholt. Nur die guten Kekse habe ich auf einem Teller angerichtet, die mit Schokolade. Kera mag Schokolade. Aber sie schüttelt den Kopf, als ich ihr mit dem Tablett entgegenkomme. Im Küchentürrahmen bleibt sie stehen und versperrt mir den Weg.

«Wir müssen das Experiment stoppen, Leonard!»

«Wieso das denn?» Genervt setze ich das Tablett ab. Außer Max hat mittlerweile fast die gesamte Schule Fair Play runtergeladen. Sogar Lina und ihre Freunde sind wieder dabei. Max' Verletzungen sahen schlimmer aus, aber Karls waren gefährlicher. Er hat einen Schlag auf den Kopf abbekommen, der eine Hirnblutung zur Folge hatte. Von außen nicht sichtbar und deswegen hochgefährlich. Karl brauchte den Rettungswagen zum Krankenhaus, eine Kernspintomographie, Röntgenbilder, von dort den Hubschrauber-Transport in die Spezialklinik, wo die Hightech-Behandlung erst richtig losging. All das hat unseren big account, den wir die letzten Wochen grün hielten, ins Rote katapultiert. Die meisten personal accounts sind grün. Aber Karl ist so dunkelrot, dass wir es noch nicht ausgleichen konnten.

Sein «Heldenmut» hat jedoch auch eine Welle der Solidarität losgetreten. Der Böse der Geschichte ist Frieder. Wie es dazu kam, werden weder Karl noch Max aufklären. Mir soll es recht sein. Denn mit Karls unrühmlicher Rolle bleibt auch meine im Dunkeln. Außerdem: Um unser Ziel doch noch zu erreichen – «Für Karl!» – ziehen nun alle an einem Strang. So haben wir noch eine Chance, den big account grün zu kriegen. Lina hat sogar die Blockierung aufgehoben. Nur verlinkt hat sie sich nicht wieder mit mir. Kommt noch.

«Willst du dich wenigstens setzen?» Ich möchte Kera ins Wohnzimmer führen, aber sie läuft wild gestikulierend an mir vorbei und setzt sich an den Küchentisch.

«Wieso wir Fair Play stoppen müssen? Wie kannst du das fragen? Die hätten Max beinahe umgebracht!»

«Das ist jetzt ein bisschen übertrieben ...» Ich setze mich zu ihr.

«War ich da oder du?» Kera steht wieder auf. Sie tigert hin und her.

«Fein. Dann war es eben ein Aussetzer dieses Idioten Frieder. In der Presse steht, dass sein Anwalt auf Unzurechnungsfähigkeit plädiert. Die haben so viele Drogen in seinem Blut nachgewiesen, dass unsere ganze Klasse davon high werden könnte.»

«Frieder hat aber angedeutet, dass Eichner ihn geschickt hat.»

Für einen Moment dringt Kera zu mir durch. Kann das sein? Hat Eichner mich und Max gegeneinander ausgespielt, um Fair Play zu diskreditieren? Nein, das macht keinen Sinn. Eichner hat mir die Sache anvertraut, *mir*. Er ist beeindruckt von Fair Play. Wie könnte er das nicht sein. Wenn er mich nur hätte benutzen wollen ... das hätte ich doch gemerkt. Ich kann Next-generation-Apps programmieren, for fuck's sake!

«Frieder ist crazy, Kera. Der hätte auch genickt, wenn du ihn gefragt hättest, ob Donald Trump ihn beauftragt hat. Mit Fair Play hat das nichts zu tun.»

«Das hat sehr viel mit Fair Play zu tun!», sagt sie. Sie sieht aus, als würde sie gleich die Kaffeekanne vom Counter fegen vor lauter Frust. Aber dann setzt sie sich hin und sieht mir in die Augen, als wolle sie mich hypnotisieren. «Eichner will der Welt zeigen, dass Fair Play aus dem Ruder lief.»

«Selbst wenn du recht hast: Dann würden wir ihm in die Hände spielen, wenn wir Fair Play einstellen.»

«Verstehst du nicht? Fair Play ist sowieso tot. Das Projekt ist nicht mehr das, was ich mir vorgestellt habe. Es ist außer Kontrolle geraten.»

«Das ist dein Problem! Du kannst nicht ein Experiment anleiern, und wenn dir das Ergebnis nicht gefällt, alles rückgängig machen.»

«Sei nicht so selbstgerecht, Leonard!»

«Hast du mir deshalb die Freundschaft gekündigt, als wir ins Gymnasium kamen? Weil ich so ‹selbstgerecht› bin?» Ich habe nicht geplant, Kera die Frage zu stellen, für die ich seit sieben Jahren keine Antwort finde. Aber jetzt, da sie raus ist, bekomme ich nasse Hände vor Aufregung.

«Ich habe dir nie die Freundschaft gekündigt.»

«Und warum haben wir in der Grundschule fast jeden Tag miteinander verbracht und uns danach kaum noch gegrüßt? Oder hast du das anders in Erinnerung?»

«Nein, aber dafür gab es keinen bestimmten Grund. Du hast dich verändert, ich wahrscheinlich genauso.»

«Wie verändert?»

«In der Grundschule habe ich so gerne Zeit mit dir verbracht, aber als wir ins Gymnasium kamen, wurdest du plötzlich unberechenbar. Manchmal hast du dich komplett zurückgezogen, warst kaum ansprechbar.»

«Das war die Zeit, in der meine Schwester in die USA ging. Wahrscheinlich war ich einfach traurig deswegen. Als gute Freundin hättest du das auffangen müssen.»

«Habe ich doch versucht! Aber ich bin gar nicht mehr an dich rangekommen. Ich habe sogar meine Mutter alarmiert und sie zu deiner geschickt. Denn deine Stimmungsschwankungen wurden immer krasser. In den Momenten, in denen du wieder am Leben teilnahmst, warst du ... na ja, so impulsiv, fast größenwahnsinnig. Du hast mit der Kreditkarte deiner Mutter vor den anderen einen Flug in die USA gebucht, um zu beweisen, dass du quasi schon dort wohnst. Zwei Stunden später ist deine Mutter in die Klasse geplatzt und hat dich vor allen abgekanzelt. Da haben die anderen angefangen, sich über dich lustig zu machen.» Kera schüttelt irritiert den Kopf.

«Ich war dir peinlich.»

«Wir haben uns einfach auseinandergelebt, in der neuen Schule viele Leute kennengelernt. Ich habe mich mit Cemine angefreundet. So etwas passiert doch ständig ... Freunde kommen und gehen. Aber das ist jetzt total unwichtig. Bitte, Leonard, wir müssen die App einstellen. *Du* musst die App einstellen.»

Dass Kera den Grund für unseren Bruch bei mir sieht, bestürzt mich. Dann kommt die Wut. Wer ist sie denn, dass sie mir Vorschriften machen will? Sie ist nur grün, weil Elodie ihr Guthaben abgibt. Das beobachte ich schon eine Weile. Wenn ich wollte, könnte ich sie jederzeit auffliegen lassen. Noch mal! Nur um Fair Plays willen lasse ich es. Kera ist mir unterlegen. Sie ist neidisch. Deswegen will sie die Kontrolle über Fair Play an sich reißen. Jetzt, wo *ich* Freunde habe, Hunderte davon, will sie mir die nehmen, meine Fair Player. Dabei habe ich nach dem See-Fest-Erfolg beschlossen, dass das nächste Silvester das beste meines Lebens wird. Ich werde es nicht nur nicht alleine verbringen, sondern das erste Mal eine Party schmeißen.

«Niemals! Fair Play bleibt!» Ich haue mit der Hand auf den Tisch und weiß nicht, wer mehr erschrickt, Kera oder ich. «Wenn wir unser eigenes Experiment boykottieren, haben wir beim Wettbewerb keine Chance mehr.»

«Wen interessiert noch dieser blöde Wettbewerb? Das Ergebnis steht sowieso schon fest. Hier geht es um mehr. Es sind nur noch eineinhalb Wochen, bis zum Ende des Experiments. Wir müssen ein Zeichen setzen!»

Noch eineinhalb Wochen. Denkt Kera. Denn mir ist etwas eingefallen, mit dem ich den Makel ausgleichen kann, den Frieders Aussetzer hinterlassen hat. Etwas, mit dem ich teKNOW noch mehr beeindrucken kann als mit vielen App-Usern und dem Wettbewerbsgewinn. Ich werde Kellyanne vorführen, dass

Fair Play auch außerhalb eines Experiments funktioniert. Sie soll erkennen: Diese App hat Suchtpotenzial.

Ich muss Kera jetzt nichts von meinen Plänen erzählen. Aber ich kann nicht widerstehen. Ich will ihren Gesichtsausdruck sehen, wenn sie begreift, dass ihre Idee nicht mehr ihr gehört. Dass die Fair Player mir die Treue halten. Dass sie nichts dagegen machen kann, so wie ich damals, als sie mich im Stich ließ. Dass ich gewonnen habe.

«Mit den eineinhalb Wochen liegst du falsch», sage ich.

«Nein, ich bin ganz sicher. Bevor ich zu dir kam, habe ich nachgeschaut. Die Deadline ist in eineinhalb Wochen.»

«Das mag sein. Aber ich werde die App danach weiterlaufen lassen. Wetten, dass die meisten Fair Player dabeibleiben?»

MAX

KAUGUMMITAGE! Im Krankenhaus und dann in der Reha dehnen sie sich zu immer gleichen Blasen, unterbrochen durch schlechtes Essen, überarbeitete Schwestern und spärlichen Besuch. Mein Vater ist in Abu Dhabi. Er wollte zurückkommen, als er von dem Angriff auf mich hörte. Ich habe ihm gesagt, dass das nicht nötig ist. Das war, bevor ich wusste, dass er als Ersatz Rebecca schicken würde. Meine Mutter und sie wechseln sich jetzt ab mit dem Max-Sitting.

Es fing langsam an. Meine Mutter weigerte sich, mein Krankenzimmer zu verlassen, bis sie so erschöpft war – und ehrlich gesagt auch nicht mehr ganz frisch roch –, dass ich sie nach Hause schickte. Während meine Mutter den ganzen Tag an meinem Bett saß, zieht Rebecca eine Sitzgruppe auf dem Gang vor. Ein paarmal am Tag sieht sie nach mir, meistens zu den Mahlzeiten. Das Essen hat Rebecca abbestellt. Stattdessen lässt sie Pizza, Indisch oder Vietnamesisch kommen. Zweimal die Woche gibt es Pommes spezial. Dragomir bringt sie jedes Mal persönlich vorbei.

«Keine Sorge», sagt er, als ich mich für das Fenster entschuldige, «hat die Versicherung übernommen. Außerdem war das gut fürs Geschäft. Ich war in der Zeitung. Die haben mich und meine Schwester als Helden gefeiert.» Dragomir grinst.

«Ich bin froh, dass wenigstens einer von dem hier profitiert», antworte ich.

«Klar. Ich nehme meine Kunden aus, wie und wo es nur geht. Max spezial steht jetzt auf der Karte. Läuft richtig gut.» Dragomir stibitzt zwei Pommes frites aus meiner Schale.

Meine Mutter, Rebecca, Dragomir. Ich bin nie alleine, wenn ich das nicht will, und doch einsam. Karl kann mich nicht besuchen. Ihm geht es schlechter als mir. Er ist noch im Krankenhaus und wurde bis zum neuen Jahr freigestellt, um sich zu erholen. Selbst wenn er wieder gesund ist ... Karl hat jetzt viel um die Ohren. Er muss sich um seine Eltern kümmern, nachdem Frieder in U-Haft kam. Trotzdem macht es mich traurig. Karl ist ... war ... ist ... mein einziger enger Freund.

Es gibt nur eine Person, auf die ich noch sehnlicher warte, und die lässt sich ebenso wenig blicken. Ich werde nie vergessen, wie Kera und ich uns angesehen haben, als der Spuk mit Frieder vorbei war und die Rettungssanitäter um uns rumschwirrten. Die ersten Tage im Krankenhaus bin ich mir sicher, dass jeden Moment die Tür aufgeht und sie hereinkommt. Je nach Stimmung stelle ich mir vor, wie sie schüchtern an der Tür stehen bleibt und wir uns lange aussprechen oder dass sie sich einfach zu mir ins Bett legt und nie wieder geht. Aber irgendwann verliere ich die Hoffnung.

Warum ich ausgerechnet Rebecca davon erzähle, weiß ich nicht. Vielleicht weil sie trotz allem eine Fremde ist und denen vertraut man sich lieber an. Psychotherapeuten-Effekt. Vielleicht auch weil sie altersmäßig näher bei Kera als bei meinem Vater liegt, sie ihre Jugend in guter Erinnerung haben müsste und ich mir revolutionäre Einsichten in die weibliche Teenagerpsyche von ihr erhoffe. Als sie eines Tages das Geschirr mit dem Pad-Thai-Rest wegräumt, bitte ich sie, noch einen Moment zu bleiben. Wie meine Mutter will sie sich auf die Bettkante setzen. Dann entscheidet sie sich doch für den Stuhl daneben. Jedenfalls erzähle ich ihr die ganze **KERA&MAX**-Geschichte.

«Und wie kann ich dir helfen?», fragt Rebecca, als ich fertig bin.

«Meinst du, wir haben noch eine Chance?»

«Ob ihr noch eine Chance habt, können nur Kera und du herausfinden.» Phantastisch. Für den Ratschlag hätte ich mir die zwanzig Minuten Seelenentblößung sparen können. Aber dann kommt noch was: «Hast du je versucht nachzuvollziehen, warum Kera Fair Play so wichtig war?»

«Wie meinst du das? Dass ich doch hätte mitmachen sollen bei Fair Play? Ihretwegen?»

«Nicht unbedingt. Ich habe das Gefühl, dass ihr eure Entscheidungen von allen möglichen Loyalitäten und Abneigungen und eigenen Zielen und fremden abhängig gemacht habt. Nur nicht von der Sache an sich. Ihr habt aneinander vorbeigeliebt. Aber jetzt könntest du dich mit der Klimakrise beschäftigen. Zeit hast du. Das wäre ein Anfang, um Kera besser zu verstehen.»

Ich weiß, was Rebecca meint, unternehme jedoch nichts. Aber die **K a u g u m m i t a g e** strecken sich immer noch ins Unendliche, und irgendwann fange ich aus purer Langeweile an, «Klimakrise» zu googeln. Von da an lässt mich der Sog nicht mehr los. Ich merke, dass mich auch Nicht-Design-Themen in ihren Bann ziehen. Wenn ich mich auf etwas einlasse, gibt es kein Zurück. Vielleicht habe ich mir deswegen in

der Schule immer schwergetan. Das oberflächliche Auswendig-
lernen liegt mir nicht. Wenn ich mich mit etwas beschäftige,
will ich alles darüber wissen.

Nächtelang schaue ich mir Dokumentationen an über die
Milchindustrie und Avocado-Mafia, Davos und Fridays for
Future. Ich arbeite mich durch Bücher von Al Gore und Safran
Foer und Precht. Scham und Angst kommen in Wellen: Wie nur
konnte ich das alles einfach ignorieren? Zwischen den ganzen
Statistiken und Enthüllungen scheint Kera durch, ihre Ent-
schlossenheit, ihre Courage.

Ich bitte Rebecca um ihre Passwörter, sodass ich auch hinter
Paywalls stöbern kann. Gerade lese ich einen Artikel über Wald-
brände in Kalifornien, Brasilien, Sibirien und erinnere mich an
den Film der Wenger, mit dem alles anfing, als er doch noch
kommt, der unerwartete Besuch.

«Mensch, Max, so eine Schweinerei!», sagt der Eichner zur
Begrüßung. «Es tut mir leid, dass die Ihnen das angetan haben. Seien Sie versichert, dass ich meinen gesamten Einfluss
geltend gemacht habe, um diesen Schläger für möglichst lange
Zeit hinter Gitter zu bringen.»

«Werden Sie auch Leonard zur Verantwortung ziehen?»

«Leonard ... wieso Leonard?» Wenn ich es nicht besser wüsste, würde ich denken, der Eichner wird plötzlich nervös.

«Für seinen Betrug», sage ich. «Das gefälschte Konto.»

«Ach so, nun das ist nicht mehr nötig. Fair Play ist am Ende.
Und wir wollen nicht den nächsten Jugendlichen an den Pran-
ger stellen. Wir haben ja gesehen, wo das hinführen kann.» Der
Eichner zeigt auf meine Hand. «Wie geht es Ihren Verletzungen?»

«Ganz okay. Nächste Woche werde ich aus der stationären Reha entlassen.»

«Zur Preisverleihung sind Sie also wieder draußen? Werden Sie kommen?»

«Ich denke nicht. Was soll ich dort?»

«Genau darüber wollte ich mit Ihnen reden.»

ELODIE

748	**9.665**	**313**
Beiträge	Abonnenten	Abonniert

Das hier ist eine Nachricht von @KeraSpiegler an alle Fair Player: «Bitte kommt zum Countdown des Experiments in die Schule. Wir treffen uns morgen eine halbe Stunde vor Ablauf der Deadline, also um 15.30 Uhr am Brunnen. Es ist wichtig!» Mehr hat Kera nicht gesagt. Macht es spannend, unsere Frau Spiegler. Aber nachdem ihre letzte Idee unsere Leben ganz schön durcheinandergewirbelt hat, lohnt es sich sicher, ihrer Einladung zu folgen. Ich werde dort sein. See you then & there!

Kera hätte mir ruhig sagen können, dass das nicht mit Leonard abgesprochen war. Als sie mich bat, ihre Nachricht zu posten, fand ich nichts dabei.

«Du schuldest mir was!», meinte sie. «Du hast dein großes Geheimnis selbst verraten, ohne mein Okay einzuholen.»

Dabei hätte ich es auch so gemacht. Immerhin sind wir nicht mehr nur Guthaben-Buddys, sondern auch so etwas wie Sherlock Holmes und Watson. Ich habe nicht hinterfragt, warum Kera nicht über Leonard und die App ging ... bis mein

Handy alle zwei Minuten summte. Als Erstes kam der Kommentar.

@deranderLeo: Das ist NICHT mit mir abgestimmt. Ich weiß nicht, was Kera vorhat, aber das ist KEINE FAIR-PLAY-VERANSTALTUNG.

Da sein Post keine große Beachtung fand, hat Leonard wilde Botschaften über den Fair-Play-Verteiler verschickt, um klarzumachen, dass die Abschlussveranstaltung wie gehabt am Morgen nach der Deadline in der Aula stattfindet, dass er dort etwas Wichtiges zu verkünden hat, dass Keras Gegenveranstaltung nicht offiziell und gänzlich überflüssig ist und dass er auf gar keinen Fall kommen wird.

Armer Leonard, denke ich auf dem Weg zum Brunnen. Er hat immer noch nicht kapiert, wie es läuft. Mit seinen Texten hat er das Interesse an Keras Gig angeheizt. Sag zehn Leuten, dass sie dann und dann da und da sein sollen, und es kommen drei. Sag zehn Leuten, dass sie auf keinen Fall dann und dann da und da sein dürfen, und es kommen zwölf.

Die ganze Schule ist am Brunnen versammelt. Außer Max gibt es keine Foul Player mehr – zumindest kenne ich keine. Doch das große Konto ist trotzdem rot, und das, obwohl unser Triumph wochenlang sicher schien. Die Stimmung war schon besser. Vielleicht sind deswegen alle gekommen ... in der Hoffnung, dass die Frau, die uns Fair Play brachte, nun mit einer neuen revolutionären Idee um die Ecke kommt, mit der wir das Gemeinschaftskonto auf magische Weise ins Grüne heben.

Kera hat mit dem Auflauf gerechnet. Sie steht auf der Betonplattform, ein Ausrufezeichen mit pinker Mütze. Ganz wohl scheint sie sich nicht dabei zu fühlen, aber sie wirkt entschlossen. Ich entdecke Cemine am linken Rand des Publikums und stelle mich auf die andere Seite. Punkt halb vier richtet Kera das Wort an uns. Mir ist nie aufgefallen, wie laut ihre Stimme werden kann. Mühelos durchschneidet sie die Winterluft.

«Danke, dass ihr gekommen seid.» Das Gemurmel verstummt. Alle wenden sich Kera zu, wie Sonnenblumen, von Neonpink angezogen. «Ich habe euch hierher eingeladen, weil ich euch bitten möchte, die App von euren Handys zu löschen.»

Schlagartig steigt der Geräuschpegel wieder an. Einer ganz vorne verschafft sich trotzdem Gehör:

«Spinnst du? Warum sollen wir Fair Play löschen?», fragt er, und die anderen verstummen wieder. «In weniger als einer halben Stunde ist das Experiment vorbei. Dann passiert das automatisch.»

«Eben nicht!», antwortet Kera. «Leonard will Fair Play weiterlaufen lassen.»

Dieses Mal bekomme ich kaum mit, wie die anderen reagieren. Ein Gedanke verdrängt alles andere aus meiner Wahrnehmung: Ich könnte weiterhin Guthaben verkaufen. Selbst wenn Kera abspringt, das Geschäftsmodell bliebe. Ich könnte andere Kunden suchen. Ist der Wettbewerb erst einmal rum, werden alle ruhiger werden und die Fair Player nach Möglichkeiten suchen, langfristig mit den Konten zu leben.

«Und warum ist das so schlimm, wenn Leonard die App weiterlaufen lässt?», fragt eine von den Grunks, ein sommersprossiges Mädchen mit einer Haarfarbe, die Keras Mütze erblassen lässt. «Er wird schon wissen, was er tut.» Sie hält die Faust in die Höhe und ruft: «Fair!» Ein paar Leute um sie herum antworten mit «Play!».

Die hängen an Fair Play! Die wollen die App nicht abschaffen! Ich ergreife meine Chance, drängle mich nach vorne und steige zu Kera auf den Brunnen. Sie sieht mich überrascht an, aber nicht unfreundlich. Wahrscheinlich denkt sie, dass ich sie unterstützen will.

«Das ist doch eine gute Sache, Kera», sage ich. «Deine Idee war so genial, dass sie außerhalb des Wettbewerbs überlebt.»

«Das ist es ja: Meine Idee ist zu etwas geworden, hinter dem ich nicht mehr stehen kann. Alle möglichen Leute benutzen sie für ihre Zwecke. Seht ihr denn nicht, dass das Projekt total aus dem Ruder gelaufen ist? Die Stimmung an der Schule ist schlecht, und Max liegt im Krankenhaus!»

«Die Sache mit Max ist schlimm, keine Frage, aber wir können doch Fair Play nicht allein daran messen. Frieder und Max sind keine Fair Player. Die App gehört uns! Uns allen und, sorry Kera, nicht mehr dir allein! *Wir* sind Fair Play!»

Kera sieht mich an, als würde sie mich am liebsten vom Brunnen stoßen. Die Grunks nehmen meinen Slogan auf:

«Wir sind Fair Play!»

Immer mehr schleudern ihn uns entgegen. Aus Kanon wird Chor und schließlich brüllen alle mit einer Stimme:

«WIR SIND FAIR PLAY!»

«Elodie hat nicht recht», sagt Kera, aber keiner hört ihr zu. Die Welle, die ich losgetreten habe, ist zu mächtig.

«Wir sind Fair Play!», stimme ich mit ein. Erst als Sanne sich mit einem Bein kurz auf den Brunnen drückt und die Hand nach oben hält – «Stopp! Kera will was sagen» –, kehrt Ruhe ein.

«Elodie hat nicht recht», sagt Kera noch mal, «sondern Hintergedanken.»

«Welche Hintergedanken denn?» Sanne rollt mit den Augen.

«Finanzielle! Ihr wisst doch, dass sie nicht so reich ist, wie sie tat. Und Sponsoren hat sie schon lange nicht mehr.» Ich bin mehr verblüfft als verärgert, dass Kera sich genauso selbst verrät wie ich mich.

«So ein Quatsch, was hat Fair Play denn mit Geld zu tun? Elodie kann es egal sein, ob die App weiterläuft. Sie ist dauergrün, genau wie du», entgegnet Sanne. «Aber wir anderen wollen uns weiter verbessern. Und dazu brauchen wir Fair Play.»

«Ich bin nur dauergrün, weil Elodie mir Guthaben überträgt. Gegen Geld.»

Das ist das erste Mal, dass ich Sanne sprachlos erlebe. Die anderen dagegen machen ihrem Ärger Luft. Mich haben sie als moralische Instanz längst abgeschrieben, aber Kera, die Auferstandene, jetzt als doppelte Betrügerin entlarvt, bekommt ihn ab.

«Heuchlerin!»

«Verräterin!»

«Fake!»

Déjà-vu. Wenigstens steht Kera dieses Mal erhöht. Trotzdem erwarte ich jeden Moment, dass jemand auf den Brunnen springt, ihr die geliebte Mütze wegnimmt und wieder in den Dreck wirft. Besorgt sehe ich zu Kera, aber sie scheint das alles gar nicht wahrzunehmen. Sie hat nur Augen für eine zierliche Person, die es trotz des Tumults geschafft hat, sich in die erste Reihe zu drängen: Isobel.

«Stimmt das?», fragt sie.

Kera nickt. «Es tut mir so leid.»

Ich kann Isobels Ausdruck nicht deuten, aber als sie auf den Brunnen steigt, reiche ich ihr die Hand.

«Hört auf!», schallt es über den ganzen Platz. Megaphon-App und mobile Lautsprecher. Respekt. Isobel war vorbereitet.

«Meine Schwester Kera ist nicht perfekt», sagt sie in ihr DIY-Mikrophon. «Elodie ist nicht perfekt. Ich bin nicht perfekt. Perfekt ist keiner von uns. Wir alle haben in den letzten drei Monaten so gehandelt, wie wir es im jeweiligen Moment hingekriegt haben. Ich habe lange gebraucht, um zu kapieren, dass das okay ist. Aber wann immer es uns möglich war, haben wir getan, was richtig war. Was wir für richtig hielten. Das tun Kera und Elodie jetzt auch.»

«Ich weiß nicht, wer du bist, aber du hast recht. Ich war dagegen, dann dafür, dann dagegen, dann dafür. Fair Play macht es einem nicht leicht, weil die App so wichtig ist und gleichzeitig so unbarmherzig», sagt Lina. Sie steht weit hinten, überragt jedoch alle. «Aber uns das Endergebnis des Experiments wegzunehmen, das geht nicht. Wir haben uns reingehängt die letzten Monate und wollen wissen, ob wir das Gemeinschaftskonto noch grün kriegen – auch wenn es momentan nicht gut aussieht.»

«Vielleicht können wir die Entscheidung, ob wir die App löschen, vertagen, bis die Deadline abgelaufen ist.» Isobel sieht Kera an. «Ich will auch wissen, wie es ausgeht. So kurz vor der Ziellinie das Ziel zu entfernen, wäre nicht fair. Und darum ist es doch die ganze Zeit gegangen. Fairness.»

«Okay. Wir warten.» Kera spricht jetzt auch in das Megaphon-Handy und legt den Arm um ihre Schwester. Wir öffnen

Fair Play auf Isobels Handy und stellen die Alarmtöne auf laut.

«Immer noch rot. Wie lange haben wir noch?», fragt Isobel.

«Knapp fünf Minuten», antwortet Sanne.

Jetzt können wir nur noch abwarten. Springt das Gemeinschaftskonto von Rot auf Grün, wird der Alarm losgehen, läuft die Experimentdauer aus, ebenso. Keiner verbraucht irgendwas – alle stehen da, alle haben ihre Handys ausgeschaltet. Es ist ein bewegungsloses Rennen. Reicht die Zeit bis zur Deadline, um unser rotes Defizit auszugleichen? Wird der Alarm zweimal losgehen?

Manche umarmen sich oder halten sich an den Händen. Ich sehe zu Cemine, die genauso alleine ist wie ich. Als sich unsere Blicke treffen, wende ich den Kopf ab. Ich bin erleichtert, dass Isobel mir ihre Hand entgegenstreckt, und nehme sie mit einem Lächeln. Kera hat immer noch den Arm um ihre Schwester gelegt. Je mehr Zeit vergeht, desto weniger bleibt, in der der erlösende Ton das grüne Konto verkünden könnte.

«Noch eine Minute», sagt Kera.

Sanne, sonst so tough, laufen Mascara-Tränen über die Wangen. Sie macht sich nicht die Mühe, sie abzuwischen. Ich sehe einem schwarzen Tropfen dabei zu, wie er sich an ihren Mundwinkel klammert, als Sanne zusammenzuckt und er weggeschleudert wird.

Der Alarm! Die Minute kann noch nicht vorüber sein. Das kann nur eines bedeuten. Haben wir es tatsächlich geschafft?

Kera, Iso und ich beugen uns gleichzeitig über das Handy, um Fair Plays Nachricht zu lesen. Aber das große Konto ist nicht grün.

«Fair Play informiert uns, dass ein neuer User dazugekommen ist. Anonym», sagt Iso ins Megaphon. «Das verbundene Profilbild ist komplett schwarz, der Name ein Alias.»

«Max», flüstert Kera, und im selben Moment erklingt ein zweiter Ton.

«Bitte nicht», sage ich. Ich will einfach nicht glauben, dass die drei Monate mit einer solchen Niederlage enden. Wieder stecken Kera und Iso die Köpfe über dem Handy zusammen. Ich kann nicht hinsehen und bleibe abseits … aber dieses Mal steht der Ton für das, was wir alle nicht mehr zu hoffen wagten.

«Wir sind grün!», stammelt Iso.

Noch wenige Sekunden bis zur Deadline. Der Neu-Fair-Player, bislang als Durchschnittsverbraucher geführt, hat das Gemeinschaftskonto ins Grüne gehoben.

Fair Plays dritter Alarm, der das Ende der drei Monate verkündet, geht in ohrenbetäubendem Jubel unter. Wir haben es geschafft! Kera und Isobel liegen sich in den Armen, irgendwie liegen sich alle in den Armen. Weinen, lachen, alles durcheinander. Erlösung. Mir steigen Tränen in die Augen, und plötzlich verstehe ich, was Kera meint. Es wäre falsch, Fair Play jetzt und hier weiterlaufen zu lassen. Das, was wir erreicht haben, würde in einem unendlichen rot-grünen Brei untergehen, der sich irgendwann in sich selbst verliert. Jede Faser meines Körpers will an Fair Play festhalten. Doch um das zu ehren, was ich, was *wir* in den letzten Monaten geschafft haben, muss ich Schluss machen. Und genauso fühlt es sich an: als ob ich eine Beziehung beenden muss, in der ich mich nicht weiterentwickeln kann – auch wenn die Frau super-cute ist und wir wahnsinnig gut zusammenpassen. So wie ich und Cemine.

«Kannst du das Megaphon neben mein Handy halten?», frage ich Isobel. Sie nickt. Ich öffne Fair Play auf meinem Gerät, schalte die Sprachfunktion ein und halte es neben Isobels. Dann beeile ich mich, die App von meinem Handy zu löschen, weil ich Angst habe, dass mich sonst der Mut verlässt. Wie leicht das geht! Ein letztes Mal höre ich die Stimme, die mein Leben bestimmt hat, verstärkt jetzt, als nähme sie endlich den Raum ein, der ihr gebührt.

‹Willst du mich wirklich löschen?›, fragt Fair Play. Alle Köpfe drehen sich zu mir. Trotzdem zögere ich. Wonach soll ich meine Entscheidungen richten, wenn mir die App nicht mehr jeden Morgen vorrechnet, wie ich möglichst weit unter meinem Limit bleibe? Wenn sie nicht allem, was ich tue oder lasse, Bedeutung gibt? Ich weiß es nicht. Und genau deswegen muss ich «Ja!» drücken.

‹Löschen bestätigt›, sagt die App. ‹Auf Wiedersehen, Elodie!›

Fair Play ist aus meinem Leben verschwunden. Mein Display ist nackt ohne das Logo. Für einen Moment fühle ich mich unsäglich einsam. Doch dann erwacht die Welt um mich herum zum Leben.

‹Auf Wiedersehen, Kera!›

‹Auf Wiedersehen, Isobel!›

‹Auf Wiedersehen, Cemine!›

‹Auf Wiedersehen, Sanne!›

‹Auf Wiedersehen, Lina!›

‹Auf Wiedersehen, Matt!›

Alle tun es mir nach, alle sind bei mir.

«Auf Wiedersehen, Fair Play!»

KERA

Der Bus ist zu groß für uns. Er wurde in besseren Zeiten gebucht, als wir noch dachten, dass wir mit einer Entourage zur Preisverleihung fahren würden. Elodie sollte die Tickets unter den Fair Playern verlosen. Party im Bus war der Plan. Aber nach dem Angriff auf Max fand Frau Wenger das unangemessen.

Jetzt sind nur fünf der fünfzig Sitzplätze belegt. Die offizielle Abschlussveranstaltung am Morgen nach der Deadline wurde ebenfalls abgesagt. Ob wegen meiner Konkurrenzveranstaltung oder weil die Schule Fair Play einfach aufgegeben hat ... ich weiß es nicht.

Ich habe mich in die Sitzreihe ganz hinten zurückgezogen, die beide Seiten des Busses überspannt. Um klarzumachen, dass ich keinen Wert auf Gesellschaft lege, habe ich mich in die Mitte gesetzt. Wäre nicht nötig gewesen. Elodie nickt mir kurz zu, nimmt sich aber einen Fenstersitz weiter vorne. Auch wenn wir über weite Strecken des Experiments Verbündete waren und sie am Ende die App gelöscht hat, Freunde sind wir nicht. Dafür ist sie mir zu oft in den Rücken gefallen. Außerdem muss ich sie aus Loyalität meiden, weil sie Cemine immer noch wahnsinnigen Liebeskummer bereitet.

Leonard kommt als Nächster, grüßt nur Frau Wenger, die hinter dem Fahrer Platz genommen hat, und verzieht sich auf den Sitz, der möglichst weit von allen entfernt ist. Alle außer Frau Wenger setzen ihre Kopfhörer auf, Leonard seine Bluetooth-Pods, Elodie ein Retro-Monstrum in Rotgold und Beige, und ich die mit Kabel, die im Ohr verschwinden und gratis beiliegen. Kurz bevor wir losfahren, kommt ein letzter Fahrgast hinzu.

«Hey, der Held der finalen Stunde! Oder eher Minute!», begrüßt Elodie ihn. Max sieht sie verwirrt an. Dann nimmt er sich den Behindertensitz ganz vorne und sagt:

«Helden verprügeln normalerweise die Bösen und nicht umgekehrt.»

Ich habe nicht damit gerechnet, dass er auftaucht, und mein Herz ruckelt mit dem Bus, als er sich in Bewegung setzt. Max' rechter Arm ist in einem Hightech-Gips verpackt, der in einer Schlinge liegt, mit dem linken hat er sich auf eine Krücke gestützt, die jetzt neben ihm am Sitz lehnt. Das ist meine Schuld.

Die zwanzig Minuten Fahrt starre ich auf seinen Hinterkopf und frage mich, ob ich ihn ansprechen kann, wenn wir angekommen sind. Ihn im Krankenhaus und in der Reha zu besuchen – das habe ich nicht geschafft. Ich wollte Max nicht so sehen. Aber jetzt ... immerhin ist er hier, immerhin hat er die App vom Krankenbett aus runtergeladen. Das ist ein Versöhnungsangebot. Oder?

Die Preisverleihung findet in Tempelhof statt. Ich verlasse als Letzte den Bus, mache langsam, weil ich immer noch nicht weiß, wie ich mich Max gegenüber verhalten soll. Die anderen sind schon in Richtung Hangar gelaufen. Ich will ihnen hinterherrennen ... dann sehe ich ihn – das erste Mal seit damals.

Ich wusste, dass er hier sein würde, trotzdem bin ich geschockt, als er nur fünf Meter entfernt vorbeiläuft. Er hat sich kaum verändert. Einen Bodyguard hat er nicht dabei. Dürfen selbst seine Aufpasser nichts von dem wissen, was er gerade vorhat? Ein geheimes Telefonat? Ein geheimes Treffen? Vielleicht sogar mit Michelsen? Der ist bestimmt auch hier mit seiner Tochter.

Ohne zu überlegen, ohne einen Plan, gehe ich Eichner hinterher. Frau Wenger ist abgelenkt. Sie umsorgt Max, als wäre er ein Welpe, den sie im Straßengraben gefunden hat und aufpäppeln muss, damit er die Nacht übersteht. Eichner geht schnell, ich muss mich beeilen, damit ich ihn nicht verliere. Schließlich verschwindet er durch eine Tür. Als ich näher komme und sehe, welchen Raum Eichner betrat, lache ich beinahe laut los. Jetzt zahlen sich die kurzen Haare und meine Abneigung gegen Make-up aus. Ich ziehe Max' pinke Mütze tiefer ins Gesicht und betrete die Toilette. Ein Typ nickt mir auf seinem Weg zum Ausgang zu, und ich frage mich, ob Männer unter sich das immer so machen. Dann bin ich allein – allein bis auf den Dämon in der einen besetzten Kabine. Meinen Dämon. Neben der Tür steht ein Bistrotisch und ein Stuhl, die Trinkgeldschüssel fehlt. Ich setze mich und warte.

LEONARD

Sie haben uns in einen Raum hinter der Bühne gebracht. Dort bin ich mit Frau Wenger, Elodie, Max und den Vertretern der anderen Projekte eingepfercht, bis es losgeht. Nur Kera hat sich abgeseilt. Nicht, dass ich sie vermisse ...

Ihr Alleingang war unverzeihlich. Er hat mich meine Bonuspunkte bei teKNOW gekostet. Alles nur, weil Kera sich diese absurde Verschwörungstheorie ausgedacht hat. Sie kann nicht recht haben mit Michelsen und Eichner. Das sind respektable Persönlichkeiten. Herr Eichner ist auf Fair Plays Seite, auf meiner. Er hat den Angriff auf Max in den Medien rauf und runter kommentiert. Dass ich involviert bin, hat er nicht erwähnt. Er hängt selber mit drin.

Ich habe darauf gewartet, dass er mich noch mal kontaktiert, nachdem so viel anders lief als erwartet. Nichts. Aber wir haben ein stillschweigendes Stillschweigen-Übereinkommen. Herr Eichner wird sich weiterhin ruhig verhalten. Bei Max bin ich mir da nicht so sicher. Dass er hier ist, macht mich nervös.

Unwillkürlich ziehe ich an meinem Hemdkragen. Es ist stickig. Ich überlege, es Kera nachzutun und frische Luft zu schnappen, vorzugsweise ohne ihr dabei zu begegnen, als mein Handy vibriert. Schon wieder. Das tut es, seit wir in Tempelhof angekommen sind. Ich bin das erste Mal hier. Bislang war ich zu beschäftigt damit, alles aufzunehmen: den riesigen Hangar mit der Bühne, vor der sich schon einige Zuschauer versammelt haben, Presse, Würdenträger aus Politik und Wirtschaft. Warum sie uns bei so viel Platz in den kleinstmöglichen Container gesperrt haben, der alle Wettbewerbsteilnehmer aufnehmen kann – who knows? Ich ziehe mein Handy aus der Tasche – mal sehen, welcher meiner App- und Messaging-Dienste so dringend meine Aufmerksamkeit will – und stutze. Fair Play?

Auch nachdem alle die App gelöscht hatten: Ich habe es nicht übers Herz gebracht sie einzustampfen. Aber was sie mir jetzt meldet, kann nicht sein. Ich bin der letzte Fair Player. Und doch steht auf meinem Display, dass auf einem zweiten Handy in der Nähe Fair Play installiert ist. Ein weiterer User? Aber wer? Kera und Elodie haben die App gelöscht. Ich sehe zu Frau Wenger und Max. Die anderen denken, dass Max der Fair Player war, der kurz vor Schluss dazukam. Dass er im Krankenhaus die App runterlud. Dass er einlenkte und jetzt hinter dem Projekt steht, auch wenn sich keiner erklären kann, warum. Ich weiß es besser.

Es war ein Versehen, ein kleines Detail, das im großen Ganzen unterging. Eine unbedeutende Sekretärin nahm eine Anweisung wörtlich und war doch klüger als wir alle. Die ganze Schule hat Zugang zu Fair Play. So war das Experiment angelegt. Zunächst hatte nicht einmal ich auf dem Schirm, dass das die Lehrer einschließt, wenn man es wörtlich nimmt. Ich habe den Verteiler, den mir das Rektorat zur Verfügung stellte, nicht überprüft. Übernommen habe ich ihn und Fair Play damit gefüttert. Erst als die Zahl der Foul Player überschaubar wurde, habe ich mir ihre E-Mail-Adressen angesehen. Curve ball: Die

Lehrer waren mit drin. Es war zu spät, um den Fehler zu korrigieren, ohne unsere Glaubwürdigkeit zu erschüttern. Außerdem: Warum sollte ich was ändern? Warum zusätzlich Unruhe reinbringen? Davon hatten wir genug: Rote gegen Grüne, Fair Player gegen Foul Player. Die Zahlen stimmten. Das Gesamtguthaben war mit der Anzahl der E-Mail-Adressen berechnet, nicht mit der der Schüler. Wir konnten es auch so schaffen.

Warum Frau Wenger sich in letzter Sekunde die App geholt hat, kann ich nur vermuten. Schlechtes Gewissen, weil sie sah, wie wir uns abmühten? Wegen Max' Unglück? Ich stelle mir die Diskussion im Lehrerzimmer vor, in der sie sich darauf einigen, nicht mitzumachen. Denn eine Einladung von Fair Play haben alle bekommen. Vielleicht war Frau Wenger von Anfang an dafür, dass auch Lehrer Fair oder Foul Player sein können. Vielleicht wurde sie überstimmt. Vielleicht hat auch jeder Lehrer für sich beschlossen, dass er sich die App nicht ziehen will, und es kam nie offiziell zur Sprache. Damit ihre Schüler sie nicht finden können, ist Frau Wenger wie viele Lehrer unter Pseudonymen im Netz unterwegs. So hat es keiner gemerkt. Wie alle anderen Fair Player hat sie die App nach Ablauf der Deadline gelöscht. Nein, Frau Wenger ist es nicht. Hat Max die App doch noch runtergeladen – jetzt, wo alles vorbei ist? Das macht keinen Sinn.

Ich öffne Fair Play, um nachzusehen, wer der andere User ist. Was mir angezeigt wird, lässt mich laut auflachen. Elodie sieht mich mit hochgezogener Augenbraue an. Wirklich? Eichner? Auf Frau Wengers Wunsch habe ich ihm vor Monaten eine Demo-Version auf sein Handy gespielt, die nicht mit dem big account verbunden war. PR-Gag. Seitdem hat er die App nicht mehr benutzt. Aber: auch nie von seinem Handy geworfen. Schlichtweg vergessen, denke ich. Egal: Ich bin nicht mehr allein. Die Möglichkeit, wieder in ein anderes Leben hineinzugucken, lässt mich vor Aufregung zittern. Wie sehr ich das vermisst habe! Ich könnte nachschauen, wo auf dem Gelände sich Eichner befindet, kurz reinhören, ob er alleine ist. Nur kurz. Dann könnte ich ihn abpassen und alles klären, bevor die Show losgeht. Stillschweigende Stillschweigen-Übereinkommen sind mir noch lieber, wenn sie ausgesprochen werden. *Nur kurz ...*

ELODIE

750	**10.006**	**315**
Beiträge	Abonnenten	Abonniert

Wir haben den Wettbewerb gewonnen!

Fünf Worte, jedes von ihnen ein großartiges Gefühl. Ich wollte das einmal schreiben, auch wenn ich es nicht posten kann, erstens weil das Ergebnis noch nicht verkündet wurde und wir immer noch in dem Raum hinter der Bühne warten, zweitens weil ich weiß, dass es anders ausfallen wird. Seufzend blicke ich von meinem Handy auf, als Kera den Raum betritt. Sie will zu Max gehen, aber Frau Wenger nimmt ihn immer noch in Beschlag. Kurz wägt Kera ab, wer das kleinere Übel ist, Leonard oder ich. Schließlich stellt sie sich mit so viel Abstand neben mich, wie der Mini-Raum und seine Maxi-Auslastung erlauben.

«Wo warst du?», frage ich sie trotzdem.

«Toilette.»

«Du warst ganz schön lange weg!»

«Ich musste viel loswerden.»

Den Blick, mit dem sie das sagt, kann ich nicht deuten. Ich will nachfragen, werde jedoch unterbrochen.

«Elodie! Wie schön, dass wir uns endlich persönlich kennenlernen.» Green Fairy streckt mir die Hand hin. «Du bist weniger hübsch in echt.»

«Und du bist weder grün noch feenhaft.» Ich verschränke die Arme. «Außerdem konntest du mich doch schon in natura bewundern ... damals, als du wie ein Spanner in den Büschen gehockt hast, um mir und meinen Brüdern nachzuspionieren.»

«Huch, warum so aggressiv? Im Krieg, in der Liebe und bei Schülerwettbewerben des Senats sind alle Mittel erlaubt. Und du hast dich ja wieder aus der Sache herausgewunden. Nichts für ungut. Möge der Bessere heute gewinnen!» Sie nickt uns zu, geht weg, dreht sich aber noch einmal um und sagt: «Also wir.»

«Bitch», murmeln Kera und ich gleichzeitig. Wir lächeln uns an, als wir es bemerken.

Dann geht es los. Eichner hat sich eine Moderatorin geleistet. Projekt für Projekt stellt die Alexa-Stimme vor und ruft die jugendlichen Organisatoren auf die Bühne. Fair Play ist zuletzt dran. Als ich die nüchterne Beschreibung unseres Experiments höre, sehe ich es mit neuen, alten Augen. Betrug, Mobbing, Max' zertrümmerte Hand, das alles wird nicht erwähnt. Klar, in unserem Abschlussbericht stand nichts davon.

Obwohl wegen der Ereignisse der letzten Wochen keine Fair-Play-Four-Treffen mehr zustande kamen, haben wir den Bericht in letzter Sekunde hingekriegt. Er enthält Statistiken über die Entwicklung der Nutzerzahlen und endlose technische Details von Leonard, philosophische Essays über gemeinnütziges Verhalten, Social-Media-Fassaden und In- und Out-Groups von Kera und eine Zusammenfassung der Vermarktungsstrategie von mir. Sogar Max hat seinen Teil aus der Reha geschickt: beeindruckende Graphiken mit wenig Text. Die widersinnige Hoffnung macht sich in mir breit, dass wir doch noch ausgezeichnet werden. Fair Play ist der innovativste Beitrag. Kera und Leonard denken bestimmt das Gleiche. Für die technische Leistung allein müssten wir gewinnen.

Kera und Leonard denken bestimmt das Gleiche. Nervös reibt sich Leonard die Hände, als die Moderatorin Frau Wenger und uns Fair Play Four auf die Bühne bittet. Applaus begrüßt uns. Ich erinnere mich an das letzte Mal, als wir auf einer Bühne waren. Nur wenige Monate ist es her, dass wir Fair Play der Schule vorstellten, und doch war es eine andere Zeit. Damals waren wir alleine, jetzt stehen wir neben den anderen Wettbewerbsteilnehmern.

Die Moderatorin kommt schnell zum Highlight des Abends.

«And the winner is ... das Projekt ‹Wirtschaft im Wandel: Wir hören euch zu!› des Rudi-Dutschke-Gymnasiums Prenzlauer Berg.»

Eichner fängt an zu applaudieren, während er zum Mikro geht, und das Publikum fällt mit ein. «Herzlichen Glückwunsch!», sagt er und verliest die Begründung der Jury.

Es ist vorbei. Das, was die letzten Monate meines Lebens ausgefüllt hat – weg. Ungewürdigt, unbedeutend, unter den Teppich gekehrt, Staub. Ich habe damit gerechnet, dass wir verlieren und es sich komisch anfühlt, vielleicht ein bisschen Wehmut dabei ist, aber nicht mit dem bodenlosen Loch, das sich da ausbreitet, wo vorher mein Bauch war.

Green Fairy tritt nach vorne und nimmt die Urkunde entgegen. Ihre Dankesrede ist knapp. Sie fühlt sich unwohl im

Scheinwerferlicht, und ich frage mich, warum sie es dann gesucht hat. Nach einer halben Minute gibt sie das Wort an Michelsen weiter, der nochmals an Eichner. Dank Elodies Melodie weiß jeder, dass Green Fairy Michelsens Tochter ist. Eichner dreht das ins Niedliche und erzählt was von generationenübergreifendem Zusammenhalt und wie wichtig er ist. Wie sie da stehen, Eichner, Green Fairy und ihr Vater, wird mir noch einmal klar, dass das der Grund für den ganzen Aufwand war. Sie wollten eine Plattform, um sich zu präsentieren. Alles für das Image, das Eichners, das des Konzerns, für den Michelsen arbeitet. Um die Projekte, darum, etwas zu ändern, ging es nie. Sie wollten nur zeigen, dass sie auf der richtigen Seite stehen. Das Problem angehen will keiner, denn sie alle profitieren davon, dass es weiterbesteht. Mit Fair Play sind wir dagegen angetreten, und obwohl das große Konto am Ende grün war, haben wir versagt. Es fühlt sich an, als ob ich nur noch aus Hülle bestände, innen hohl wäre, ausgelaufen.

Leonard hat aufgehört, sich die Hände zu reiben. Stattdessen krallt er die Finger so fest ineinander, dass die Knöchel weiß hervortreten. Ich glaube, er hat als Einziger bis jetzt ernsthaft daran geglaubt, dass wir noch eine Chance haben. Kera tut ihr Bestes, abgebrüht zu wirken, aber ihre Augen glänzen verräterisch. Frau Wenger stützt sich auf Max' Krücke, die Lippen zusammengepresst. Nur Max lächelt. Ich verstehe nicht, warum. Er ist doch jetzt auf unserer Seite.

Eichner fährt fort:

«Wir können diese Preisverleihung natürlich nicht abschließen, ohne über das Projekt zu sprechen, das die Presse – also einige von Ihnen – und das Internet wohl am meisten beschäftigt hat, unter anderem, weil im Rahmen des Experiments ein Verbrechen verübt wurde. Sie wissen alle, wovon ich rede: Fair Play. Doch anstatt Ihnen meine Meinung dazu mitzuteilen, möchte ich einem Schüler das Wort überlassen, der das Projekt maßgeblich mitgestaltet hat. Meine Damen und Herren, Maxim Bianchi.»

LEONARD

Shit! Er wird mich verraten, jetzt wird er mich verraten. Max wird meinen Betrug öffentlich machen, ich weiß es. Wie er sich zum Mikro schleppt, ist ein Crash. Ich kann nicht *nicht* hinsehen. Das Auto schlingert und gerät auf die Gegenfahrbahn. Der Lastwagen kommt entgegen. Ich kann nichts tun, aber den Blick auch nicht abwenden. Und gerade beobachte ich das ganze Desaster nicht nur, sondern sitze gleichzeitig im Unfallwagen.

«Hi!», sagt Max, und dass er das mit dem Abstand zum Mikro auf Anhieb hinkriegt, ärgert mich. «Wie der ... Herr Eichner ... bereits sagte: Unser Projekt ... Fair Play ... hat mich ganz schön mitgenommen. Wie Sie sehen können.»

Max' Publikum kann sich nicht entscheiden, ob Lachen angebracht ist. Es landet bei einem abgehackten «Ha!».

«Ein gebrochenes Bein, eine zerschmetterte Hand, Prellungen, und das sind nur die äußeren Verletzungen. Worte haben genauso viel Schaden angerichtet. Die Atmosphäre an unserer Schule war gegen Ende vergiftet. Wenn das das Endergebnis unseres Projekts ist, kann man nur eines dazu sagen: Es ist so was von danebengegangen.» Max macht eine kurze Pause. «Doch das ist nicht das eigentliche Resultat, nur das offensichtliche. Es steckt mehr dahinter. Vorgänge, ohne die ihr nicht verstehen könnt, was wirklich ablief. Deswegen werde ich sie offenlegen.»

Jetzt bin ich dran. Ich schließe die Augen, damit ich nicht sehen muss, wie Max sich gleich an mir rächt und die Blicke aller auf mich einstechen.

«Ich habe die App nie runtergeladen. Nicht weil ich die Idee an sich schlecht fand. Im Gegenteil, sie wurde vom klügsten, weitsichtigsten und einfühlsamsten Kopf unserer Schule entwickelt. Auch nicht, weil ich glaube, dass wir einfach immer so weiterleben können, ohne uns einzuschränken. Der Grund, warum ich die App nicht wollte, ist ein anderer: Ich habe nicht eingesehen, dass wir richten müssen, was ihr in den letzten Jahrzehnten verbockt habt. Das ist nämlich *euer* Job. In der Reha hatte ich Zeit, viel Zeit. Ich wollte verstehen, warum mir passiert ist, was mir passiert ist. Also habe ich mich mit der Klimakrise beschäftigt. Am Anfang fand ich es interessant. Dann habe ich Angst bekommen. Unserem Planeten geht es viel schlechter, als mir bewusst war, und ihr tut einfach nichts dagegen – ewig schon. Wir können uns nicht darauf verlassen, dass ihr die nächsten Jahre besser nutzen werdet. Jetzt habe ich begriffen: Unserer Generation bleibt nichts anderes übrig, als die Sache selbst in die Hand zu nehmen, auch wenn wir das nicht wollen. Ja, einiges ist bei unserer Initiative schiefgelaufen. Das weiß keiner besser als ich. Freundschaftsdramen und Notendruck, Entscheidungszwang und Zukunftsangst, Elternfrust und Geschwisterrivalitäten und Liebeskummer – mit dem Erwachsenwerden haben wir genug zu tun, auch wenn uns keine App reinredet. Alles zusammen war ein bisschen viel manchmal. Da sind Gefühle hochgekocht und Feind- und

Freundschaften aus dem Ruder gelaufen. Trotzdem war das große Konto am Ende grün. *Das* ist das Endergebnis. Unsere Schule hat geschafft, was vor uns noch keiner geschafft hat. Was *ihr* nicht geschafft, nicht einmal *probiert* habt! Wir haben gezeigt, dass das geht, die Klimakrise zum Stillstand bringen. Ich sage *wir*, obwohl ich kein Nutzer war. Denn ich war dabei. Ich habe mitgelitten. Wir haben was getan. Ihr dagegen stehlt euch aus der Verantwortung. Vor nicht allzu langer Zeit sind wir brav zu Hause geblieben, haben Masken getragen und Abstand gehalten, damit ihr gesund bleibt. Wir haben uns für euch eingeschränkt. Dass ihr euch für uns nicht einschränken wollt ... das ist kein Fair Play! *Ihr* solltet Konten führen. Jeder von euch. Um uns zu entlasten. Damit wir unsere Jugend genießen können. Ihr habt was gutzumachen. Unsere Zukunft darf euch nicht egal sein.»

MAX

THE-SHOW-MUST-NOT-GO-ON-STILLE! Ich wünschte, ich wäre auf einer Theaterbühne. Dann würde das Publikum im Schatten verschwimmen und ich eine Rolle spielen, die ein anderer festgelegt hat. Aber in der Weite des Hangars sind die empörten, verwunderten, amüsierten Gesichter gut beleuchtet, und nur einer trägt die Verantwortung für das Gesagte: ich.

Weiß nicht, was ich erwartet habe. Applaus? Dafür, dass ich die Herrschaften vor mir vor den Kopf stoße? Von denen habe ich keinen zu erwarten, aber hinter mir fängt jemand an zu klatschen. Ich drehe mich um. Es ist das blonde Mädchen, das gewonnen hat. Einsames Hand-auf-Hand knallt durch den Saal. Startschüsse, denen die anderen folgen. Kera ist dabei. Auch im Parkett tut sich was. Einige stehen auf und fallen ein in den Applaus. Andere bleiben sitzen, blicken zu Boden und legen die Hände in den Schoß. Die Anerkennung, die ich kriege, genieße ich. Sie ist ehrlich. Den Eichner höre ich durch den Lärm nicht kommen. Plötzlich steht er neben mir und nimmt mir das Mikro weg.

«Vielen Dank, Max, das war ein interessanter Beitrag. Nachdem wir nun schon einmal dabei sind, Fair Play näher zu beleuchten, möchte ich Ihnen, liebes Publikum, einen weiteren

Schüler vorstellen, der am Projekt beteiligt war. Kommen Sie bitte zu mir, Leonard?»

Leonard zeigt sich nicht, aber die Moderatorin macht ihn in der letzten Reihe der Wettbewerbsteilnehmer ausfindig und schiebt ihn nach vorne.

«Leonard hat die App zum Projekt programmiert», sagt der Eichner. «Dafür erst einmal einen herzlichen Applaus. Tolle Leistung!» Der Eichner legt seinen Arm um Leonards Schulter. Leonard sieht den Eichner überrascht an, gleichzeitig misstrauisch. Zu Recht.

«Leider hat Leonard sein herausragendes Talent auch für weniger Löbliches eingesetzt.» Der Eichner entfernt sich von Leonard und stellt sich wieder neben mich. «Leonard hat sein Klimakonto manipuliert, damit er so viel verbrauchen konnte, wie er will, während seine Mitschüler sich Guthaben für Handystrom und Autofahrten absparen mussten. Außerdem haben wir herausgefunden, dass er einen der Angreifer auf Max gehetzt hat.»

Das also war die Mission, von der Karl sprach. Meine Wut auf Leonard, die während der Kaugummitage fast verschwand, kommt so heftig zurück, dass ich selbst erschrecke. Ich gönne ihm, dass er vor allen bloßgestellt wird, auch wenn damit Fair Play ein für alle Mal zerstört wird.

Leonard sieht den Eichner entsetzt an. Das Publikum und die Wettbewerbsteilnehmer fangen an zu tuscheln, ein Rauschen, das lauter und lauter wird. Als Lacher dazukommen, flieht Leonard von der Bühne. Der Eichner sieht ihm nach, sein Gesicht eine Maske. Dann sagt er:

«Wie Sie sehen, war es uns unmöglich, Fair Play auszuzeichnen. Wir haben lange überlegt, das Projekt zu disqualifizieren. Dass wir es im Wettbewerb ließen, zeigt unsere Hochachtung vor der Leistung der Schüler. Ihnen, liebes Publikum, danke ich nochmals für Ihr Kommen und Ihre Unterstützung unseres Wettbewerbs, der den Stimmen der Jugendlichen zu diesem wichtigen Thema Raum gab. Manche – wie unser Gewinnerteam – haben ihn für etwas Sinnvolles genutzt.»

Applaus. Der Eichner gibt der Moderatorin das Mikro, damit sie die Veranstaltung beendet. Dann legt er seinen Arm um mich. Seine Hand umfasst meine Schulter, ganz sanft.

«Mit euch unberechenbaren Kindern kann man einfach nicht arbeiten», sagt der Eichner so leise, dass nur ich ihn hören kann. «Erst war ich wütend, dass dich dieser minderbemittelte Fleischberg beinahe umgebracht hätte. So war das nicht geplant. Die Hand hätte gereicht. *Vielversprechende Künstlerkarriere endet, bevor sie beginnen konnte.* Gute Story. Rührstück. Aber jetzt denke ich, dass es besser gewesen wäre, wenn er den Kopf erwischt hätte.»

Die Tragweite dessen, was der Eichner da sagt, verdrängt den Schock darüber, was Leonard getan hat. Sie kriecht in mein Bewusstsein und mit ihr die Angst. Dann der Schmerz. Kaum merklich erhöht der Eichner den Druck auf meine Schulter. Es ist, als wüsste er genau, wo er zudrücken muss, dort, wo die Nervenbahnen runter zu meiner kaputten Hand laufen. Aber ich werde das aushalten. Eichner ist nicht als Verursacher meiner Schmerzen erkennbar, er bleibt weit weg und ist doch dafür verantwortlich. Die Genugtuung, vor Publikum, vor Kera auf sein fieses Spiel zu reagieren wie ein zweiter Leonard, gebe ich ihm nicht – obwohl ich am liebsten schreien würde. Verzweifelt hoffe ich, dass die Moderatorin endlich aufhört zu reden, damit ich von dieser Bühne komme und weg vom Eichner, nur weg von dem. Was nur habe ich mir dabei gedacht, mich gegen einen so mächtigen Mann aufzulehnen?

Jemand ... etwas ... scheint mich zu erhören, denn das Mikro fällt plötzlich aus. Die Moderatorin bricht mitten im Satz ab, obwohl sich ihre Lippen weiter bewegen. Ohne Verstärker verliert sich ihre Stimme in den Weiten des Hangars. Irritiert klopft die Moderatorin gegen das Mikro, und die Lautsprecher erwachen mit einem Knarzen wieder zum Leben. Aber sie transportieren nicht mehr ihre leeren Phrasen. Jemand hat die Technik gekapert. Es ist Keras Stimme, die durch den Hangar donnert, und sie sagt:

«Ich weiß, was Sie getan haben!»

KERA

Ich habe es immer gehasst, mich sprechen zu hören. Aber jetzt, hier, wie meine Stimme den Raum nicht fordert, der ihr zusteht, sondern ihn einfach einnimmt, würde ich den Ton am liebsten lauter drehen. Ich weiß nicht, wie und warum das gerade geschieht. Ich habe keine Erklärung dafür, aber das Gespräch, das ich mit Eichner im Waschraum führte, wird noch einmal abgespult.

Als Eichner Max nach vorne rief, konnte ich kaum mit ansehen, wie er mit seiner Krücke zum Mikrophon humpelte. Der perfekte Märtyrer. Die haben ihn als ihre Marionette nach Tempelhof gekarrt, dachte ich. Wieder missbraucht Eichner jemanden, den ich liebe, als sein Sprachrohr. Und wieder kann ich nichts dagegen tun.

Doch dann hat Max es allen gezeigt – auch mir. Danach die Enthüllung. Leonards Verrat. Ungläubigkeit, Zorn, Traurigkeit. Und was jetzt passiert ... Gefühls-Achterbahn. Wenn wer auch immer wie auch immer das ganze Gespräch aufgezeichnet hat, dann stirbt Eichners politische Karriere gerade. Denn was das Publikum nun zu hören bekommt, entlarvt ihn als den, der er wirklich ist.

Als Eichner aus seiner Kabine kam, ging er zum Waschbecken. Ich nahm das daneben.

«Sie wissen nicht, wer ich bin, oder?», frage ich ihn, während wir uns die Hände waschen.

«Sollte ich?» Er geht zum Handtrockner. «Du weißt schon, dass das keine Unisex-Toilette ist, oder?» Laute Luft lässt mich meine Stimme heben, als ich meinen Namen sage:

«Kera Spiegler. Vor zweieinhalb Jahren haben Sie mich und meine Schwester Isobel auf einer Demo getroffen. Und ich bin eine der Fair Play Four.»

Mit einem erschöpften Pfff beendet der Handtrockner seine Arbeit. Eichner dreht sich zu mir, sieht mich mit einer Mischung aus Neugier und Langeweile an.

«Isobel mit ihrem Burberry-Tuch. Ich erinnere mich.» Er lacht. «Man sieht sich also wirklich immer zweimal im Leben.»

«Ich weiß, was Sie getan haben!», platze ich heraus.

«Was habe ich denn getan?» Die Langeweile in Eichners Blick weicht Wachsamkeit.

«Sie haben den Wettbewerb nicht ins Leben gerufen, um an einer Lösung für die Umweltkrise zu arbeiten. Sondern um eine Kommunikationsplattform für Ihre Interessen und die Ihrer Freunde aus der Wirtschaft zu schaffen. Als Fair Play zu groß wurde und Ihre Ziele bedroht hat, haben Sie uns gegeneinander ausgespielt und manipuliert, um unserem Projekt zu schaden. Schließlich haben Sie Frieder zum Angriff auf Max angestiftet, obwohl Sie wussten, dass er gefährlich ist. Denn Sie haben herausgefunden, dass es damals Frieder war, der Ben mit Säure attackiert hat, und sich davon inspirieren lassen. Sie sind verantwortlich für Max' Verletzungen und Karls. Und indirekt für Bens, weil Sie vor zwei Jahren die Fabrikarbeiter gegen uns aufgehetzt haben.»

Eichner geht zur Tür, und ich erwarte, dass er mich einfach stehen lässt. Aber er blockiert den Griff mit dem Stuhl. Dann kommt er zurück und streckt die Hand aus. «Handy!» Ich gebe es ihm. Er prüft nach, dass ich unser Gespräch nicht aufnehme, und legt das Telefon auf den Waschbeckenrand.

«Du wirst mir nichts von all dem nachweisen können.»

«Ich weiß. Aber wenn Sie irgendwann einmal einen Fehler machen, werde ich danebenstehen und auf Sie zeigen. Haben Sie Ihre Meinung überhaupt jemals geändert? Oder denken Sie immer noch, dass wir Jugendlichen nichts zu einer Lösung der Klimakrise beitragen können?»

«Ich habe meine Meinung nie geändert. Aber irgendwann stand so ziemlich jeder hinter euch, und ich konnte mir das als offizielle Einstellung nicht mehr leisten. Ihr und eure Bewegung wart nun einmal da. Ich konnte euch nicht mehr loswerden. Also habe ich das Beste daraus gemacht.»

«Sie haben uns benutzt.»

«Habe ich das? Euer Ziel war es, die Fabrik zu schließen. Die Fabrik wurde geschlossen. Jetzt wolltet ihr Aufmerksamkeit – für das Umweltproblem, für eure App. Die habt ihr bekommen.»

«Wir wollten keine Aufmerksamkeit, wir wollten wirklich etwas verändern. Zeigen, dass das jeder kann. Und Sie haben Fair Play unmöglich gemacht!»

«Das habt ihr schon selbst getan. Ich habe einfach ein bisschen angestupst und verstärkt, wo es nötig war. Was du nicht verstehst, Mädchen, was deine Generation nicht versteht, ist die wahre Welt da draußen. Mächtige Leute, mächtige Organisationen wollen gehört werden. Alle Interessen unter einen Hut zu bringen, braucht Zeit.»

«Das ist nicht die wahre Welt, das ist die Welt, die Leute wie Sie geschaffen haben. An der Sie festhalten. Und dafür haben wir keine Zeit mehr!»

«Ich sehe schon, ich bringe dich nicht von deiner Meinung ab.» In Eichners Stimme schwingt so etwas wie Anerkennung mit. «Welche Ironie, dass ausgerechnet du die Idee hattest, die mir so viel Ärger eingebrockt hat.»

«Sie wussten das nicht?», frage ich.

«Nein», sagt Eichner. Dann lag Elodie mit ihrer Vermutung falsch. «Spiegler ... der Name hätte mir auffallen müssen, aber ich habe dich und deine Schwester in der Sekunde vergessen, in der ihr nicht mehr vor mir standet.»

«Warum haben Sie dann nicht versucht, mich zu manipulieren?»

«Es tut mir leid, dich enttäuschen zu müssen, aber du bist nicht wichtig genug. Du warst nicht das Ziel.»

«Sondern Max?»

«Nein, der war mehr ... eine glückliche Fügung. Wir hatten von vorneherein nur an einer Person Interesse.»

«An wem?»

«Du bist doch ein kluges Köpfchen. Das findest du sicher heraus. Fünfzig-fünfzig-Chance.»

Ich verstehe langsam, warum Eichner sich mit mir unterhält. Er spielt mit mir. Eichner ist der Serienkiller, der dem Cop Nachrichten am Tatort hinterlässt, um ihn zu demütigen. Die Art, wie er Mitmenschen anstößt, etwas zu tun, dann abwartet, was passiert, darauf reagiert, den Kurs korrigiert oder gleich einen neuen Player ins Spiel bringt und damit die Geschehnisse lenkt, ohne jemals selbst involviert zu sein – dafür will er

Respekt. Es nervt ihn, dass niemand weiß, welch ein meister-
hafter Puppenspieler er ist. Er will in seiner Genialität gesehen
werden, und zwar von mir, weil er weiß, dass ich ihn verstehe,
ihm gleichzeitig aber nicht gefährlich werden kann. Seit wir
uns vor zwei Jahren das erste Mal trafen, haben wir diese seltsame, ungute Verbindung. Wir triggern uns gegenseitig.

«Ich gebe dir einen letzten Rat», sagt Eichner. Er sieht mich
eindringlich an, will unbedingt etwas weitergeben. «Wenn du
wirklich was bewegen willst, halte dich nicht mit Prinzipien
auf. Sei egoistisch. *Was du willst, dass man dir tu, da bringst du
einen andern zu.* Erinnerst du dich? So funktioniert Politik. So
funktioniert Erfolg. So funktioniert das Leben.»

Obwohl ich genau denselben Satz zu Max gesagt habe,
sträubt sich jetzt alles in mir gegen seine Bedeutung.

«Nein», sage ich. «Daran glaube ich nicht. So funktionieren
Sie! Das ist alles.»

Eichner entfernt den Stuhl von der Tür. Er lächelt mich mit-
leidig an. Aber ich fühle mich gut. Ich werde nie wie er sein,
auch wenn ich Fehler gemacht habe, auch wenn ich geschummelt habe. Vielleicht waren mir manchmal die Mittel egal,
doch nie der Zweck. Eichner ist der, der Mitleid verdient.

Bevor er den Raum verlässt, will ich noch etwas loswerden.

«Wissen Sie, warum ich weiß, dass Sie falschliegen?» Er dreht
sich ein letztes Mal zu mir um. «Weil trotz aller Intrigen, trotz
aller Egoismen am Ende eine ganze Schule ihre persönlichen
Interessen hintenangestellt hat für eine bessere Welt.»

MAX

THE-SHOW-MUST-NOT-GO-ON-STILLE-DIE-ZWEITE! Der
Eichner steht immer noch neben mir. Losgelassen hat er mich
längst. Für einen Moment hält Keras letzter Satz den riesigen
Raum in seinem Bann. «... *für eine bessere Welt.*»
Dann bricht die Hölle los.

Von vorne kommen die Journalisten. Sie stürmen Richtung
Bühne und bombardieren Eichner mit Fragen. Von hinten
kommt sein Team, um die Journalisten abzuwehren, und ein
paar aufgebrachte Lehrer. Wo wir stehen, prallen alle aufeinander. Ich beschließe, mich nicht zu regen, bis sich alles beruhigt hat. Doch als ein Journalist die Bühne erklimmt, greifen
Eichners Bodyguards ein, und einer stößt mich zur Seite. Ich
taumle, kann mich aufrecht halten, aber meine Krücke fällt
zu Boden. Während ich noch überlege, wie ich mich nach ihr
bücken kann, ohne umzufallen, reicht sie mir jemand.

«Max, alles in Ordnung?» Mein Vater steht vor der Bühne.

«Papa, was machst du denn hier?» Er hat sich die Haare ab-
rasiert. Wie Dwayne «The Rock» Johnson sieht er in seinem
engen weißen Hemd mit den hochgekrempelten Ärmeln aus.
Und anscheinend hat er in Abu Dhabi nicht nur den Haar-
schnitt von The Rock, sondern auch dessen Fitnessprogramm
übernommen. Mühelos stemmt er sich auf die Bühne.

«Rebecca hat angedeutet, dass du einen großen Auftritt planst.» Sein Rücken schirmt mich ab gegen den Tumult um uns herum. «Das wollte ich mir nicht entgehen lassen. Bin direkt vom Flughafen hierhergekommen. Tolle Rede!»

«Danke, Papa», sage ich und meine damit nicht nur das Lob.

Während sich der Eichner, umringt von seinen Bodyguards, von der Bühne stiehlt und sein Team weiter auf Journalisten und Wettbewerbsteilnehmer einredet, erzähle ich meinem Vater von der Reha und Fair Play. Er hört mir zu, bis Bühne und Hangar sich geleert haben. Gemeinsam gehen wir nach draußen.

«Ich bin mit dem Auto hier», sagt mein Vater, als wir auf dem Parkplatz ankommen. «Soll ich dich mitnehmen?»

«Nein, ich fahre mit den anderen zurück zur Schule und nehme dann ein Taxi nach Hause. Habe noch was zu erledigen.» Mein Vater sieht, wie mein Blick zu Kera wandert, die mit den anderen auf den Bus wartet, und grinst.

«Guter Geschmack. Go, get ...»

«Papa, bitte nicht.» Ich schüttle den Kopf.

«Entschuldige.» Er legt mir die Hand auf die Schulter. «Du machst das schon.»

Nachdem mein Vater gegangen ist, humpele ich, so schnell das mit einem Bein und einer Krücke möglich ist, zu den anderen. Der Bus ist mittlerweile da und Kera eingestiegen. Ich habe mein Ziel fast erreicht, als die Wenger mir in den Weg tritt. Das Nervigste an meinen Verletzungen sind nicht die Schmerzen, sondern dass es anderen Menschen leichtfällt, mich an Ort und Stelle zu halten, ohne dass es so aussieht, als würden sie das tun.

«Keine Angst, der Bus fährt nicht ohne uns los.» Die Wenger zwinkert mir zu, und ich kann ihr schlecht sagen, dass ich mir darüber nun wirklich keine Sorgen mache. Ich will einfach endlich zu Kera.

«Ich habe eine gute Nachricht für Sie», sagt die Wenger. «Das mit der Versetzung kann immer noch klappen. Ich habe mit den anderen Lehrern gesprochen. Wenn Sie an schriftlichen Klausuren für den Rest des Schuljahres nicht teilnehmen können, werden wir Sie mündlich prüfen.»

«Danke, aber ich werde die elfte Klasse wiederholen. Freiwillig.»

«Warum? Sie haben sich die Versetzung verdient!»

«Habe ich nicht. Das wissen Sie so gut wie ich. Ich werde das restliche Schuljahr pausieren und erst mal gesund werden. Die Reha wird viel Zeit kosten, wenn die Hand wieder werden soll, wie sie mal war. Ein guter Schüler könnte das ausgleichen, aber ich habe so keine Chance. Nach den Sommerferien steige ich dann wieder ein.»

«Das tut mir leid, Max.» Die Wenger sieht aus, als würde sie gleich losheulen, und ich beeile mich zu sagen:

«Ist schon okay.»

«Nein, ist es nicht. Ich hätte eingreifen sollen, als Sie mich darum gebeten haben.» Die Wenger hat jetzt wirklich Tränen in den Augen. Achsel auf Krücke gelingt es mir tatsächlich, ein Taschentuch aus meiner Jackentasche zu holen. Ich gebe es ... FRAU Wenger. Sie lächelt mir zu und lässt mir den Vortritt, damit sie sich sammeln kann.

Ich bin froh, dass der Bus zu groß ist für seine wenigen Passagiere. Kera hat sich alleine in die letzte Reihe zurückgezogen und starrt aus dem Fenster. Elodie sitzt auf ihrem alten Platz und ist in ihr Handy vertieft. Leonard ist nirgends zu sehen. Gar nicht so leicht, sich mit Krücken den schmalen Gang zwischen den Sitzen bis zum Ende des Busses zu manövrieren, aber nach viel Mühe und Stolpern komme ich bei Kera an.

«Frei?», frage ich.

«Ja – wie so ziemlich der ganze Bus», sagt Kera, rutscht aber zur Seite. «Haben die nicht den Sitz ganz vorne für dich reserviert?»

«Über das Immer-den-einfachsten-Weg-Nehmen bin ich hinweg.» Der Motor brummt, und ich lasse mich schnell in das Polster fallen. Schlaglöchern und Kurven ist meine einbeinige und -händige Balance nicht gewachsen.

Eine Weile sitzen Kera und ich schweigend nebeneinander. Berlin zieht an uns vorbei.

«Das war eine verdammt gute Rede», sagt sie schließlich. «Wie kam es dazu?»

«Ich wollte verstehen, warum dir Fair Play so wichtig ist. Also habe ich angefangen zu recherchieren. Diese Rede kam dabei raus. Außerdem musste ich dem Eichner eine mitgeben. Dass die Fair Player mir ständig meine Freiheit nehmen wollten, ist eine Sache. Wenigstens wart ihr transparent und hattet gute Absichten. Aber dass mich einer manipulieren will und denkt, ich bin so blöd, das nicht zu merken ... Das habe ich persönlich genommen.» Die Wut auf Eichner ist mit meiner Rede nicht verflogen. Schlechte Gefühle scheinen gerne miteinander abzuhängen, denn mit ihr kommt auch die Enttäuschung über Kera zurück. «Warum hast du mich nie besucht?», frage ich.

«Ich habe mich nicht getraut.» Kera senkt den Blick. «Ich

dachte, du möchtest das nicht. Immerhin habe ich nicht unerheblich dazu beigetragen, dass alles eskaliert ist. Dass du ...»
Sie sieht hoch, zeigt auf meine Krücken, dann auf meine Hand. Am liebsten würde ich Kera in den Arm nehmen, die Vorwürfe, die sie sich macht, wegstreicheln, aber das macht meine Motorik noch nicht mit.

«Wir haben alle Fehler gemacht», sage ich stattdessen. Kera scheint wenig überzeugt.

«Meinst du, deine Hand wird wieder?», fragt sie.

«Mit der Zeit schon ... sagen die Ärzte. Wenn ich mich schone.»

«Gut. Es wäre schade, wenn sie nicht mehr zu gebrauchen wäre.»

«Weil ich dann nicht mehr zeichnen könnte?»

«Nein. Deswegen.» Kera nimmt meine Hand aus der Schlinge. Vorsichtig, ganz vorsichtig, lehnt sie sich zu mir und führt sie zu ihrem Gesicht. Kurz berühren ihre Lippen meine Handfläche, bevor sie sie an ihre Wange legt. Für das, was jetzt kommt, muss sie mich nicht leiten. Ich beuge mich zu ihr und küsse sie. Meine Krücken krachen zu Boden. Es interessiert uns nicht.

ELODIE

751	**12.211**	**320**
Beiträge	Abonnenten	Abonniert

Hey, hey, hey, meine Lieben! Um der alten Zeiten willen wollte ich das noch einmal schreiben. Denn das hier ist mein letzter Post.

Ich hätte mir keinen besseren Abschluss für Elodies Melodie wünschen können als das Video anbei. Es zeigt einen Ausschnitt der Preisverleihung für den Wettbewerb, an dem wir mit Fair Play teilgenommen haben. Er beginnt mit einer Rede von Maxim «Max» Bianchi, den viele von euch als Mitglied der Fair Play Four kennen und leider auch als Opfer eines feigen Überfalls. Was dann kommt, stellt den Wettbewerb, Fair Play und alles, was geschehen ist, in einem neuen Licht dar. Aber seht euch das Video selbst an! Teilt es! Zeigt denen da draußen, was uns wichtig ist!

Danke an die, die von Anfang an dabei waren. An die, die bis zum Ende dabeiblieben – auch als Elodies Melodie ein bisschen schief klang. Es hat Spaß gemacht. Meistens ;-). Ich hoffe, euch auch. Much love! Eure Elodie

Ich schaue mir das Video noch mal an, das ich vor ein paar Tagen gepostet habe, und denke zurück an die Preisverleihung. Als Eichners Maske gefallen war und das Chaos ausbrach, hat mich Green Fairy zur Seite genommen. Erst dachte ich, sie will mir ihren Sieg beim Wettbewerb unter die Nase reiben. Aber es kam anders.

«Die Zielperson, von der Eichner sprach ... das warst du», sagt sie. Ihre Hände hinterlassen Abdrücke auf ihrer Urkunde.

«Wie meinst du das?»

«Die sind eure Schule angegangen. Wegen dir. Du warst sowieso schon mit der Firma verbandelt, und die ... also mein Vater und sein Team ... wollten über dich ein bisschen von dem Presserummel um den Wettbewerb abgreifen.»

Jetzt wird mir einiges klar. 360° nennen die das. Alle Disziplinen der Unternehmenskommunikation greifen nahtlos ineinander: Presse, Public Affairs, Werbung, Corporate Responsibility und eben Social Media. Mich direkt um meine Mithilfe zu bitten, ging nicht. Finanzielle Zuwendung und Gemeinnützigkeit passen nicht zusammen – zumindest nicht offiziell.

«Frau Wenger ... Deswegen hat sie den Wettbewerb gepusht und so viel darangesetzt, mich miteinzubeziehen?», frage ich.

«Ja, mein Vater hat schon öfter mit Eichner kooperiert. Und der hat eurer Lehrerin ein gutes Standing im Senat versprochen, ein gemeinsames Interview. Mit zwei Sachen hat allerdings niemand gerechnet: erstens damit, dass ihr mit einer solch revolutionären Idee einsteigt, die über ein bisschen Aufklärung hinausgeht, den Konsum einschränkt und somit das Geschäftsmodell deines Sponsors, eigentlich jedes Sponsors unterläuft. Zweitens damit, dass du auf den Zug aufspringst, dich gegen Lackäffchen wendest und somit wertlos für sie wirst.»

«Also haben die dich ins Rennen geschickt ...»

«Ja. Aber ich wusste nicht, was für ein Schwein Eichner ist. Und mein Vater auch nicht.»

«Dein Vater *wollte* es nicht wissen. Er ist fein raus. Eichner hat ihn nicht namentlich genannt.»

«Nein, mein Vater ist nicht so wie Eichner. Wirklich. Er wollte mit dem Wettbewerbsgewinn mehr Gewicht in der Geschäftsleitung kriegen, damit er Umweltthemen durchbringt.»

‹Ja, klar›, will ich entgegnen, aber ich bleibe stumm. Green Fairy fügt den Schweißflecken jetzt verzweifelte Knitterknicke hinzu. Die Urkunde sieht abgefuckt aus, und ich frage mich, warum wir dafür so viel durchgemacht haben.

«Es tut mir leid», sagt Green Fairy. Sie lässt von dem Blatt Papier ab und streckt mir ihre feuchte Hand entgegen. Dieses Mal ehrlich, dieses Mal schüttle ich sie.

In den Tagen nach der Preisverleihung versuchen Eichners PR-Leute die Berichterstattung in ihre Richtung zu drücken. Sie sagen, dass die Echtheit der Aufnahme nicht nachgewiesen wurde. Jemand schreibt, man müsse den Vorfall gänzlich ignorieren, da der Lauschangriff in Eichners Privatsphäre eingreift und er nicht explizit zugegeben hat, mit Frieder in Verbindung zu stehen. Aber die meisten Medien kritisieren Eichner, und mit meinem Video gebe ich ihm den Rest. Unter dem wachsenden Druck hat er gestern seinen Rücktritt verkündet – einen Tag vor Heiligabend, damit die Neuigkeiten möglichst untergehen. Ich musste mich zusammenreißen, um die Headline nicht zu teilen. Aber ich habe unerwartet doch noch auf der

Höhe meiner Influencer-Karriere aufgehört, und das bleibt so. Über 15 000 Mal wurde mein letzter Beitrag bislang gelikt, obwohl ich gar nicht mehr so viele Abonnenten habe. Noch wichtiger: Er wurde tausendfach geteilt. Und die Plattformen meiner Leute sind Sprungbretter in die ganze Welt. Es gibt den Clip mit englischen, italienischen und koreanischen Untertiteln. Die New York Times hat über uns geschrieben, Le Monde und der Guardian. Viele meiner Influencer-Kollegen ... Ex-Kollegen ... haben bei der Verbreitung geholfen. Ich bin gerührt, dass sich alle noch mal so ins Zeug gelegt haben. Für mich. Für Fair Play. Für unsere Zukunft.

Trotzdem bin ich froh, dass ich das Kapitel Elodies Melodie abgeschlossen habe. Ab Januar schreibe ich ein neues, und ich kann es kaum erwarten

Das Vorstellungsgespräch mit Mohammed-aber-alle-nennen-mich-Mo hat mich umgehauen. Er hat mich kurz nach der Preisverleihung kontaktiert.

«Wir brauchen jemanden, der uns im Social-Media-Team unterstützt», sagt er, als ich ihn in seinem Firmensitz in Neukölln besuche, und sinkt tiefer in das alte Ledersofa.

«Meine Abonnentenzahlen steigen. Ich habe immer mehr Neuzugänge, die es mutig finden, dass ich mein Cover habe fallen lassen. Ihr wollt also, dass ich eure Produkte auf meinen Kanälen bewerbe?»

«Was? Um Himmels willen – nein.»

«Wenn dir meine Kanäle nicht gefallen, warum bin ich dann hier?» Ich klinge patzig, aber egal wie sehr mich mein Business manchmal mitgenommen hat, Elodies Melodie ist immer noch mein Baby, und niemand disst mein Baby!

«Du hast mich falsch verstanden.» Mo lehnt sich zu mir nach vorne. Das abgeschossene Leder gibt bereitwillig nach, wo er sein Gewicht verlagert. «Deine Arbeit ist großartig. Aber wir brauchen niemanden, der uns Abonnenten beschafft. Durch das Internet sind wir groß geworden. Was wir brauchen, ist deine Expertise.»

«Ich soll euch beraten?»

«Genau. Wir wollen deine Ideen kaufen. Außerdem finden wir deine Integrität bewundernswert: Dass du damals die Energy-Drink-Leute einfach stehen gelassen und bei ihrem Greenwashing nicht mitgemacht hast, hat die Runde gemacht in Social-Entrepreneur-Kreisen. Wir wollen Mitarbeiter wie dich.»

Nach dem Vorstellungsgespräch treffe ich mich mit meiner Mama, um Weihnachtsgeschenke einzukaufen. Sie freut sich, dass ich den Job bekommen habe, und sucht im Kaufhaus für die Zwillinge die neueste Playstation-Version aus. Ich denke daran, dass Mo mich will, weil ich auf mein Gewissen gehört habe. Das gibt mir den Mut, meiner Mama gegenüber nein zu sagen.

«Ich weiß, dass du Henry und Charlie viel bieten willst, weil sie ohne Papa aufwachsen müssen. Aber ich will nicht länger für all das zahlen. Ich kann es nicht.»

Die Reaktion meiner Mama überrascht mich. Sie nimmt mich in den Arm und sagt:

«Ich weiß, Eli, ich weiß. Es tut mir leid.»

Die grellen Kaufhauslichter wurden weicher unter meinen Tränen, und auch jetzt verschwimmt mein Zimmer vor meinen Augen, während ich daran denke. Erst als Henry hereinplatzt, verfliegt jede Melancholie, und ich erinnere mich daran, dass heute Heiligabend ist.

«Eli, Essen!»

«Anklopfen!» Ich versuche meinen Bruder streng anzusehen, bin aber machtlos gegen sein Zahnlücken-Grinsen.

Wie jedes Jahr gibt es Kartoffelsalat mit Würstchen. Auch wenn meine mittlerweile aus Tofu sind, halten wir an der Tradition fest. Mein Vater hatte eine Schwäche für Kartoffelsalat, die «Krone der deutschen Küche», die er über meine Mama kennen- und lieben lernte. Die Bescherung nach dem Abendessen ist ausgelassen.

Während Henry und Charlie ihre neuen Spiele für die alte Konsole ausprobieren, öffnet meine Mama ihr Geschenk. Sie hat sich nur eine Sache von mir gewünscht. Als sie die Anmeldungsbestätigung für ihre Weiterbildung auspackt, sagt sie schlicht:

«Danke, Schatz.»

LEONARD

In ein paar Tagen ist Silvester, und mir graut davor. Keine eigene Party, keine fremde, auf die ich gehen könnte. Meinen Eltern habe ich vor ein paar Wochen gesagt, dass ich nicht wie jedes Jahr mit ihnen auf Sylt feiere. Ich bin allein im Haus. Ohne Freunde. Daran hat auch meine späte Rache an Eichner nichts geändert. Viele ahnen, dass ich das mit der Aufnahme auf der Preisverleihung war. Aber: Meinen großen Verrat kann das nicht ausgleichen. Sie denken, ich habe das nur aus Rache gemacht, weil Eichner mich ans Messer lieferte. Alles Egoismus bei Leonard, wie gehabt.

Ich habe weniger Online-Kontakte als vor Fair Play. Sogar Isobel hat mich geblockt. Wenn ich im wirklichen Leben auch weniger Freunde haben könnte als vorher, wäre das sicher passiert. Doch zwischenmenschliche Beziehungen kann man nicht in Minuszahlen rechnen.

Den Morgen habe ich damit verbracht, im Fair-Play-Archiv zu stöbern. Wieder einmal. Seit alle die App gelöscht haben, zieht es mich ständig zu ihren gespeicherten Kontobewegungen. Wie ein Junkie sitze ich davor und ziehe mir tote Daten rein. Sie erzählen von einem Leben, das ich mal hatte. Danach geht es mir noch schlechter. Selbst die E-Mail von teKNOW, die unverhofft vor Weihnachten eintraf, konnte mich nicht aufheitern.

Dear Leonard,

Hope you're well. As per our previous message, we at teKNOW followed your work on Fair Play with great interest. Sadly, our German office informed us about the recent developments at the award ceremony. Needless to say that teKNOW is strictly against any kind of fraud. We are deeply disappointed by your behaviour and hope that you have since seen the error of your ways.

Nevertheless, we are still impressed with the potential of your work and – even more so – with YOUR potential. Such is our belief in your talent that we have decided to make you a two-fold offer.

First, as a sign of our good will, we would still like to buy the rights to your app. The experiment at your school revealed the considerable shortcomings of Fair Play. We therefore have to adjust what we are prepared to invest. It will still be in the five-figure range though.

Second, we would like to offer you a position as a resident mentee at our campus in Palo Alto, California. This offer is not time-sensitive, and we would be prepared to wait until you finish school. After that, your role could be combined with a corporate scholarship for Stanford University, a prestigious institution we have excellent relations with. We strongly believe that the integrity and structure of an organization like ours would be hugely beneficial for your future development.

Please contact me at your earliest convenience to discuss both opportunities.

Best regards,
Kellyanne

Wieder und wieder lese ich die Mail. Ich sollte mich freuen, dass Kellyanne mich nicht aufgegeben hat. Trotz allem wollen die mich noch. Sie werfen sogar ein Stipendium in den Ring. Um an den Punkt zu kommen, habe ich Fair Play überhaupt entwickelt. Aber – Skandal bei der Preisverleihung hin oder her – das niedrige Angebot beleidigt mich. Bin ich so wenig wert? Plus: Es macht mich stutzig. Gebranntes Kind, Eichner sei Dank.

Meine Antwort hält Kellyanne hin.

Dear Kellyanne,
Thanks so much for your generous offer. I'm over the moon. This is a lot to take in though and will have implications for the rest of my life. Therefore, I would like to take a couple of weeks to reflect on it. Hope that's okay with you?

Kind regards & happy holidays,
Leonard

Kellyanne arbeitet zwischen den Jahren. Sie antwortet keine zwanzig Minuten später.

Dear Leonard,

Sure, take your time. I look forward to hearing back from you in the new year. Happy Holidays to you, too.

Kind regards,

Kellyanne

Was Kellyanne nicht weiß: Mit dem Klick auf meine E-Mail hat sie mir Tür und Tor zum IT-System ihres Unternehmens geöffnet. Bei Karl war es eine leere Drohung. Jetzt mache ich ernst.

Ich hacke Kellyannes Account, will wissen, wie die intern über mich und Fair Play geredet haben. Im Posteingang finde ich nichts Interessantes, ein paar Einladungen für Neujahrspartys. A whole lot of Merry X-mas and a happy New Year. Die restlichen erhaltenen und alle gesendeten Nachrichten hat sie archiviert. Soweit ich sehen kann, alles normale Vorgänge zu project x, meeting y und Orga z. Der Papierkorb ist leer. Ich seufze. Vielleicht liege ich falsch und sehe vor lauter Enttäuschung red flags, wo gar keine sind. Andererseits: Kellyannes aufgeräumtes E-Mail-Konto ist creepy. Entweder ist Kellyanne die organisierteste Mitarbeiterin aller Zeiten und stellt sogar Elodie mit ihrem Ordnungszwang in den Schatten – oder sie hat Spuren verwischt.

Mit ein paar Mausklicks stelle ich Kellyannes gelöschte Mails über den Server wieder her. Ich starre den Screen an, als sie aufpoppen. Christoph fucking Eichner all over it. Der letzte E-Mail-Dialog ist vom Tag nach der Preisverleihung.

Hello Kellyanne,

how are you? I am fine. Here a short overview to the price bestowal: Like planned FP did not win. But we had a little problem with our guy who was attacked and had to improvise. I will give you more informations when we next see us. To make it short: The programmer of the app, Leonard, was destroyed in the public. This is good for you, no? I am very lucky about it. Unfortunately my reputation also suffered and I must take in my new role in your company sooner than planned. Fits that?

Best,
Christoph

Dear Christoph,

Thanks so much for your efforts. Considering your dwindling reputation, we will have to find a less prominent role for you within our company. It's probably best to lay low for the time being. Rest assured though that, financially, it will not be to your disadvantage.

So pleased that everything worked out in our favor at the end. I don't expect Leonard to cause any trouble – especially after such a blow to his confidence. He's just a kid. And this app is a data gold mine. The «eco warrior» aspect encourages users to give up their privacy. We can't allow a bunch of students to hold this kind of power in their hands.

I'll keep you posted!

Speak soon,
Kellyanne

Mit jedem Wort von Kellyanne fühle ich mich schlechter. Der Traum, dem ich die ganze Zeit hinterhergerannt bin, ist gar keiner. All die Opfer, die ich gebracht und anderen abverlangt habe, waren umsonst. teKNOW will mich ausnutzen. Sie sind weder an der App noch an mir interessiert – nur an den Daten, die Fair Play sammeln kann. Die sind umfassender und aussagekräftiger als alles, was herkömmliche Social Media auswerten können. teKNOW will mein Meisterwerk einfach kaufen und patentieren, damit es ihrem eigenen Portfolio keine Konkurrenz macht. Wahrscheinlich launchen sie Fair Play irgendwann als Funktion ihrer existierenden Social-Media-Plattformen. Ich habe mir die ganze Zeit etwas vorgemacht. *Das konntest du nicht ahnen*, versuche ich mich zu beruhigen. Aber: Ich kann nicht dagegen ankämpfen. Der Strudel zieht mich immer weiter nach unten.

Ich sitze auf meinem Bett, atme schwer, wiege mich, Arme um die Knie geschlungen, vor, zurück, vor, zurück. Eine Weile geht das so. Dann blitzt immer wieder etwas Grünes in meine graue Welt, wenn ich mich nach hinten lehne. Es dauert, bis ich es als Frieders Geschenk erkenne. Was nicht dauert: die Entscheidung, eine der Pillen aus der Glasröhre zu nehmen. Ich würde alles tun, um meine Verzweiflung loszuwerden.

Erst passiert gar nichts. Weiter rocke ich hin und her, hin und her. Dann: Es wird besser. Kein hit, nicht plötzlich, eine langsame Steigerung. Steil aber. Steil nach oben zur Gleichgültigkeit zunächst, zur guten Laune, zur Euphorie, schließlich zum vollen Bewusstsein meiner Macht. Die letzten Monate kann ich nicht ungeschehen machen. Aber: Ich kann wiedergutmachen, was ich verbockt habe. Fair Play bin ich, und ich bin Fair Play! Wenn ich mich für eine neue Richtung entscheide, wird die App folgen. Die Vergangenheit kann ich nur überwinden, indem ich aus ihr lerne. Dieses Mal werde ich auf die richtigen Leute setzen, das richtige Ziel. Rückwärts nach vorne.

Ich schreibe und programmiere und schreibe und programmiere und ... tagelang! Immer, wenn ich abzurutschen drohe, warten neue Pillen auf mich, die mir Energie geben. Als sie zur Neige gehen, nehme ich sie in größeren Abständen. Es wird schwerer, aber ich kämpfe mich durch. Die leere Glasröhre in der Hand, fange ich an, an meinen Backen zu kauen, merke es erst, als sie in meinen Mund bluten. Und dann ... dann kommt der Absturz. Aber ich schleppe mich weiter durch die Codes, bis ich zufrieden bin.

Als es bunt und laut durch mein Fenster knallt, wird mir klar, dass Silvester ist. Ich sperre das Licht aus, schaffe es noch, alles vorzubereiten, dann nehme ich meinen Laptop, zwei Flaschen Wodka aus der Bar meines Vaters, die Schmerztabletten meiner Mutter und gehe an den Ort, der mir gehört. Nur meine Jacke lasse ich zurück.

Die Menschen, die mir auf dem Weg zur Schule entgegenkommen, lachen. Über mich? Ich sehe sie kaum. Umgeben von Efeu nehme ich mit letzter Kraft das Video auf. Ich vollende meine Aufgabe.

ELODIE

Ich würde Keras Zuhause gerne von innen sehen. Ihre Eltern haben es entworfen. Viel Glas, viel Beton, viel Rotholz, viel Stil. Aber ich will das Risiko nicht eingehen, dass mich das zurückwirft. Durch Kulissen zu gehen, die für Fotos wie gemacht sind ... das würde mich daran denken lassen, wie alles gelaufen wäre, wenn ich statt Kera und Isobel hier reingeboren worden wäre. Ich freue mich auf den Job bei Mo und bin happy mit meiner Entscheidung, Elodies Melodie aufzugeben. Aber um zu testen wie happy, ist es zu früh. Dafür waren meine Kanäle und meine Leute zu lange ein zu großer Teil meines Lebens. Also habe ich nicht geklingelt, nur geschrieben: *Bin da!* Wenige Minuten später kommen Kera und Max gemeinsam aus dem Haus, ins Gespräch vertieft.

«... hat dir tatsächlich zurückgeschrieben? Wahnsinn!» Max nimmt Keras Hand und zieht sie an sich für einen Kuss, bevor sie antwortet:

«Ich war auch überrascht. Aber sie kannte das Video und darüber Fair Play. Die jüngste Kongressabgeordnete der USA!»

Kera und Max lassen sich nicht los, als sie bei mir ankommen. Ich hätte von keinem der beiden gedacht, dass Händchenhalten in ihrem Beziehungsrepertoire vorkommt. Aber Liebe, denke ich und versuche, den Stich, den mir das versetzt, zu ignorieren, bringt Unerwartetes zum Vorschein. Nachdem wir uns hallo gesagt haben, meint Kera:

«Ich soll dir Grüße von Cemine ausrichten. Melde dich doch bei ihr! Sie würde sich freuen.» Da ist er noch mal, der Stich, stärker jetzt.

«Mal sehen», antworte ich.

«Cemine hat mir erzählt, dass sie dich an Green Fairy verraten hat», sagt Kera. «Das war nicht okay, aber wir haben alle Geheimnisse voreinander gehabt. Cemine hat mich und dich angelogen, und wir haben ihr unseren Deal verheimlicht. Die Einzigen, die meistens ehrlich zueinander waren, sind wir beide.»

«Wahrscheinlich, weil wir gegenseitig keine Rücksicht auf unsere Gefühle genommen haben.»

«Manchmal ist es gar nicht schlecht, wenn man sich nicht leiden kann.» Kera zwinkert mir zu, und ich weiß, dass ihre Abneigung gegen mich der Vergangenheit angehört. Ihr Versuch, Cemine und mich zu versöhnen, sagt alles.

«Ich überlege mir das mit Cemine, okay?» Aber nicht jetzt. Wir haben Wichtigeres zu tun. Kera, Max und ich gehen die Straße runter zu Leonards Haus. Das letzte Mal habe ich es in der Dunkelheit kaum wahrgenommen. Jetzt sehe ich, dass es genauso prächtig ist wie Keras, nur in geschmacklos. Viele Säulen, viele Sprossenfenster, viel Neu auf Alt gemacht, viel Kitsch.

Wir gehen zum Eingang der Einliegerwohnung, in der Leonard wohnt. Auch hier fallen mir Dinge auf, die ich beim letzten Mal übersah. Die Tür hat eine Glasscheibe in der Mitte, durch die kein Licht scheint. *Toto, I've a feeling we're not in Kansas anymore*, steht auf dem Fußabstreifer. Auf Totos T hat ein Vogel geschissen. Max klingelt. Big-Ben-Ton. Nichts. Noch mal Big Ben, dreimal hintereinander. Wieder nichts. Kera klopft gegen die Tür. «Leonard?» Keine Antwort. Und plötzlich wird mir das Ganze unheimlich.

Leonards Nachricht an uns drei war kryptisch:

Hiermit berufe ich das letzte Fair Play Four meeting ein.
Bitte kommt am 1. Januar um 15.30 Uhr zu mir nach Hause.
Kera kennt das Versteck. Verpasst das Treffen auf keinen
Fall. Sonst werdet ihr euch ewig Vorwürfe machen. Der
doch nicht so andere Leo.

Kera spricht aus, was ich befürchte:

«Hoffentlich ist nichts passiert.»

Ich denke daran, wie verzweifelt Leonard war, als Eichner ihn auf der Bühne fertiggemacht hat. Wäre es an uns gewesen, Leonard zu fragen, wie es ihm geht? Hätte ich ihm danach schreiben sollen? Dazu war ich viel zu angepisst, weil er uns die ganze Zeit betrogen hat. Außerdem war so viel los in meinem Leben. Aber ist das nicht immer die Ausrede, wenn man sich um jemanden in Not nicht kümmert?

«Meinst du, er ... er könnte sich was antun?» Ich sehe Kera an, aber die Antwort kommt von Max.

«Glaube ich nicht», sagt er. «Der will uns doch verarschen!»

«Aber er hat gesagt, wir würden uns Vorwürfe machen, wenn wir nicht kommen», entgegne ich.

«Wir sind ja gekommen!» Max zuckt mit den Schultern. «Und jetzt gehen wir wieder.»

Kurz überlege ich, ob Max recht hat: Würde Leonard es lustig finden, uns in der Kälte warten zu lassen? Nein. Egal, wie fies Leonards Aktionen waren, sie hatten immer ein Ziel. Und das hier macht keinen Sinn.

Kera und Max drehen sich um und gehen die Treppe wieder hoch. Auf dem Handy lese ich Leonards Nachricht noch einmal.

«Wartet!», sage ich. «Das Versteck!»

«Welches Versteck?» Kera dreht sich um.

«Sag du es mir! *Kera kennt das Versteck*, hat Leonard geschrieben.»

Kera und Max kommen zurück. Er seufzt. Sie lehnt sich zu mir und starrt auf mein Display. Dann bückt sie sich. Der Schlüssel liegt unter dem Fußabstreifer. Ich hätte erwartet, dass es einen geheimen Retina-Scanner gibt, den Leonard auf Keras Augen programmiert hat. Oder etwas in der Art. Schlüssel unter Fußabstreifer, das ist zu banal für ihn.

Kera schließt die Tür auf. Das Haus ist kalt.

«Leonard?», ruft Max in die Dunkelheit.

Jemand hat sämtliche Rollläden runtergelassen. Wir schalten unsere Handylichter ein. Ich gehe voran, dann kommt Kera, dann Max. Rauputz hakt sich in meine Finger. Endlich finde ich einen Lichtschalter. Einen Raum nach dem anderen betreten wir, zuerst das Wohnzimmer, in dem uns Leonard empfangen hat, dann eine Küche, auf der Arbeitsplatte eine offene Schachtel mit «Kaffeegebäck Royale», in der alle Kekse mit Schokolade fehlen, schließlich ein Schlafzimmer, das nur ein ungemachtes Bett beherbergt. Die leere Wanne im Badezimmer lässt mich aufatmen.

Zimmer für Zimmer tasten wir uns vorwärts. Was wir suchen, finden wir erst am Ende des langen Ganges, von dem sie abgehen. Als wir über die Schwelle des letzten Raumes treten, erwacht ein dreiteiliger Monitor zum Leben. Vor Überraschung bleibe ich abrupt stehen und wir crashen ineinander. Ich bin erleichtert, dass es wenigstens für ein bisschen technische Raffinesse gereicht hat. Sonst müsste ich mich fragen, ob ich mir das Tech-Whizz-Kid Leonard nur eingebildet habe. Aber das hier sieht eindeutig nach der Höhle eines hochbegabten, aber labilen Hackers aus. Die Wände sind dunkelgrau gestrichen, und außer Technik, Schreibtisch und -stuhl und einem gerahmten *Rebel-Without-A-Cause*-Filmplakat gibt es hier nicht viel.

Wir gehen zum Computer. Auf dem mittleren Bildschirm blinkt in großen roten Buchstaben:

Press ENTER to PLAY!

Am Bildschirm klebt ein Post-it:

Von mir. Für euch. Zum Abschied. L

Max will den Zettel abreißen, aber ich halte seine Hand fest.

«Nicht! Wir sollten alles so lassen, wie wir es vorgefunden haben, falls ...»

Ich schaffe es nicht, auszusprechen, was ich immer noch nicht ausgeschlossen habe: Das hier könnte ein digitaler Abschiedsbrief sein, und dann müsste sich die Spurensicherung die Wohnung vornehmen. Kera und Max verstehen mich auch so. Wir rücken noch näher zusammen, und ich erschrecke, als etwas unter meinen Sohlen zerbricht. Grüne Scherben. Fuck.

«Wollen wir?», frage ich, um mich abzulenken. Kera und Max nicken im Gleichklang. Ich drücke *Play*.

Leonard erscheint auf dem Bildschirm. Krank sieht er aus, seine Lippen sind blau. Er ist im Freien. Das Licht seines Computers erhellt nur wenig außer ihm, zeigt aber, dass er von Blättern umgeben ist. Der Zeitstempel sagt, dass das Video um zwei Uhr aufgenommen wurde. Leonard trägt ein dünnes Hemd. Seit ein paar Tagen ist es bitterkalt. Sollte er so die Nacht da draußen verbracht haben, dann ...

Leonard bewegt sich in seiner Blätterhöhle. Er nimmt einen kräftigen Schluck aus einer Wodkaflasche. Bei seinem ersten Satz kralle ich meine Finger in das Leder seines Schreibtischstuhls:

Wenn ihr dieses Video anseht, bin ich nicht mehr da.

LEONARD

Wenn ihr dieses Video anseht, bin ich nicht mehr da. Ich habe das gemacht, was ich schon längst hätte tun sollen: Mich in Luft auflösen. Fair Play von mir befreien. Unsere Mitschüler in Ruhe lassen. Euch. Sucht mich nicht! Ich bin in meinem Versteck. Ein Ort, der grün ist und sicher und den ich nie wirklich verlassen habe – auch wenn ich mir das eingeredet habe.

Es tut mir unendlich leid, dass ich die App für meine Zwecke missbraucht habe. Wie, fragt ihr euch, und vor allem warum? Ihr wollt Antworten. In der Schreibtischschublade findet ihr sie: 69 Seiten. Keine Rechtfertigung. Meine Beichte. Und ein E-Mail-Dialog zwischen Eichner und teKNOW, der unseren Ex-Bildungssenator auch jenseits des Atlantiks aus dem Verkehr zieht. Vielleicht verzeiht ihr mir irgendwann. Denn meine Entschuldigung bleibt nicht auf Worte beschränkt: Ich habe die App verbessert. All die Fehler, die wir gemacht haben, die *ich* gemacht habe ... Ich habe Fair Play getunt, überholt, neu programmiert, um ihnen vorzubeugen. Guthabenübertragungen sind für alle transparent. Keiner mehr hat Zugriff auf die Daten der User. Fair Plays größter Parasit ist ausgeschaltet: ich. Die künstliche Intelligenz des Programms ist jetzt so weit fortgeschritten, dass Fair Play selbständig läuft. Die App lernt von ihren Usern. Das neue Fair Play gehört ihnen allein.

Was damit geschehen soll? Ich überlasse die Entscheidung euch. Ihr habt gezeigt, dass ihr euch nicht manipulieren lasst. Jeder von euch hat das Richtige getan, der eine früher, der andere später, aber keiner so spät wie ich, und alle, als es darauf ankam. Wenn dieses Video abgelaufen ist, wird auf dem Screen ein einziges Wort erscheinen: LAUNCH. Dann habt ihr 43 Sekunden. So viel Zeit war bis zur Deadline, als – ich nehme an, das habt ihr mittlerweile herausgefunden – Frau Wenger die App runterlud. Mehr will ich euch nicht geben. Mehr braucht ihr nicht. Denn ihr habt euch die letzten Monate mit nichts anderem beschäftigt. Drückt ihr die Enter-Taste, so wird Fair Play zum Download bereitgestellt. Kostenlos. Weltweit. Tut ihr nichts, zerstört sich die App auf dem Rechner selbst. Für mich ist es zu spät. Ob Fair Play weiterlebt, liegt an euch.

DIE DREI

Opfer. Will man nicht bringen, will man nicht sein. Aber ist es nicht das, was Superhelden ausmacht? Manchmal geht es nicht ohne. Dann hilft nur eines: die Bürde aufzuteilen, unter möglichst vielen, möglichst gerecht. Damit jeder ein bisschen aufgeben muss und keiner alles.

Dreiundvierzig Sekunden. Unter dem blinkenden LAUNCH zählt eine Anzeige rückwärts.

Keiner alles. So wie Leonard. Wir haben ihn im Stich gelassen. Die Hochs, die Tiefs – wir hätten es sehen müssen. Ihm helfen. Die größten Superhelden bewahren sich ihre Menschlichkeit. Trauer und Schock ersticken uns, aber wir müssen weiteratmen, sie wegschieben, noch ...

Siebenunddreißig.

... Sekunden lang. Fair Play verändert unseren Alltag und wir uns mit ihm. Das ist schwer, für manche schwerer. Wir müssen auf den neben uns achten. Nicht verurteilen, versuchen zu verstehen.

Zweiunddreißig.

Fair Play einfach so auf die Menschheit loszulassen – unmöglich. Fair Play einfach so sterben zu lassen – auch unmöglich. Die App ist das Beste, was wir haben. Sie ist Leonards Vermächtnis ... wie das Manuskript, das wir aus der Schreibtischschublade ziehen. Der Stapel Blätter ist ungebunden, als warte er auf etwas, das noch reinmuss, als wäre die Geschichte nicht zu Ende erzählt. Während wir ihn anstarren, kommt die Idee, von wem ist egal.

Sechsundzwanzig.

«Lasst uns alles aufschreiben!»

«Haben wir doch schon.»

«Nein, nicht den geschönten Bericht für den Wettbewerb. Die wahre Geschichte. So wie Leonard.»

«Und dann?»

Zweiundzwanzig.

«Dann stellen wir sie online. Alle sollen darauf Zugriff haben. Vier Perspektiven, vier Leben mit Fair Play. Die neuen Fair Player können davon lernen.»

«Aber dann weiß jeder, was wir getan haben und gefühlt haben und gedacht haben.»

«Und das ist gut so. Denn dann war es nicht umsonst.»

Achtzehn.

«Wollen wir das wirklich machen? Die App ist mächtig. Wer garantiert uns, dass Leonards Verbesserungen sie im Zaum halten? Können wir ihm trauen?»

«Wir wissen es nicht, können es nur hoffen. Perfekt wird Fair Play nie sein.»

Elf.

«Aber alles ist besser, als nichts zu tun.»

Neun. Wir nicken uns zu, Kera, Max, Elodie. Dann legen wir unsere Finger übereinander auf die Enter-Taste.

Fünf.

Es ist, als wäre Leonard bei uns. Im Schein des Bildschirms

steckt er und in den abgerubbelten Buchstaben der Tastatur.

«Bei drei, okay?»

«Eins ...»

«Zwei ...»

Ich danke

- Sigrid Heugel fürs geduldige Probelesen, den Hinweis, dass Bambi kein Reh ist, und das spätnächtliche Durchkauen der inhärenten Logik einer fiktiven App,
- Christiane Steen für die wunderbare Betreuung bei Rowohlt und insbesondere für die Inspiration zum Romanende,
- Marie-Ann Helle für ihre Unterstützung,
- Roswitha Kern von der Agence Hoffman für ihren Glauben an mich und mein Buch,
- Martina Vogl für ihren Optimismus, ihr Verständnis und die leidenschaftlichen Gespräche über gute Geschichten und eine nachhaltigere Welt,
- Jana-Maria Hartmann fürs Anhalten, wenn ich mich mal wieder zu schnell um mich selber drehte, und zwar immer genau in dem Moment, in dem ich in die richtige Richtung sah,
- Florian Binder für sein unbestechliches Auge für Autorenfotos und englische Textpassagen sowie die technische Aufrüstung ins 21. Jahrhundert,
- dem Förderkreis deutscher Schriftsteller in Baden-Württemberg e.V. für das Stipendium.